MANUEL

POUR

LES NOTAIRES

DE

L'ARRONDISSEMENT DE STRASBOURG.

STRASBOURG,

IMPRIMERIE DE G. SILBERMANN, PLACE SAINT-THOMAS, 3.

1831.

MANUEL

DES NOTAIRES.

MANUEL

POUR

LES NOTAIRES

DE

L'ARRONDISSEMENT DE STRASBOURG.

STRASBOURG,

IMPRIMERIE DE G. SILBERMANN, PLACE SAINT-THOMAS, 3,

1851.

LE NOTARIAT.

Pour établir LE DROIT DE PROPRIÉTÉ, LA LIBERTÉ CIVILE et LE REPOS DES FAMILLES, dit l'exposé des motifs de la loi du 25 ventôse an XI, ce n'est pas assez d'avoir institué des tribunaux chargés de prononcer sur les différends que l'intérêt fait naître, d'avoir placé dans chaque canton, et, pour ainsi dire, auprès de chaque famille, un conciliateur, un juge de paix, dont la principale fonction est d'assoupir à leur naissance toutes contestations; ce n'est point assez qu'à ces deux garanties de la tranquillité publique, le rétablissement des cultes ait ajouté l'intervention puissante du ministre qui, au nom de la divinité, invite les hommes aux sacrifices mutuels qui maintiennent la concorde; une QUATRIÈME INSTITUTION est nécessaire; et à côté des fonctionnaires qui concilient et qui jugent les différends, LA TRANQUILLITÉ *appelle d'autres fonctionnaires qui, conseils désintéressés des parties, aussi bien que rédacteurs impartiaux de leur volonté, leur faisant connaître toute l'étendue des obligations qu'elles contractent, rédigeant ces engagements avec clarté, leur donnant le caractère d'un acte authentique et la force d'un jugement en dernier ressort, perpétuant leur souvenir et con-*

servant leur dépôt avec fidélité, empêchent les différends
de naître entre les hommes de bonne foi, et enlèvent aux
hommes cupides, avec l'espoir du succès, l'envie d'élever
une injuste contestation. Ces conseils désintéressés, ces
rédacteurs impartiaux, cette espèce de juges volontaires
qui obligent irrévocablement les parties contractantes,
sont les NOTAIRES : cette institution c'est le NOTARIAT.

AVIS DE LA CHAMBRE.

Les deux règlements de la compagnie des notaires de l'arrondissement de Strasbourg se trouvant définitivement adoptés, l'assemblée
générale en a ordonné l'impression, et la chambre a eu l'idée d'y
joindre les divers documents que les notaires ont presque chaque
jour besoin de consulter, ainsi que certains actes législatifs rendus
dans ces derniers temps, touchant plus ou moins directement au
notariat, et encore épars dans de nombreux recueils. C'est ce travail
que la chambre présente à la compagnie, non-seulement pour en
rendre le contenu d'un usage plus facile et plus commode, mais
encore avec le désir de poser un premier jalon aux chambres futures
et de les appeler à réunir successivement à ce recueil les documents
qui pourront survenir et intéresser la corporation.

LOI

SUR L'ORGANISATION DU NOTARIAT,

DU 25 VENTOSE AN XI (16 MARS 1803),

PROMULGUÉE LE 5 GERMINAL AN XI (26 MARS 1803).

(BULLETIN DES LOIS N° 258.)

TITRE PREMIER.

DES NOTAIRES ET DES ACTES NOTARIÉS.

SECTION PREMIÈRE.

DES FONCTIONS, RESSORT ET DEVOIRS DES NOTAIRES.

ART. 1er. Les notaires sont les fonctionnaires publics établis pour recevoir tous les actes et contrats auxquels les parties doivent ou veulent faire donner le caractère d'authenticité attaché aux actes de l'autorité publique, et pour en assurer la date, en conserver le dépôt, en délivrer des grosses et expéditions.

2. Ils sont institués à vie.

3. Ils sont tenus de prêter leur ministère lorsqu'ils en sont requis.

4. Chaque notaire devra résider dans le lieu qui lui sera fixé par le gouvernement. En cas de contravention, le notaire sera considéré comme démissionnaire; en conséquence, le grand-juge, ministre de la justice, après avoir pris l'avis du tribunal, pourra proposer au gouvernement le remplacement.

5. Les notaires exercent leurs fonctions, savoir : ceux des villes où est établi le tribunal d'appel, dans l'étendue du ressort de ce tribunal;

Ceux des villes où il n'y a qu'un tribunal de première instance, dans l'étendue du ressort de ce tribunal;

Ceux des autres communes, dans l'étendue du ressort du tribunal de paix.

6. Il est défendu à tout notaire d'instrumenter hors de son ressort, à peine d'être suspendu de ses fonctions pendant trois mois, d'être destitué en cas de récidive, et de tous dommages-intérêts.

7. Les fonctions de notaires sont incompatibles avec celles de juges, commissaires du gouvernement près les tribunaux, leurs substituts, greffiers, avoués, huissiers, préposés à la recette des contributions directes et indirectes, juges, greffiers et huissiers des justices de paix, commissaires de police et commissaires aux ventes.

SECTION II.

DES ACTES, DE LEUR FORME; DES MINUTES, GROSSES, EXPÉDITIONS ET RÉPERTOIRES.

8. Les notaires ne pourront recevoir des actes dans lesquels leurs parents ou alliés, en ligne directe à tous les degrés, et en collatérale jusqu'au degré d'oncle ou de neveu inclusivement, seraient parties, ou qui contiendraient quelque disposition en leur faveur[1].

---

[1] Tout fonctionnaire, tout officier public, tout agent du gouvernement qui, soit ouvertement, soit par actes simulés, soit par interposition de personnes, aura pris ou reçu quelque intérêt que ce soit dans les actes, adjudications, entreprises ou régies dont il a ou avait, au temps de l'acte, en tout ou en partie, l'administration ou la surveillance, sera puni d'un emprisonnement de six mois au moins et de deux ans au plus, et sera condamné à une amende qui ne pourra excéder le quart des restitutions et des indemnités, ni être au-dessous du douzième. — Il sera de plus déclaré à jamais incapable d'exercer aucune fonction publique. — La présente disposition est applicable à tout fonctionnaire ou agent du gouvernement qui aura pris un intérêt quelconque dans une affaire dont il était chargé d'ordonnancer le paiement ou de faire la liquidation (Code pénal, art. 175).

9. Les actes seront reçus par deux notaires, ou par un notaire assisté de deux témoins, citoyens français, sachant signer et domiciliés dans l'arrondissement communal où l'acte sera passé[1].

10. Deux notaires, parents ou alliés au degré prohibé par l'art. 8, ne pourront concourir au même acte.

Les parents, alliés, soit du notaire, soit des parties contractantes, au degré prohibé par l'art. 8, leurs clercs et leurs serviteurs ne pourront être témoins.

11. Le nom, l'état et la demeure des parties devront être connus des notaires, ou leur être attestés dans l'acte par deux citoyens connus d'eux, ayant les mêmes qualités que celles requises pour être témoin instrumentaire.

12. Tous les actes doivent énoncer les nom et lieu de résidence du notaire qui les reçoit, à peine de cent francs d'amende contre le notaire contrevenant[2].

Ils doivent également énoncer les noms des témoins instrumentaires, leur demeure, le lieu, l'année et le jour où les actes sont passés, sous les peines prononcées par l'art. 68 ci-après, et même de faux, si le cas y échoit.

13. Les actes de notaires seront écrits en un seul et même contexte, lisiblement, sans abréviation, blanc, lacune ni intervalle; ils contiendront les noms, prénoms, qualités et demeures des parties, ainsi que des témoins qui seraient appelés dans le cas de l'art. 11; ils énonceront en toutes lettres les sommes et les dates. Les procurations des contractants seront annexées à la minute[3], qui fera mention que lecture de l'acte a été faite aux

---

[1] Voir la loi interprétative du 21 juin 1843, promulguée le 24 du même mois, page 21.

[2] Réduite à 20 fr. (art. 10 de la loi du 16 juin 1824).

[3] La loi du 25 ventôse an 11 n'a pas introduit une règle nouvelle touchant la nécessité d'annexer les procurations à la minute de l'acte. Cette obligation existait auparavant; elle dérive de la nature des choses. Elle est nécessaire pour que le constituant, qui est partie dans l'acte, soit valablement obligé; mais dès que le notaire a annexé la procuration à un premier acte passé en son étude, la jonction des copies qui en seraient faites aux minutes des actes subséquents deviendrait sans objet. Il faut observer toutefois que le no-

parties : le tout à peine de cent francs d'amende contre le notaire contrevenant[1].

14. Les actes seront signés par les parties, les témoins et les
notaires, qui doivent en faire mention à la fin de l'acte.

Quant aux parties qui ne savent ou ne peuvent signer, le notaire doit faire mention, à la fin de l'acte, de leurs déclarations
à cet égard.

15. Les renvois et apostilles ne pourront, sauf l'exception ci-
après, être écrits qu'en marge; ils seront signés ou paraphés,
tant par les notaires que par les autres signataires, à peine de
nullité des renvois et apostilles. Si la longueur du renvoi exige
qu'il soit transporté à la fin de l'acte, il devra être non-seulement signé ou paraphé comme les renvois écrits en marge, mais
encore expressément approuvé par les parties, à peine de nullité
du renvoi.

16. Il n'y aura ni surcharge, ni interligne, ni addition dans
le corps de l'acte; et les mots surchargés, interlignés ou ajoutés
seront nuls. Les mots qui devront être rayés, le seront de manière que le nombre puisse en être constaté à la marge de leur
page correspondante, ou à la fin de l'acte, et approuvé de la
même manière que les renvois écrits en marge. Le tout à peine
d'une amende de cinquante francs[2] contre le notaire, ainsi que
de tous dommages-intérêts, même de destitution en cas de
fraude.

17. Le notaire qui contreviendra aux lois et aux arrêtés du
gouvernement, concernant les noms et qualifications supprimés,
les clauses et expressions féodales, les mesures et l'annuaire de
la République, ainsi que la numération décimale, sera condamné
à une amende de cent francs, qui sera double en cas de récidive[3].

----

taire, en délivrant des expéditions, doit y joindre l'expédition de sa
procuration, pour qu'ils soient exécutoires (*Lettre du ministre de
la justice du 28 mars 1807;* conf. autre décision du 4 juillet 1818).

[1] Réduite à 20 fr. (art. 10 de la loi du 16 juin 1824).

[2] Réduite à 10 fr. (Loi du 16 juin 1824, art. 10).

[3] A compter du 1er janvier 1840, toutes dénominations de poids
et mesures autres que celles établies par la loi du 18 germinal an III,

18. Le notaire tiendra exposé, dans son étude, un tableau sur lequel il inscrira les noms, prénoms, qualités et demeures des personnes qui, dans l'étendue du ressort où il peut exercer, sont interdites ou assistées d'un conseil judiciaire, ainsi que la mention des jugements y relatifs; le tout immédiatement après la notification qui en aura été faite et à peine des dommages-intérêts des parties.

19. Tous actes notariés feront foi en justice, et seront exécutoires dans toute l'étendue de la République.

Néanmoins, en cas de plainte en faux principal, l'exécution de l'acte argué de faux sera suspendue par la déclaration du jury d'accusation, prononçant *qu'il y a lieu à accusation :* en cas d'inscription de faux faite incidemment, les tribunaux pourront, suivant la gravité des circonstances, suspendre provisoirement l'exécution de l'acte.

20. Les notaires seront tenus de garder minute de tous les actes qu'ils recevront[1].

Ne sont néanmoins compris dans la présente disposition les certificats de vie, procurations, actes de notoriété, quittances de fermages, de loyers, de salaires, arrérages de pensions et rentes, et autres actes simples qui, d'après les lois, peuvent être délivrés en brevet.

21. Le droit de délivrer des grosses et des expéditions n'appartiendra qu'au notaire possesseur de la minute; et, néan-

---

sont interdites dans les actes publics ainsi que dans les avis et annonces.

Elles sont également interdites dans les actes sous seing-privé, les registres de commerce et autres écritures privées, produits en justice.

Les officiers publics contrevenants seront passibles d'une amende de 20 fr. qui sera recouvrée sur contrainte comme en matière d'enregistrement.

L'amende sera de 10 fr. pour les autres contrevenants (Loi du 4 juillet 1837, art. 5).

[1] Voir la décision du ministre des finances du 11 novembre 1810 pour les actes passés par substitution.

moins, tout notaire pourra délivrer copie d'un acte qui lui aura
été déposé pour minute[1].

22. Les notaires ne pourront se dessaisir d'aucune minute, si

---

[1] *Délibération de la chambre du 6 janvier 1841.*

M. le président donne lecture d'une lettre de M. le procureur du
roi près le tribunal civil de Strasbourg, par laquelle ce magistrat
fait part à la chambre d'un abus qui lui a été signalé en ces termes :

« Plusieurs notaires délivrent des expéditions en langue allemande
« et sur papier non timbré des actes de famille, tels que contrats de
« mariage, inventaires et partages. »

M. le procureur du roi fait observer que cette fraude est très-
préjudiciable aux intérêts du trésor et forme un obstacle véritable
à la propagation de la langue française; que l'administration est
désarmée en présence d'une fraude aussi manifeste, mais qu'il est
certainement possible d'atteindre disciplinairement ceux des notaires qui se livrent à cette spéculation illicite.

Ce magistrat rappelle les différents textes de loi :

1° .... qui prescrivent aux notaires de ne délivrer des expéditions, copies ou extraits d'actes que sur papier au timbre de 1 fr. 25 c.;

2° .... qui leur défendent d'écrire les actes publics en tout autre
idiome qu'en langue française;

3° .... qui leur interdisent de ne donner communication de
leurs minutes qu'aux personnes qui y ont un intérêt, conformément à la loi du 25 ventôse an XI.

Enfin, il invite la chambre à s'occuper de cette grave question
et à lui transmettre une copie de sa délibération à cet égard.

La chambre remercie M. le procureur du roi de la bienveillance
avec laquelle il lui communique tout ce qui peut intéresser la
compagnie des notaires de l'arrondissement de Strasbourg.

Pénétrée de ses devoirs, la chambre s'empresse toujours d'user
de tous les moyens disciplinaires qui sont en son pouvoir pour réprimer les abus dont il lui serait donné connaissance.

Elle regrette de ne pouvoir, dans la question qui lui est soumise
en ce moment, partager entièrement la manière de voir de M. le
procureur du roi.

Après avoir examiné avec attention la question dont s'agit, la
chambre émet l'avis suivant :

Le fait signalé constitue-t-il réellement un abus grave, une spéculation illicite, une infraction morale aux devoirs des notaires?

Si des plaintes avaient été formées contre des notaires pour le
fait de délivrance de copies d'actes, traduits en allemand, sur papier .

ce n'est dans les cas prévus par la loi et en vertu d'un jugement.

Avant de s'en dessaisir, ils en dresseront et signeront une copie figurée, qui, après avoir été certifiée par le président et

---

non timbré, avec la circonstance que les notaires, en se faisant payer ces sortes d'expéditions, y ont compris le coût du papier timbré non réellement employé, il y aurait dans une pareille action non plus un abus, une spéculation illicite, mais une escroquerie, un véritable vol. Heureusement pareille chose n'arrive pas.

Les notaires, en faisant ces traductions, cèdent à un usage que la nécessité a introduit; ainsi que M. le procureur du roi le remarque lui-même, ces traductions ne se font que pour les actes de famille, comme contrat de mariage, partage, etc., actes dont les cultivateurs ont intérêt à pouvoir prendre connaissance presque journellement. Que fera le cultivateur en présence d'une expédition bien régulière qu'il ne peut lire? Ou bien il sera réduit à se la faire interpréter par quelque secrétaire de mairie, maître d'école ou tout autre, d'où peut naître pour lui un triple désavantage : 1° ... une mauvaise interprétation, d'où découlent des différends, des inimitiés, peut-être même des procès; 2° ... la nécessité de mettre une tierce personne, souvent peu discrète, dans la confidence des affaires de famille les plus intimes; 3° ... enfin le salaire de l'interprétation; ou bien ce cultivateur sera dans le cas d'abandonner ses travaux pour aller se faire interpréter l'acte par son notaire dont la résidence peut être distante de quelques lieues.

La nécessité seule a donc fait naître cet usage, et les notaires, en s'y conformant, ont cru remplir un devoir envers leurs clients, bien loin d'y chercher la source d'une spéculation illicite. En effet, où y a-t-il spéculation là où l'on ne peut trouver qu'augmentation de travail et perte de temps sans augmentation de salaire?

La chambre désire établir par ces observations que sous le point de vue moral le fait signalé ne saurait être reproché aux notaires comme une action blâmable, les motifs et le résultat en étant tout à l'avantage des clients ou détriment même des notaires.

Le fait est-il contraire au texte ou à l'esprit de la loi? Est-il défendu? Y a-t-il sanction pour la défense?

Les copies et traductions dont s'agit ne sont jamais signées par les notaires. Or, ainsi que M. le procureur du roi le reconnaît lui-même, d'après les art. 12 et 19 de la loi du 13 brumaire an vii et l'art. 63 de celle du 28 avril 1816, les notaires ne peuvent délivrer que sur papier au timbre de 1 fr. 25 c. les expéditions, copies ou extraits des actes reçus par eux; mais il est évident que la loi n'a voulu parler que des expéditions, copies ou extraits portant la sile commissaire du tribunal civil de leur résidence, sera substituée à la minute, dont elle tiendra lieu jusqu'à sa réintégration.

23. Les notaires ne pourront également, sans l'ordonnance du

---

gnature de ces officiers ministériels; car des écrits non signés ne peuvent être considérés que comme des pièces informes, sans authenticité et sans caractère que l'impôt ne saurait atteindre.

D'autre part la loi ne défend pas de délivrer aux parties des copies de leurs actes à titre de renseignement.

Peut-on voir dans le fait de ces copies ou de ces traductions une infraction à la loi organisatrice du notariat, d'après le dilemme posé par M. le procureur du roi, lorsqu'il dit : .... ou la traduction est l'œuvre du notaire, ou elle est le fait d'une personne étrangère à laquelle la minute a été communiquée au mépris de la prohibition retenue en l'art. 23 de la loi du 25 ventôse an XI...?

Mais au premier cas, cette traduction ou copie, œuvre du notaire et non signée par lui, qu'est-elle autre chose qu'un écrit informe, sans caractère, sans authenticité? Elle n'est qu'un simple renseignement; ce n'est ni une copie, ni un extrait, ni une expédition dans le sens des art. 12 et 19 de la loi du 13 brumaire an VII et de l'art. 63 de la loi du 28 avril 1816; c'est encore moins un acte public dans le sens de la loi du 2 thermidor an II et de l'arrêté du gouvernement du 24 prairial an XI qui défend, sous peine de destitution et d'emprisonnement, d'écrire les actes publics en tout autre idiome qu'en langue française.

Au second cas, si cette copie ou traduction n'est point l'œuvre du notaire, est-elle toujours le résultat d'une infraction de sa part à la loi de ventôse, par le fait de la communication de ses minutes à une personne étrangère?

Mais les partages, les donations, les contrats de mariage et autres actes de famille ne sont-ils pas presque toujours communiqués en projet aux parties? Le projet leur reste; elle peuvent le faire traduire. Si une expédition leur a été délivrée en bonne forme, ne peuvent-elles pas encore la faire traduire et recopier sur papier non timbré?

Enfin les parties sont autorisées à se faire assister, lors de la réception des actes, de leurs conseils, qui reçoivent ainsi connaissance des conventions et des actes auxquels ils sont parfaitement étrangers. Ne peut-on pas, par induction, supposer qu'une partie amène dans l'étude de son notaire une personne de sa confiance à laquelle elle autorise le notaire de donner communication de la minute pour en prendre, à titre de renseignement, un extrait ou une copie? Où est la défense?

président du tribunal de première instance, délivrer expédition
ni donner connaissance des actes à d'autres qu'aux personnes
intéressées en nom direct, héritiers ou ayant-droit, à peine de

En résumant : D'une part la loi n'impose point aux notaires l'obligation de délivrer nécessairement des expéditions en bonne forme
des actes qu'ils reçoivent;

D'autre part la loi ne défend pas de donner ou laisser prendre,
toujours du consentement de la partie intéressée, des copies d'actes
sans signature, partant sans caractère ni authenticité.

D'où il résulte que la chambre ne peut agir par voie disciplinaire
dans une circonstance où la loi est muette; privée des moyens de
sanction, la chambre ne peut ici ni prescrire ni défendre; elle
ne peut avoir recours qu'à son autorité morale, ce qu'elle entend
faire d'après les considérations suivantes :

Attendu que les notaires, en leur qualité de fonctionnaires publics (art. 1 de la loi du 25 ventôse an XI), loin de chercher à en-
traver, doivent faciliter la perception juste et équitable des droits
du trésor;

Attendu que l'intérêt public réclame d'une manière évidente que
la reproduction des minutes du notaire, par forme d'expéditions ou
de grosses authentiques, se fasse d'une manière aussi générale que
possible, pour suppléer, en cas d'incendie, de ravage par la guerre,
d'inondation ou autres cas fortuits, à la perte des minutes, perte
irréparable sans cette précaution ;

Attendu qu'il est d'un intérêt tout national de propager l'usage
de la langue française en Alsace, que dès lors il est du devoir des
notaires de s'abstenir de faits qui pourraient favoriser la continuation de l'emploi de l'idiome allemand ;

Attendu que la dignité du notariat exige que les notaires se renferment rigoureusement dans les limites de leurs devoirs, comme
fonctionnaires publics français; que le fait d'une traduction de leurs
actes par eux ou par leurs clercs est contraire à cette dignité, de
pareils travaux devant appartenir à des interprètes jurés ou à des
écrivains publics ;

La chambre invite les notaires de l'arrondissement de Strasbourg
et les engage par recommandation spéciale :

1° A délivrer autant que possible des expéditions ou grosses (suivant le cas), des actes reçus par eux, et à presser leurs clients de
retirer ces expéditions, en leur faisant comprendre toutefois que
cette mesure est prise non pas dans une vue mesquine d'intérêt
privé, mais par les considérations d'intérêt public exprimées plus
haut ;

dommages-intérêts, d'une amende de cent francs[1], et d'être, en cas de récidive, suspendus de leurs fonctions pendant trois mois; sauf néanmoins l'exécution des lois et règlements sur le droit d'enregistrement, et de celles relatives aux actes qui doivent être publiés dans les tribunaux[2].

24. En cas de compulsoire, le procès-verbal sera dressé par le notaire dépositaire de l'acte, à moins que le tribunal qui l'ordonne ne commette un de ses membres, ou tout autre juge, ou un autre notaire.

25. Les grosses seules seront délivrées en forme exécutoire; elles seront intitulées et terminées dans les mêmes termes que les jugements des tribunaux.

26. Il doit être fait mention, sur la minute, de la délivrance d'une première grosse faite à chacune des parties intéressées[3] : il ne peut lui en être délivré d'autre, à peine de destitution, sans une ordonnance du président du tribunal de première instance, laquelle demeurera jointe à la minute[4].

27. Chaque notaire sera tenu d'avoir un cachet ou sceau particulier, portant ses nom, qualité et résidence, et, d'après un modèle uniforme, le type de la République française.

2° A s'abstenir autant que possible de donner ou laisser prendre des copies de leurs actes sur papier libre ;

3° A ne faire par eux ou par leurs clercs aucune traduction en langue allemande, à moins qu'il n'y ait une nécessité démontrée et que l'intérêt de leurs clients ne le réclame impérieusement, et dans ce cas encore la traduction ne pourra être faite qu'à la suite de l'expédition ou de la grosse en bonne forme.

Fait en séance, le 6 janvier 1844.

Le président, RENCKER.

Le rapporteur, remplissant en l'absence du titulaire les fonctions de secrétaire,   LACOMBE.

[1] Réduite à 20 fr. (Loi du 16 juin 1824, art. 10).

[2] Notamment les contrats de mariage de commerçants (Code de com., art. 67). — Les actes de société (Code de com., art. 42).

[3] Jugé que cette mention doit consister dans les mots : *fait et délivré grosse* et être paraphée par le notaire. La mention *fait grosse* est insuffisante (*J. N.*, art. 10,416).

[4] Code de procédure, art. 884.

Les grosses et expéditions des actes porteront l'empreinte de ce cachet.

28. Les actes notariés seront légalisés, savoir : ceux des notaires à la résidence des tribunaux d'appel, lorsqu'on s'en servira hors de leur ressort, et ceux des autres notaires, lorsqu'on s'en servira hors de leur département.

La légalisation sera faite par le président du tribunal de première instance de la résidence du notaire, ou du lieu où sera délivré l'acte ou l'expédition.

29. Les notaires tiendront répertoire de tous les actes qu'ils recevront.

30. Les répertoires seront visés, cotés et paraphés par le président, ou, à son défaut, par un autre juge du tribunal civil de la résidence; ils contiendront la date, la nature et l'espèce de l'acte, les noms des parties et la relation de l'enregistrement[1].

TITRE II.
RÉGIME DU NOTARIAT.

SECTION PREMIÈRE.

NOMBRE, PLACEMENT ET CAUTIONNEMENT DES NOTAIRES.

31. Le nombre des notaires pour chaque département, leurs placement et résidence seront déterminés par le gouvernement de manière : 1° que dans les villes de cent mille habitants et au-dessus

---

[1] Le répertoire doit être visé dans les dix premiers jours de janvier, avril, juillet et octobre par le receveur de l'enregistrement, à peine de 10 fr. d'amende (Loi du 22 frimaire an VII, art. 51 ; — Loi du 16 juin 1824, art. 10). — Un double de ce répertoire doit être déposé au greffe du tribunal civil de première instance, dans les deux premiers mois de chaque année, à peine de 100 fr. d'amende pour chaque mois de retard (Loi du 6 octobre 1791, tit. 3, art. 16). — L'amende est réduite à 10 fr., quelle que soit la durée du retard (Loi du 16 juin 1824, art. 10).

il y ait un notaire au plus par six mille habitants; 2° que dans les autres villes, bourgs ou villages il y ait deux notaires au moins ou cinq au plus par chaque arrondissement de justice de paix.

32. Les suppressions ou réductions de places ne seront effectuées que par mort, démission ou destitution.

33. Les notaires exercent sans patente; mais ils sont assujettis à un cautionnement fixé par le gouvernement, d'après les bases ci-après, et qui sera spécialement affecté à la garantie des condamnations prononcées contre eux par suite de l'exercice de leurs fonctions.

Lorsque, par l'effet de cette garantie, le montant du cautionnement aura été employé en tout ou en partie, le notaire sera suspendu de ses fonctions, jusqu'à ce que le cautionnement ait été entièrement rétabli, et, faute par lui de rétablir, dans les six mois, l'intégralité du cautionnement, il sera considéré comme démissionnaire, et remplacé.

34. Le cautionnement sera fixé par le gouvernement, en raison combinée des ressort et résidence de chaque notaire, d'après un *minimum* et un *maximum*, suivant le tableau ci-après, savoir:

HABITANTS.	POUR LES NOTAIRES DES RESSORTS ET RÉSIDENCES DE					
	TRIBUNAUX d'appel.		TRIBUNAUX de 1re instance.		JUSTICES de paix.	
	DROITS.		DROITS.		DROITS.	
	Minimum.	Maximum.	Minimum.	Maximum.	Minimum.	Maximum.
	FR.	FR.	FR.	FR.	FR.	FR.
Au-dessous de 5,000	—	—	1,000	1,500	500	800
De 5,000 à 10,000	2,000	2,500	1,500	1,800	800	1,000
De 10,000 à 25,000	2,500	3,200	1,800	2,200	1,000	1,400
De 25,000 à 50,000	3,200	3,800	2,200	2,800	1,400	2,000
De 50,000 à 75,000	3,800	4,400	2,800	3,400		
De 75,000 à 100,000	4,400	5,000	3,400	4,000		
De 100,000 et au-dessus ..	—	6,000				
De Paris...............	—	12,000				

Ces cautionnements seront versés, remboursés, et les intérêts payés conformément aux lois sur les cautionnements, sous la déduction de tous versements antérieurs[1].

SECTION II.

CONDITIONS POUR ÊTRE ADMIS, ET MODE DE NOMINATION AU NOTARIAT.

35. Pour être admis aux fonctions de notaire, il faudra :

1° Jouir de l'exercice des droits de citoyen ;

2° Avoir satisfait aux lois sur la conscription militaire ;

3° Être âgé de vingt-cinq ans accomplis ;

4° Justifier du temps de travail prescrit par les articles suivants[2] :

36. Le temps de travail ou stage sera, sauf les exceptions ci-

---

[1] Le taux des cautionnements a successivement augmenté (Loi du 2 ventôse an XIII ; — Loi du 28 avril 1816, art. 88).

Voici le tableau qui fixe l'état actuel de la législation, applicable à l'arrondissement de Strasbourg :

RÉSIDENCE DE STRASBOURG.		RÉSIDENCE DES JUSTICES DE PAIX.	
Population.	Droits.	Population.	Droits.
		2,000 habitants et au-dessous	1,800
		2,001 à 2,500	1,900
		2,501 à 3,000	2,000
		3,001 à 3,500	2,100
		3,501 à 4,000	2,200
		4,001 à 4,500	2,300
		4,501 à 5,000	2,400
35,001 à 40,000	9,000	5,001 à 5,500	2,500
40,001 à 50,000	9,200	5,501 à 6,000	2,600
50,001 à 60,000	9,400	6,001 à 6,500	2,700
60,001 à 70,000	9,600	6,501 à 7,000	2,800
70,001 et au-dessus.	12,000	7,001 à 7,500	2,900
		7,501 à 8,000	3,000
		8,001 à 8,500	3,100
		8,501 à 9,000	3,200
		9,001 à 9,500	3,300
		9,501 à 10,000	3,400
		10,001 à 11,000	3,500
		11,001 à 12,000	3,600
		12,001 à 13,000	3,700
		13,001 à 14,000	3,800
		14,001 à 15,000	3,900

[2] Voir *Transmission des offices*, p. 24. — *Enregistrement des traités de cession d'offices*, p. 25.

après, de six années entières et non interrompues, dont une des deux dernières, au moins, en qualité de premier clerc chez un notaire d'une classe égale à celle où se trouvera la place à remplir.

37. Le temps de travail pourra n'être que de quatre années lorsqu'il en aura été employé trois dans l'étude d'un notaire d'une classe supérieure à la place qui devra être remplie, et lorsque, pendant la quatrième, l'aspirant aura travaillé, en qualité de premier clerc, chez un notaire d'une classe supérieure ou égale à celle où se trouvera la place pour laquelle il se présentera.

38. Le notaire déjà reçu et exerçant, depuis un an, dans une classe inférieure, sera dispensé de toute justification de stage, pour être admis à une place de notaire vacante dans une place immédiatement supérieure.

39. L'aspirant qui aura travaillé pendant quatre ans, sans interruption, chez un notaire de première ou de seconde classe, et qui aura été, pendant deux ans au moins, défenseur ou avoué près d'un tribunal civil, pourra être admis dans une des classes où il aura fait son stage, pourvu que, pendant l'une des deux dernières années de son stage, il ait travaillé, en qualité de premier clerc, chez un notaire d'une classe égale à celle où se trouvera la place à remplir.

40. Le temps de travail exigé par les articles précédents devra être d'un tiers en sus toutes les fois que l'aspirant, ayant travaillé chez un notaire d'une classe inférieure, se présentera pour remplir une place d'une classe immédiatement supérieure.

41. Pour être admis à exercer dans la troisième classe de notaires, il suffira que l'aspirant ait travaillé, pendant trois années, chez un notaire de première ou de seconde classe, ou qu'il ait exercé, comme défenseur ou avoué, pendant l'espace de deux années, auprès d'un tribunal d'appel ou de première instance, et qu'en outre il ait travaillé, pendant un an, chez un notaire.

42. Le gouvernement pourra dispenser de la justification du temps d'étude les individus qui auront exercé des fonctions administratives ou judiciaires.

43. L'aspirant demandera à la chambre de discipline du ressort dans lequel il devra exercer un certificat de moralité et de capacité. Le certificat ne pourra être délivré qu'après que la chambre aura fait parvenir au commissaire du gouvernement du tribunal de première instance l'expédition de la délibération qui l'aura accordé.

44. En cas de refus, la chambre donnera un avis motivé et le communiquera au commissaire du gouvernement, qui l'adressera au grand-juge, avec ses observations.

45. Les notaires seront nommés par le premier consul et obtiendront de lui une commission qui énoncera le lieu fixe de la résidence.

46. Les commissions de notaire seront, dans leur intitulé, adressées au tribunal de première instance dans le ressort duquel le pourvu aura sa résidence.

47. Dans les deux mois de sa nomination, et à peine de déchéance, le pourvu sera tenu de prêter, à l'audience du tribunal auquel la commission aura été adressée, le serment que la loi exige de tout fonctionnaire public, ainsi que celui de remplir ses fonctions avec exactitude et probité.

Il ne sera admis à prêter serment qu'en représentant l'original de sa commission et la quittance du versement de son cautionnement.

Il sera tenu de faire enregistrer le procès-verbal de prestation de serment au secrétariat de la municipalité du lieu où il devra résider, et aux greffes de tous les tribunaux dans le ressort desquels il doit exercer.

48. Il n'aura le droit d'exercer qu'à compter du jour où il aura prêté serment.

49. Avant d'entrer en fonctions, les notaires devront déposer au greffe de chaque tribunal de première instance de leur département et au secrétariat de la municipalité de leur résidence, leurs signature et paraphe.

Les notaires à la résidence des tribunaux d'appel feront en outre ce dépôt aux greffes des autres tribunaux de première instance de leur ressort.

SECTION III.

CHAMBRES DE DISCIPLINE.

50. Les chambres qui seront établies pour la discipline inté·rieure des notaires, seront organisées par des règlements[1].

51. Les honoraires et vacations des notaires seront réglés, à l'amiable, entre eux et les parties; sinon, par le tribunal civil de la résidence du notaire, sur l'avis de la chambre et sur simples mémoires, sans frais[2].

52. Tout notaire suspendu, destitué ou remplacé, devra aussitôt après la notification qui lui aura été faite de sa suspension, de sa destitution ou de son remplacement, cesser l'exercice de son état, à peine de tous dommages et intérêts, et des autres condamnations prononcées par les lois contre tout fonctionnaire suspendu ou destitué qui continue l'exercice de ses fonctions.

Le notaire suspendu ne pourra les reprendre, sous les mêmes peines, qu'après la cessation du temps de la suspension.

53. Toutes suspensions, destitutions, condamnations d'amende et dommages-intérêts seront prononcées contre les notaires par le tribunal civil de leur résidence, à la poursuite des parties intéressées, ou d'office, à la poursuite et diligence du commissaire du gouvernement.

Ces jugements seront sujets à l'appel et exécutoires par provision, excepté quant aux condamnations pécuniaires.

---

[1] L'arrêté du 2 nivôse an XII qui organisait les chambres de discipline est remplacé par l'ordonnance du 4 janvier 1843. (V. p. 28.)

[2] Modifié par l'art. 173 du décret du 16 février 1807, ainsi conçu :

« Tous les autres actes du ministère des notaires, notamment les partages et ventes volontaires, qui auront lieu par-devant eux, seront taxés par le président du tribunal de première instance de leur arrondissement suivant leur nature et les difficultés que leur rédaction aura présentées; et sur les renseignements qui lui seront fournis par les notaires et les parties. »

SECTION IV.

GARDE, TRANSMISSION, TABLES DES MINUTES ET RECOUVREMENTS.

54. Les minutes et répertoires d'un notaire remplacé ou dont la place aura été supprimée, pourront être remis par lui ou par ses héritiers à l'un des notaires résidant dans la même commune ou à l'un des notaires résidant dans le même canton, si le remplacé était le seul notaire établi dans la commune.

55. Si la remise des minutes et répertoires du notaire remplacé n'a pas été effectuée, conformément à l'article précédent, dans le mois à compter du jour de la prestation de serment du successeur, la remise en sera faite à celui-ci.

56. Lorsque la place de notaire sera supprimée, le titulaire ou ses héritiers seront tenus de remettre les minutes et répertoires, dans le délai de deux mois du jour de la suppression, à l'un des notaires de la commune ou à l'un des notaires du canton, conformément à l'art. 54.

57. Le commissaire du gouvernement près le tribunal de première instance est chargé de veiller à ce que les remises ordonnées par les articles précédents soient effectuées; et, dans le cas de suppression de la place, si le titulaire ou ses héritiers n'ont pas fait choix, dans les délais prescrits, du notaire à qui les minutes et répertoires devront être remis, le commissaire indiquera celui qui en demeurera dépositaire.

Le titulaire ou ses héritiers, en retard de satisfaire aux dispositions des art. 55 et 56, seront condamnés à cent francs d'amende par chaque mois de retard, à compter du jour de la sommation qui leur aura été faite d'effectuer la remise[1].

58. Dans tous les cas, il sera dressé un état sommaire des minutes remises, et le notaire qui les recevra, s'en chargera au pied de cet état, dont un double sera remis à la chambre de discipline.

---

[1] Réduite à 20 fr. une fois payés, et non par chaque mois de retard (Loi du 16 juin 1894).

59. Le titulaire ou ses héritiers, et le notaire qui recevra les minutes, aux termes des art. 54, 55 et 56, traiteront, de gré à gré, des recouvrements, à raison des actes dont les honoraires sont encore dus, et du bénéfice des expéditions.

S'ils ne peuvent s'accorder, l'appréciation en sera faite par deux notaires dont les parties conviendront, ou qui seront nommés d'office parmi les notaires de la même résidence, ou, à leur défaut, parmi ceux de la résidence la plus voisine.

60. Tous dépôts de minutes, sous la dénomination de *Chambres de contrats*, *Bureaux de tabellionage* et autres, sont maintenus à la garde de leurs possesseurs actuels. Les grosses et expéditions ne pourront en être délivrées que par un notaire de la résidence des dépôts, ou, à défaut, par un notaire de la résidence la plus voisine.

Néanmoins, si lesdits dépôts de minute ont été remis au greffe d'un tribunal, les grosses et expéditions pourront, dans ce cas seulement, être délivrées par le greffier.

61. Immédiatement après le décès du notaire ou autre possesseur de minutes, les minutes et répertoires seront mis sous les scellés par le juge de paix de la résidence, jusqu'à ce qu'un autre notaire en ait été provisoirement chargé par ordonnance du président du tribunal de la résidence.

TITRE III.

DES NOTAIRES ACTUELS.

62. Sont maintenus définitivement tous les notaires qui, au jour de la promulgation de la présente loi, seront en exercice.

63. Sont également maintenus définitivement les notaires qui, au jour de la promulgation de la présente loi, n'ayant point été remplacés, n'auraient interrompu l'exercice de leurs fonctions ou n'auraient été empêchés d'y entrer que pour cause soit d'incompatibilité, soit de service militaire.

64. Tous lesdits notaires exerceront ou continueront d'exercer

leurs fonctions, et conserveront rang entre eux, suivant la date de leurs réceptions respectives.

Mais ils seront tenus, dans les trois mois du jour de la publication de la présente loi :

1° De remettre au greffe du tribunal de première instance de leur résidence, et sur un récépissé du greffier, tous les titres et pièces concernant 'eurs précédentes nomination et réception;

2° De se pourvoir, avec ce récépissé, auprès du gouvernement, à l'effet d'obtenir du premier consul une commission confirmative, dans laquelle seront rappelés la date de leurs nomition et réception primitives, ainsi que le lieu fixe de leur résidence.

65. Dans les deux mois qui suivront la délivrance de cette commission, chacun desdits notaires sera tenu de prêter le serment prescrit par l'art. 47 et de se conformer aux dispositions de l'art. 49 pour le dépôt des signature et paraphe.

Le présent article et le précédent seront exécutés, à peine de déchéance.

66. Les notaires qui réunissent des fonctions incompatibles seront tenus, dans les trois mois du jour de la publication de la présente loi, de faire leur option et d'en déposer l'acte au greffe du tribunal de première instance de leur résidence; sinon, ils seront considérés comme ayant donné leur démission de l'état de notaire et remplacés; et dans le cas où ils continueraient à l'exercer, ils encourront les peines prononcées par l'art. 52.

67. A compter du jour de leur option, ils auront un délai de trois mois pour obtenir la commission du premier consul et pour remplir les formalités prescrites aux art. 47 et 49; le tout sous les mêmes peines.

Dispositions générales.

68. Tout acte fait en contravention aux dispositions contenues aux art. 6, 8, 9, 10, 14, 20, 52, 64, 65, 66 et 67, est nul, s'il n'est pas revêtu de la signature de toutes les parties; et lorsque l'acte sera revêtu de la signature de toutes les parties con-

tractantes, il ne vaudra que comme écrit sous signature privée : sauf, dans les deux cas , s'il y a lieu, les dommages-intérêts contre le notaire contrevenant.

69. La loi du 6 octobre 1791 et toutes autres sont abrogées en ce qu'elles ont de contraire à la présente.

Prescription des amendes.

L'action contre les notaires à raison des amendes encourues par les dispositions de la loi du 25 ventôse an XI , se prescrit par deux ans , à partir du jour où les contraventions ont été commises (Loi du 16 juin 1824, art. 14).

LOI INTERPRÉTATIVE

DE L'ART. 9 DE LA LOI DU 25 VENTOSE AN XI.

(21 juin 1843.)

ART. 1er. Les actes notariés passés depuis la promulgation de la loi du 25 ventôse an XI, ne peuvent être annulés par le motif que le notaire en second ou les deux témoins instrumentaires n'auraient pas été présents à la réception desdits actes.

2. A l'avenir, les actes notariés contenant donation entre-vifs, donation entre époux pendant le mariage, révocation de donation ou de testament, reconnaissance d'enfants naturels et les procurations pour consentir ces divers actes, seront, à peine de nullité, reçus conjointement par deux notaires, ou par un notaire en présence de deux témoins [1].

La présence du notaire en second, ou des deux témoins, n'est requise qu'au moment de la lecture des actes par le notaire et de la signature par les parties. Elle sera mentionnée à peine de nullité [2].

---

[1] D'après le *Journal des notaires*, cette disposition ne comprend pas les acceptations de donation ni les procurations pour accepter (art. 14106). — Voir aussi *Journal du notariat* du 5 octobre 1850.

[2] *Circulaire de la chambre des notaires de Strasbourg pour l'exécution de cette loi.*

Strasbourg, le 5 novembre 1846.

Mon cher confrère, la chambre a reconnu la nécessité d'appeler l'attention de la compagnie sur les changements introduits dans la forme de quelques actes notariés par la loi du 21 juin 1843, qui est ainsi conçue :

« Art. 1er. *Les actes notariés passés depuis la promulgation*, etc. »

Les actes atteints par les modifications que prescrit cette loi sont, comme vous voyez, ceux désignés par l'art. 2. A l'égard de tous les autres, la loi a été purement interprétative et a maintenu un usage universel, constant, immémorial.

3. Les autres actes continueront à être régis par l'art. 9 de la loi du 25 ventôse an XI, tel qu'il est expliqué dans l'art. 1er de la présente loi.

Quelques notaires ont hésité à conserver les formes ordinaires aux contrats de mariage qui contiennent des donations entre-vifs. La question fut examinée et discutée dans les deux chambres législatives, et l'étude de cette discussion a convaincu la chambre des notaires de Strasbourg, comme celle de Paris, que les contrats de mariage, même ceux contenant des donations entre-vifs, ne doivent point être rangés dans l'exception créée par la nouvelle loi.

Pour formuler la *mention expresse* que cette loi commande à *peine de nullité*, et sachant combien l'uniformité d'action donne de force, la chambre a été d'avis de proposer à la compagnie un style spécial pour les actes énumérés en l'art. 3, et qui mentionnât scrupuleusement les formalités exigées par cet article, savoir : la lecture de l'acte par le notaire-rédacteur et la présence réelle du notaire en second ou celle des témoins au moment de la lecture et de la signature. Elle demande donc, à l'exemple de la plupart des autres chambres de discipline, que chaque notaire veuille bien adopter les formules ci-après, dressées par la chambre des notaires de Paris, et qui paraissent répondre complétement aux prescriptions nouvelles de la loi.

Recevez, mon cher confrère, etc.

Le secrétaire de la chambre, BURTZ.

FORMULES.

Pour les actes spécifiés à l'art. 3 de la loi nouvelle, après ces mots : « et ont les parties signé avec les notaires, après lecture faite », on ajoutera la formule suivante :

La lecture du présent acte par Me....., notaire en premier, et la signature par les parties ont eu lieu en présence de Me....., notaire en second.

Si une ou plusieurs des parties ne savent ou ne peuvent signer, la formule sera ainsi rédigée :

La lecture du présent acte par Me....., notaire en premier, la signature par celles des parties qui l'ont signé et la déclaration de ne le savoir (ou de ne le pouvoir) par les autres parties, ont eu lieu en présence de Me....., notaire en second.

Si l'acte est fait en présence de témoins, la formule sera rédigée comme il suit :

La lecture du présent acte par Me....., notaire, et la signature

4. Il n'est rien innové aux dispositions du Code civil sur la forme des testaments.

---

par les parties ont eu lieu en présence des deux témoins instrumentaires.

Et si une ou plusieurs des parties ne savent ou ne peuvent signer, on dira :

La lecture du présent acte par M°....., la signature par les parties qui l'ont signé et la déclaration de ne le savoir (ou de ne le pouvoir) par les autres parties, ont eu lieu en présence des deux témoins instrumentaires.

Si les parties ne comprennent pas la langue française, on pourrait ajouter au mot *lecture* ceux : *avec interprétation en langue allemande.*

Quant à la forme des actes autres que ceux spécifiés au § 1er de l'art. 2 de la loi du 21 juin 1843, il n'y a lieu d'y introduire AUCUN CHANGEMENT.

DROIT DE TRANSMISSION DES OFFICES[1].

(Loi de finances du 28 avril 1816.)

Art. 91. Les avocats à la cour de cassation, notaires, avoués, greffiers, huissiers, agents de change, courtiers, commissaires-priseurs pourront présenter à l'agrément de Sa Majesté des successeurs, pourvu qu'ils réunissent les qualités exigées par les lois.

Cette faculté n'aura pas lieu pour les titulaires destitués.

Il sera statué par une loi particulière sur l'exécution de cette disposition et sur les moyens d'en faire jouir les héritiers ou ayant-cause desdits officiers.

Cette faculté de présenter des successeurs ne déroge point, au surplus, au droit de Sa Majesté de réduire le nombre desdits fonctionnaires, notamment celui des notaires, dans les cas prévus par la loi du 25 ventôse an XI sur le notariat.

---

[1] Ce titre n'est que la reproduction des expressions mêmes de la loi de finances du 25 juin 1841 sur l'enregistrement des traités d'offices et du rapport au roi qui précède l'ordonnance du 4 janvier 1843.

ENREGISTREMENT

DES TRAITÉS DE CESSION D'OFFICES.

(Loi de finances du 25 juin 1841.)

Art. 6. A compter de la promulgation de la présente loi, tout traité ou convention ayant pour objet la transmission, à titre onéreux ou gratuit, en vertu de l'art. 91 de la loi du 28 avril 1816, d'un office, de la clientèle, des minutes, répertoires, recouvrements et autres objets en dépendant, devra être constaté par écrit et enregistré avant d'être produit à l'appui de la demande de nomination du successeur désigné.

Les droits d'enregistrement seront perçus selon les bases et quotités ci-après déterminées.

7. Pour les transmissions à titre onéreux, le droit d'enregistrement sera de 2 p. %, du prix exprimé dans l'acte de cession et du capital des charges qui pourront ajouter au prix.

8. Si la transmission de l'office et des objets en dépendant s'opère par suite de disposition gratuite entre-vifs ou à cause de mort, les droits établis pour les donations de biens meubles par les lois existantes seront perçus sur l'acte ou écrit constatant la libéralité, d'après une évaluation en capital.

Dans aucun cas le droit ne pourra être au-dessous de 2 p. %.

9. La perception aura lieu conformément à l'art. 7, lorsque l'office, transmis par décès, passera à l'un des héritiers ; lorsqu'il passera à l'héritier unique du titulaire, le droit de 2 p. %, sera perçu d'après une déclaration estimative de la valeur de l'office et des objets en dépendant.

Cette déclaration sera faite au bureau de l'enregistrement de la résidence du titulaire décédé. La quittance du receveur devra être jointe à l'appui de la demande de nomination du successeur.

Le droit acquitté sur cette déclaration ou sur le traité fait entre les cohéritiers sera imputé, jusqu'à due concurrence, sur celui que les héritiers auront à payer, lors de la déclaration de succession sur la valeur estimative de l'office, d'après les quotités fixées, pour les biens meubles, par les lois en vigueur.

10. Le droit d'enregistrement de transmissions des offices, déterminé par les art. 7, 8 et 9 ci-dessus, ne pourra, dans aucun cas, être inférieur au dixième du cautionnement attaché à la fonction ou à l'emploi.

11. Lorsque l'évaluation donnée à un office pour la perception du droit d'enregistrement d'une transmission à titre gratuit, entre-vifs ou par décès, sera reconnue insuffisante, ou que la simulation du prix exprimé dans l'acte de cession à titre onéreux sera établie d'après des actes émanés des parties ou de l'autorité administrative ou judiciaire, il sera perçu, à titre d'amende, un droit en sus de celui qui sera dû sur la différence de prix ou d'évaluation.

Les parties, leurs héritiers ou ayant-cause sont solidaires pour le paiement de cette amende.

12. En cas de création nouvelle de charges ou offices, ou en cas de nomination de nouveaux titulaires sans présentation, par suite de destitution ou par tout autre motif, les ordonnances qui y pourvoiront seront assujetties à un droit d'enregistrement de 20 p. % sur le montant du cautionnement attaché à la fonction ou à l'emploi.

Toutefois, si les nouveaux titulaires sont soumis, comme condition de leur nomination, à payer une somme déterminée pour la valeur de l'office, le droit d'enregistrement de 2 p. % sera exigible sur cette somme, sauf l'application du minimum de perception établi à l'art. 10 ci-dessus. Ce droit devra être acquitté avant la prestation de serment du nouveau titulaire, sous peine du double droit.

13. En cas de suppression d'un titre d'office, lorsqu'à défaut de traité l'ordonnance qui prononcera l'extinction fixera une indemnité à payer au titulaire de l'office supprimé ou à ses héritiers, l'expédition de cette ordonnance devra être enregistrée dans le mois de la délivrance, sous peine du double droit.

Le droit de 2 p. % sera perçu sur le montant de l'indemnité.

14. Les droits perçus en vertu des articles qui précèdent seront sujets à restitution toutes les fois que la transmission n'aura été suivie d'aucun effet.

S'il y a lieu à réduction du prix, tout ce qui aura été perçu sur l'excédant sera également restitué.

La demande en restitution devra être faite conformément à l'art. 61 de la loi du 22 frimaire an VII, dans le délai de deux ans, à compter du jour de l'enregistrement du traité ou de la déclaration[1].

---

[1] Voir une instruction de la régie du 15 juillet 1841, n° 1640, relative à l'exécution de cette loi, à l'art. 11014 du *J. N.*

ORDONNANCE DU ROI,

DU 4 JANVIER 1843,

SUR LA DISCIPLINE DU NOTARIAT.

I.

RAPPORT AU ROI PAR M. LE GARDE DES SCEAUX.

Sire, le notariat a toujours été environné d'une grande considération. Le législateur de l'an XI, en donnant aux notaires le titre de fonctionnaires publics, a proclamé l'importance de leur profession. La nécessité de la soumettre à des conditions particulières et à un régime spécial n'a jamais été méconnue, et même à l'époque où des idées exagérées de concurrence et d'égalité dominaient dans la législation, elle a échappé à la suppression qui avait frappé les différentes corporations groupées autour de la magistrature. C'est l'étendue de la confiance que le notariat doit inspirer qui le place dans ce rang élevé : cette confiance ne s'applique pas à des faits isolés ; les actes pour lesquels son intervention est réclamée se rattachent à tous les événements successifs de la vie de la famille et à toutes les transactions qu'amènent le mouvement des affaires et les déplacements volontaires de la propriété : c'est ainsi qu'appelés à constater les volontés les plus sacrées et à donner force aux droits les plus précieux, les notaires exercent une sorte de magistrature qui contribue puissamment au repos des familles et au maintien de la moralité publique.

Mais plus l'institution a d'importance et d'utilité, plus il est nécessaire de réprimer les abus qui tendraient à s'y introduire. Dans ces dernières années, des fautes graves ont été révélées, des désastres dont la pensée publique s'est vivement émue ont éclaté, et l'on s'est demandé s'il ne devenait pas nécessaire de donner une force nouvelle aux moyens consacrés par la loi pour prévenir le retour de semblables malheurs.

Aux termes de la loi du 25 ventôse an XI, le notariat est placé sous la surveillance des tribunaux. Il est juste et convenable, en effet, que la magistrature étende son autorité sur des fonctionnaires entre les mains desquels la loi remet les intérêts des justiciables, et qui, par leur origine, remontent aux premiers établissements de l'ordre judiciaire.

Auprès des tribunaux existent des chambres de discipline chargées d'aider cette surveillance.

Ces chambres ont été instituées par l'arrêté du 2 nivôse an XII, qui a conféré aux notaires eux-mêmes le droit de les former par voie d'élection.

Pris en vertu du pouvoir que l'art. 50 de la loi de ventôse an XI conférait au gouvernement, cet arrêté n'a pas cessé d'être en vigueur; mais il avait sagement prévu, dans son art. 23, que l'expérience rendrait nécessaire une organisation plus complète des chambres de discipline : c'est l'accomplissement de cette prévision que nous nous sommes proposé en préparant le projet d'ordonnance que nous venons soumettre à Votre Majesté.

Les dispositions nouvelles de ce projet, qui a été délibéré en conseil d'État, ont toutes pour but de fortifier, en matière de discipline, l'action des chambres de notaires et celle des tribunaux.

La plus importante des modifications adoptées est celle qui donne aux chambres des notaires le droit de provoquer la destitution des membres de la compagnie qui ont manqué à la probité, à l'honneur ou aux règles de leur ordre. Le nouveau droit qui leur est conféré leur permettra d'exercer leur surveillance avec plus d'autorité.

L'arrêté de l'an XII ne s'était pas occupé de régler ce qui a rapport à la cléricature, et d'offrir une récompense aux notaires qui se retirent après avoir exercé leurs fonctions avec distinction.

Cependant, veiller à ce que les aspirants au notariat s'y disposent par un travail assidu et une conduite régulière, promettre une rémunération à la fin d'une carrière honorablement parcourue, c'est préparer de bons choix, c'est encourager les efforts vers le bien.

Deux titres du projet d'ordonnance sont consacrés aux aspirants à la profession de notaire et à l'honorariat.

Les chambres surveilleront la conduite des aspirants et s'assureront qu'ils se rendent dignes des fonctions auxquelles ils prétendent.

Quant à l'honorariat, une ordonnance rendue par Votre Majesté le conférera sur la proposition des chambres de discipline et le rapport du ministre de la justice.

Cette disposition donne un nouveau relief à l'institution, elle la place sous l'influence de cette pensée d'ordre et de conservation, si chère à la magistrature, qui rattache les magistrats, comme membres honoraires, aux compagnies dont ils cessent de partager les travaux.

L'art. 12 renferme une des dispositions principales du projet : Il défend aux notaires de se livrer à certaines opérations qu'il détermine; la plupart ne sont pas répréhensibles en elles-mêmes, mais elles tendent à compromettre la position de ces officiers publics, et à exposer leurs clients à des risques contre lesquels ceux-ci sont sans défense, parce qu'ils n'ont pas dû les prévoir. La règle est que les notaires doivent se renfermer soigneusement dans l'exercice de leurs fonctions.

Les tribunaux, qui sont chargés par la loi de l'an XI de la discipline du notariat, feront respecter ces règles, dont l'application rassurera l'opinion publique. En même temps qu'ils veilleront à ce que ces prohibitions soient scrupuleusement observées à l'avenir, ils apporteront une sage mesure dans l'appréciation des faits qui ont été accomplis notoirement, de bonne foi et sans contradiction, soit des chambres de discipline, soit des magistrats.

L'ordonnance dont je viens d'exposer les bases principales, manifeste clairement la juste sollicitude dont le gouvernement du roi est animé pour le notariat; elle se rattache soigneusement dans toutes ses prescriptions aux principes de l'institution telle que l'ont faite les lois antérieures et les nécessités révélées par l'expérience : c'est dire assez que, tout en réservant dans toute sa plénitude le droit de nomination, dépendance nécessaire de la puissance publique, et garantie indispensable contre les abus, le gouvernement regarde aussi comme *hors d'atteinte le droit de transmission des offices, créé* par la loi du 28 avril 1816. A aucune époque, il n'a songé à admettre ni à proposer *aucune altération de ce droit*, et les inquiétudes qui ont pu se répandre à ce sujet *n'ont jamais eu le moindre fondement.*

J'ai l'honneur de soumettre à l'approbation de Votre Majesté le projet d'ordonnance relatif à l'organisation des chambres de notaires et à la discipline du notariat.

Je suis, avec le plus profond respect,

Sire,

De Votre Majesté,

Le très-humble, très-obéissant et très-fidèle serviteur,

Le garde des sceaux, ministre secrétaire d'État au département de la justice et des cultes,

N. MARTIN (du Nord).

II.

ORDONNANCE DU ROI.

LOUIS-PHILIPPE, ROI DES FRANÇAIS,

A tous présents et à venir, salut :

Sur le rapport de notre garde des sceaux, ministre secrétaire d'État au département de la justice et des cultes ;

Vu la loi du 25 ventôse an XI, contenant organisation du notariat, et l'arrêté du 2 nivôse an XII, relatif à l'établissement et à l'organisation des chambres de notaires ;

Notre conseil d'État entendu,

Nous avons ordonné et ordonnons ce qui suit :

Chambre de discipline des notaires et ses attributions.

ART. 1er. Il y a près de chaque tribunal civil de première instance, et dans la ville où il siège, une chambre des notaires, chargée du maintien de la discipline parmi les notaires de l'arrondissement.

Art. 2. Les attributions de la chambre sont :

1º De prononcer ou de provoquer, suivant les cas, l'application de toutes les dispositions de discipline;

2º De prévenir ou concilier tous différends entre notaires, et notamment ceux qui pourraient s'élever, soit sur des communications, remises, dépôts ou rétentions de pièces, fonds et autres objets quelconques, soit sur des questions relatives à la réception et garde des minutes, à la préférence ou concurrence dans les inventaires, partages, ventes ou adjudications et autres actes; et, en cas de non-conciliation, d'émettre son opinion par simple avis;

3º De prévenir ou concilier également toutes plaintes et réclamations de la part de tiers contre des notaires, à raison de leurs fonctions; donner simplement son avis sur les dommages-intérêts qui pourraient être dus, et réprimer, par voie de censure et autres dispositions de discipline, toutes infractions qui en seraient l'objet, sans préjudice de l'action devant les tribunaux, s'il y a lieu;

4º De donner son avis sur les difficultés concernant le règlement des honoraires et vacations des notaires, ainsi que sur tous différends soumis à cet égard au tribunal civil;

5º De délivrer ou refuser tous certificats de bonnes mœurs et capacité à elle demandés par les aspirants aux fonctions de notaire, prendre à ce sujet toutes délibérations, donner tous avis motivés, les adresser ou communiquer à qui de droit;

6º De recevoir en dépôt les états des minutes dépendant des études de notaires supprimées;

7º De représenter tous les notaires de l'arrondissement collectivement sous le rapport de leurs droits et intérêts communs.

Art. 3. Toute décision ou délibération sera inscrite sur un registre coté et paraphé par le président de la chambre.

Ce registre sera communiqué au ministère public à sa première réquisition.

Organisation de la chambre.

Art. 4. Les notaires de chaque arrondissement choisissent parmi eux les membres de leur chambre.

La chambre des notaires de Paris est composée de dix-neuf membres; les chambres établies dans les arrondissements où le nombre des notaires est au-dessus de cinquante, sont composées de neuf membres; celles de tous les autres arrondissements, de sept.

Art. 5. Les chambres ne peuvent délibérer valablement qu'autant que les membres présents et votants sont au moins au nombre de douze pour Paris, de sept pour les chambres composées de neuf membres, et de cinq pour les autres chambres.

Art. 6. Les membres de la chambre choisissent entre eux un président, un syndic, un rapporteur, un secrétaire et un trésorier.

Le président a voix prépondérante en cas de partage d'opinions; il convoque la chambre extraordinairement quand il le juge à propos ou sur la réquisition motivée de deux autres membres; il a la police de la chambre.

Le syndic est partie poursuivante contre les notaires inculpés; il est entendu préalablement à toutes délibérations de la chambre, qui est tenue de statuer sur ses réquisitions; il a, comme le président, le droit de la convoquer; il poursuit l'exécution de ses délibérations dans la forme ci-après déterminée; enfin, il agit pour la chambre dans tous les cas et conformément à ce qu'elle a délibéré.

Le rapporteur recueille les renseignements sur les faits imputés aux notaires et en fait rapport à la chambre.

Le secrétaire rédige les délibérations de la chambre, est gardien des archives et délivre toutes les expéditions.

Le trésorier fait les recettes et dépenses autorisées par la chambre. A la fin de chaque trimestre, la chambre assemblée arrête son compte et lui en donne décharge.

Art. 7. Le nombre des syndics peut être porté à trois pour Paris, et à deux pour les chambres dont le ressort comprend plus de cinquante notaires.

ART. 8. Le président ou le syndic et le secrétaire des chambres établies dans un chef-lieu de cour royale sont nécessairement choisis parmi les notaires résidant au chef-lieu.

Quant aux autres chambres, le président ou le syndic, ou le secrétaire, est nécessairement choisi parmi les notaires de la ville où siége le tribunal de première instance.

Lorsque le secrétaire ne réside pas dans la ville où siége le tribunal, le président ou le syndic a la garde des archives, tient le registre prescrit par l'art. 33 ci-après, et délivre les expéditions des délibérations de la chambre.

ART. 9. Une ordonnance royale peut, suivant les localités, réduire ou augmenter le nombre des membres qui doivent composer les chambres, conformément aux dispositions de l'art. 4. Dans ce cas elle détermine le nombre des membres dont la présence est nécessaire à la validité des délibérations.

L'ordonnance qui réduira le nombre des membres de la chambre déclarera, s'il y a lieu, que les membres sortants pourront être réélus.

ART. 10. Indépendamment des attributions particulières données aux membres désignés en l'art. 6, chacun d'eux a voix délibérative, ainsi que les autres membres, dans toutes les assemblées de la chambre; et néanmoins, lorsqu'il s'agit d'affaires où le syndic est partie poursuivante, il ne prend pas part à la délibération.

ART. 11. Les fonctions spéciales attribuées par l'art. 6 à chacun des officiers de la chambre peuvent être cumulées lorsque le nombre des membres qui la composent est au-dessous de sept, dans le cas déterminé par l'art. 9 de la présente ordonnance; et néanmoins les fonctions de président, de syndic et de rapporteur sont toujours exercées par trois personnes différentes.

Quel que soit le nombre des membres composant la chambre, les mêmes fonctions peuvent aussi être cumulées momentanément, en cas d'absence ou empêchement de quelqu'un des membres désignés en l'art. 6, lesquels, pour ce cas, se suppléent entre eux, ou peuvent même être suppléés par un autre membre de la chambre.

Les suppléants sont nommés par le président, ou, s'il est absent, par la majorité des membres présents en nombre suffisant pour délibérer.

De la discipline.

Art. 12. Il est interdit aux notaires, soit par eux-mêmes, soit par personnes interposées, soit directement, soit indirectement :

1° De se livrer à aucune spéculation de bourse ou opération de commerce, banque, escompte et courtage;

2° De s'immiscer dans l'administration d'aucune société, entreprise ou compagnie de finances, de commerce ou d'industrie;

3° De faire des spéculations relatives à l'acquisition et à la revente des immeubles, à la cession de créances, droits successifs, actions industrielles et autres droits incorporels;

4° De s'intéresser dans aucune affaire pour laquelle ils prêtent leur ministère;

5° De placer en leur nom personnel des fonds qu'ils auraient reçus, même à la condition d'en servir l'intérêt;

6° De se constituer garants ou cautions, à quelque titre que ce soit, des prêts qui auraient été faits par leur intermédiaire ou qu'ils auraient été chargés de constater par acte public ou privé;

7° De se servir de prête-noms en aucune circonstance, même pour des actes autres que ceux désignés ci-dessus.

Art. 13. Les contraventions aux prohibitions portées en l'article précédent seront, ainsi que les autres infractions à la discipline, poursuivies, lors même qu'il n'existerait aucune partie plaignante, et punies, suivant la gravité des cas, en conformité des dispositions de la loi du 25 ventôse an XI et de la présente ordonnance.

Art. 14. La chambre pourra prononcer contre les notaires, suivant la gravité des cas, soit le rappel à l'ordre, soit la censure simple par la décision même, soit la censure avec réprimande, par le président, aux notaires en personne, dans la chambre assemblée, soit la privation de voix délibérative dans l'assemblée générale, soit l'interdiction de l'entrée de la chambre pendant un espace de temps qui ne pourra excéder trois ans pour la première fois, et qui pourra s'étendre à six ans en cas de récidive.

ART. 15. Si l'inculpation paraît assez grave pour mériter la suspension ou la destitution du notaire inculpé, la chambre s'adjoindra, par la voie du sort, d'autres notaires de l'arrondissement, savoir : celle de Paris dix notaires, et les autres chambres un nombre inférieur de deux à celui de leurs membres.

La chambre ainsi composée émettra, par forme de simple avis, et à la majorité absolue des voix, son opinion sur la suspension et sa durée, ou sur la destitution.

Les voix seront recueillies, en ce cas, au scrutin secret, par *oui* ou par *non*; mais l'avis ne pourra être formé qu'autant que les deux tiers, au moins, de tous les membres appelés à l'assemblée seront présents.

ART. 16. Quand la chambre, ainsi composée, sera d'avis de provoquer la suspension ou la destitution, une expédition du procès-verbal de sa délibération sera déposée au greffe du tribunal, et une expédition en sera remise au procureur du roi.

ART. 17. Le syndic déférera à la chambre les faits relatifs à la discipline, et il sera tenu de les lui dénoncer, soit sur l'invitation du procureur du roi, soit sur la provocation des parties intéressées ou d'un des membres de la chambre.

Le notaire inculpé sera cité à comparaître devant la chambre dans un délai qui ne pourra être au-dessous de cinq jours, à la diligence du syndic, par une simple lettre indicative des faits, signée de lui, et envoyée par le secrétaire, qui en tiendra note.

Si le notaire ne comparaît point sur la lettre du syndic, il sera cité une seconde fois, dans le même délai, à la même diligence, par ministère d'huissier.

ART. 18. Quant aux différends entre notaires et aux difficultés sur lesquelles la chambre est chargée d'émettre son avis, les notaires pourront se présenter contradictoirement et sans citation préalable devant la chambre; ils pourront également y être cités, soit par simples lettres énonçant les faits, signées des notaires qui s'adressent à la chambre et envoyées par le secrétaire auquel ils en remettent des doubles, soit par des actes d'huissier, dont ils déposeront les originaux au secrétariat. Les lettres et citations seront préalablement visées par le président de la chambre. Le délai pour comparaître sera celui fixé par l'art. 17 de la présente ordonnance.

ART. 19. Lorsqu'un notaire sera parent ou allié, en ligne directe, à quelque degré que ce soit, et en ligne collatérale jusqu'au degré d'oncle ou de neveu inclusivement, de la partie plaignante ou du notaire inculpé ou intéressé, il ne pourra prendre part à la délibération.

ART. 20. La chambre prendra ses délibérations sur les plaintes et réclamations des tiers, après avoir entendu ou dûment appelé, dans la forme ci-dessus prescrite, les notaires inculpés ou intéressés, ensemble les tiers qui voudront être entendus, et qui, dans tous les cas, pourront se faire représenter ou assister par un notaire.

Les délibérations de la chambre seront motivées et signées par le président et le secrétaire à la séance même où elles seront prises.

Chaque délibération contiendra les noms des membres présents.

Ces délibérations n'étant que de simples actes d'administration, d'ordre ou de discipline, ou de simples avis, ne sont, dans aucun cas, sujettes à l'enregistrement, non plus que les pièces y relatives.

Les délibérations de la chambre sont notifiées, quand il y a lieu, dans la même forme que les citations, et il en est fait mention par le secrétaire en marge desdites délibérations.

ART. 21. Les assemblées de la chambre se tiendront en un local à ce destiné, dans la ville où elle sera établie.

ART. 22. Il y aura chaque année deux assemblées générales des notaires de l'arrondissement.

D'autres assemblées générales pourront avoir lieu toutes les fois que la chambre le jugera convenable.

Les assemblées générales ou extraordinaires seront convoquées conformément aux dispositions de l'art. 6.

Tous les notaires du ressort de la chambre seront invités à s'y rendre, soit pour les nominations dont parle l'art. 23 ci-après, soit pour se concerter sur ce qui intéressera l'exercice de leurs fonctions.

Art. 23. Les règlements qui seront faits, soit par l'assemblée générale, soit par la chambre, seront remis au procureur du roi, adressés par lui au procureur général et soumis à l'approbation de notre garde des sceaux, ministre de la justice.

Art. 24. La présence du tiers des notaires de l'arrondissement, non compris les membres de la chambre, sera nécessaire pour la validité des délibérations de l'assemblée générale et pour les élections auxquelles elle procédera.

Nomination des membres de la chambre et durée de leurs fonctions.

Art. 25. Les membres de la chambre seront nommés par l'assemblée générale des notaires, convoquée à cet effet.

La moitié au moins desdits membres sera choisie dans les plus anciens en exercice, formant les deux tiers de tous les notaires du ressort.

Deux au moins des membres appelés à faire partie des chambres établies dans un chef-lieu de cour royale, seront nécessairement choisis parmi les notaires résidant au chef-lieu.

Quant aux autres chambres, un de leurs membres sera nécessairement choisi parmi les notaires de la ville où siége le tribunal de première instance.

La nomination aura lieu à la majorité absolue des voix, au scrutin secret et par bulletin de liste contenant un nombre de noms qui ne pourra excéder celui des membres à nommer.

Le notaire élu membre de la chambre ne pourra refuser les fonctions qui lui auront été déférées qu'autant que son refus aura été agréé par l'assemblée générale.

Art. 26. La chambre sera renouvelée par tiers chaque année pour les nombres qui comportent cette division, et par portion approchant le plus du tiers pour les autres nombres, en faisant alterner chaque année les portions inférieures et supérieures au tiers, mais en commençant par les inférieures et de manière que, dans tous les cas, aucun membre ne puisse rester en fonctions plus de trois ans consécutifs, sauf ce qui est dit en l'article précédent.

Art. 27. Les membres désignés pour composer la chambre nommeront entre eux, en suivant le mode de l'art. 25, le président et les autres officiers dont parle l'art. 6.

Le président sera toujours pris parmi les plus anciens désignés dans l'art. 25, sauf l'application de l'art. 8.

Ces nominations se renouvelleront chaque année; les mêmes pourront être réélus; à égalité de voix, le plus ancien d'âge sera préféré.

Les membres élus officiers ne pourront refuser.

Art. 28. La nomination des membres de la chambre aura lieu dans la première quinzaine du mois de mai de chaque année.

L'élection des officiers sera faite, au plus tard, le 15 mai; et la chambre sera constituée aussitôt après cette élection.

Des notaires honoraires.

Art. 29. Le titre de notaire honoraire pourra être conféré par nous[1], sur la proposition de la chambre et le rapport de notre garde des sceaux, ministre de la justice. aux notaires qui auront exercé leurs fonctions pendant vingt années consécutives[2],

----

[1] Les notaires qui ont obtenu le titre de notaire honoraire avant cette ordonnance le conservent et n'ont point à solliciter l'institution royale (Instruction ministérielle du 12 janvier 1843, et *J. N.*, art. 11531 et 12123).

[2] *Extrait du discours prononcé par M⁰ Grimmer, président de la chambre, à l'assemblée générale du 2 mai 1846.*

Il y a peu de temps encore, le gouvernement ne conférait point le titre de notaire honoraire. C'était aux assemblées générales à l'accorder à ceux des notaires qu'elles en jugeaient dignes, et l'usage, ou du moins leurs statuts intérieurs leur servaient seuls de règle. Évidemment cela ne suffisait pas, et l'institution des notaires honoraires, que justifie l'expérience de tous les temps, réclamait une base moins incertaine et une garantie plus élevée pour obtenir dans l'opinion publique ce caractère de distinction qu'elle a pour but d'imprimer à ses membres. Une lacune existait donc dans la législation sur ce point, et cette lacune c'est l'ordonnance royale du 4 janvier 1843 qui est venue la remplir. Appelée pour la première fois à concourir à ce nouveau mode de nomination, la chambre, suppléant en quelque sorte à la lettre de l'ordonnance par l'interprétation de son esprit, a cru devoir émettre une profession de foi qui pût nous servir

ART. 30. Les notaires honoraires auront le droit d'assister aux assemblées générales. Ils auront voix consultative.

Des aspirants au notariat.

ART. 31. Tout clerc qui aspirera aux fonctions de notaire se pourvoira d'un certificat du notaire chez lequel il travaillera. Ce certificat constatera le grade qu'il occupe dans l'étude du notaire.

ART. 32. L'inscription au stage prescrit par les art. 36 et suivants de la loi du 25 ventôse an XI, aura lieu sur la production faite par l'aspirant de son acte de naissance et du certificat mentionné en l'article précédent.

ART. 33. Il sera tenu à cet effet, par le secrétaire, un registre qui sera coté et paraphé par le président. Les inscriptions audit registre seront signées tant par le secrétaire de la chambre que

---

de base, de règle commune dans l'avenir, et, par sa délibération du 2 avril dernier, elle l'a exprimée en ces termes :

« D'après une saine interprétation de l'art. 29 de l'ordonnance du « 4 janvier 1843 et de l'usage, fondé sur d'anciens édits royaux, qui « avait précédé, l'honorariat est une récompense, un titre d'hon- « neur réservé aux notaires qui ont rempli leurs fonctions pendant « au moins vingt ans avec distinction [1]. Ce n'est donc pas là un « droit acquis à tout notaire qui justifie d'un exercice de vingt « années. Il faut de plus avoir fait preuve dans le cours de sa car- « rière d'un mérite incontesté, d'un caractère élevé et pur, d'une « instruction distinguée, d'une moralité constamment haut placée « dans l'opinion publique ; il faut surtout avoir observé religieuse- « ment le but, l'esprit et la dignité des fonctions notariales, et, « comme l'exprime avec autant de vérité que de clarté l'exposé des « motifs de la loi organique du notariat, s'être sans cesse montré « fonctionnaire et conseil désintéressé, impartial, conciliateur et « délicat envers les parties comme envers ses confrères, il faut, « en un mot, que l'estime générale accompagne dans sa retraite le « notaire jaloux d'acquérir cette faveur qui peut aussi être due à des « services rendus à la compagnie ou à des travaux connus. Profon- « dément pénétrée de l'importance de ces principes, la chambre est « fermement résolue à en provoquer à l'avenir une application sin- « cère et constante ; à ses yeux, l'utilité morale de l'institution n'est « certaine qu'à cette condition, et ce n'est qu'ainsi que les honneurs « et les prérogatives qu'elle conserve pourront redevenir une ré- « compense dignement appréciée et ambitionnée. »

[1] Voir le rapport au roi.

par l'aspirant. Elles devront être faites dans les trois mois de la date du certificat délivré, comme il est dit en l'art. 31. Ce certificat et l'acte de naissance de l'aspirant resteront déposés aux archives de la chambre [1].

Art. 34. Aucun aspirant au notariat ne sera admis à l'inscription s'il n'est âgé de dix-sept ans accomplis.

Art. 35. Les inscriptions pour les grades inférieurs à celui de quatrième clerc ne seront admises que sur l'autorisation de la chambre, qui pourra la refuser lorsque le nombre de clercs demandé sera évidemment hors de proportion avec l'importance de l'étude.

Le même grade ne pourra être conféré concurremment à deux ou plusieurs clercs dans la même étude.

Art. 36. Toutes les fois qu'un aspirant passera d'un grade à un autre ou changera d'étude, il sera tenu d'en faire, dans les trois mois, la déclaration, qui sera reçue dans la forme prescrite

---

[1] Ces diverses dispositions, quoique fort simples, paraissent souvent être mal comprises. Elles imposent aux clercs l'obligation : 1° de produire, pour la première inscription, leur acte de naissance et un certificat du notaire indiquant leur grade et le jour de leur entrée; 2°, en cas de changement d'étude, d'en faire la déclaration au secrétariat par la production de nouveaux certificats constatant avec la mention du grade la sortie de l'ancienne étude et l'entrée dans la nouvelle; 3° et lorsqu'un clerc passe d'un grade à un autre, d'en faire également la déclaration appuyée d'un certificat. Si le changement d'étude a lieu d'un ressort à un autre, il suffit de déclarer la sortie dans l'un et l'entrée dans l'autre, où la première inscription nécessite la production de l'acte de naissance comme dans le précédent. C'est dans les trois mois de l'entrée, de la sortie ou du changement d'étude et de grade que doivent être faites ces inscriptions et déclarations, qui ont lieu sans frais. Les certificats des notaires peuvent être sur papier libre; ils restent déposés aux archives de la chambre avec les actes de naissance; et à la sortie d'une étude chaque clerc devra avoir soin de se pourvoir en outre d'un certificat sur timbre qui, d'accord avec son inscription sur le registre stagiaire, constatera son temps de travail en l'étude. Ce certificat lui sera nécessaire pour sa nomination aux fonctions de notaire et devra alors être accompagné d'un extrait du registre de la chambre par lequel la chancellerie n'admet pas qu'il puisse être remplacé.

par l'art. 33 ci-dessus. Cette déclaration sera toujours accompagnée d'un certificat constatant son grade.

ART. 37. Les chambres exerceront une surveillance générale sur la conduite de tous les aspirants de leur ressort, et pourront, suivant les circonstances, prononcer contre eux soit le rappel à l'ordre, soit la censure, soit enfin la suppression du stage pendant un temps déterminé, qui ne pourra excéder une année.

Il sera procédé contre les clercs dans les mêmes formes que celles prescrites par la présente ordonnance à l'égard des notaires.

Néanmoins les dispositions des art. 15 et 16 ne seront pas applicables.

Dans tous les cas, le notaire, dans l'étude duquel travaillera le clerc inculpé, sera préalablement entendu ou appelé [1].

ART. 38. Dans le mois de la publication de la présente ordonnance, le registre d'inscription prescrit par l'art. 33 sera ouvert au secrétariat des chambres où ce mode de constater le stage ne serait pas déjà établi.

Tous les aspirants travaillant dans les études du ressort desdites chambres seront tenus de se faire inscrire au plus tard

---

[1] *Extrait d'une délibération de la chambre du 3 décembre 1846.*

Considérant qu'en appelant les chambres à surveiller les clercs de leurs ressorts, l'ordonnance du 4 janvier 1843, comme la loi de ventôse, a surtout eu pour but d'imposer aux aspirants la pratique d'une conduite probe et honnête, d'une moralité irréprochable; que ce devoir forme en effet la clef de voûte du notariat; que c'est, en le laissant méconnaître quelquefois, que les chambres ont eu à déplorer la présence dans la corporation de membres qui ont si gravement compromis son honneur et sa dignité; qu'une trop grande tolérance sur ce point est donc funeste et souvent préjudiciable aux intérêts soit des clients, soit des patrons ou de leurs collègues; que la chambre a été plus d'une fois dans le cas de le reconnaître, qu'elle en a alors éprouvé des regrets tardifs et que le meilleur remède pour prévenir de nouveaux abus dont ses bontés pourraient encore être l'objet, c'est de ne jamais cesser de remplir avec zèle et courage les obligations que la loi lui impose; c'est, comme elle en a pris la ferme résolution, d'exercer sur tous les aspirants de son ressort une surveillance juste, mais active, sévère, incessante et égale pour tous.

avant le 1er avril prochain, et la première inscription de chacun
d'eux, faite dans ledit délai, constatera tout le temps du stage
qui leur sera déjà acquis en vertu des certificats qu'ils représenteront, lesquels, pour cette première inscription, devront
être visés par le syndic de la chambre.

De la bourse commune.

Art. 39. Il y aura une bourse commune pour les dépenses de
la chambre.

Il n'y sera versé que les sommes nécessaires pour subvenir
aux dépenses votées par l'assemblée générale.

La délibération par laquelle l'assemblée générale l'aura établie,
sera soumise à l'approbation de notre garde des sceaux, ministre
de la justice, ainsi qu'il est dit en l'art. 23 ci-dessus.

La répartition des sommes votées entre les notaires de l'arrondissement sera proposée par l'assemblée générale; le rôle en
sera rendu exécutoire par le premier président, sur l'avis du
procureur général.

Dispositions générales.

Art. 40. L'arrêté du 2 nivôse an XII est abrogé.

Néanmoins, les chambres actuellement en exercice sont maintenues.

Elles seront organisées conformément à la présente ordonnance, lors du renouvellement triennal qui aura lieu dans la
première quinzaine du mois de mai prochain.

Notre garde des sceaux, ministre secrétaire d'État au département de la justice et des cultes, est chargé de l'exécution de
la présente ordonnance, qui sera insérée au *Bulletin des lois*.

Donné au palais des Tuileries, le 4 janvier 1843.

LOUIS-PHILIPPE.

Par le roi:

Le garde des sceaux, ministre secrétaire d'État
au département de la justice et des cultes,

N. MARTIN (du Nord).

INSTRUCTION

DU MINISTRE DE LA JUSTICE

SUR LES TRAITÉS PORTANT CESSION D'OFFICES NOTARIAUX ET MINISTÉRIELS ET SUR LE MODE A SUIVRE POUR LES JUSTIFICATIONS DES CANDIDATS. — MAINTIEN DE LA JURISPRUDENCE QUI AUTORISE LA RÉSERVE DES RECOUVREMENTS.

Paris, le 28 juin 1849.

Monsieur le procureur général, je suis très-souvent forcé de renvoyer les traités portant cession d'offices publics, soit pour en faire retrancher des clauses inadmissibles, soit pour y réparer des irrégularités plus ou moins graves, soit enfin pour faire modifier le prix fixé, quand il me paraît trop élevé. Ces renvois, outre qu'ils occasionnent un surcroît de travail, donnent lieu à des retards préjudiciables aux parties intéressées.

Pour remédier à ce double inconvénient, je crois devoir réunir, en les résumant, les instructions particulières émanées de mon département; c'est le meilleur moyen d'établir un mode uniforme qui préviendra, je l'espère, toutes les difficultés.

1° Il importe, avant tout, de ne rien négliger pour s'assurer de la sincérité des traités. Les dissimulations à cet égard sont des infractions graves aux devoirs des officiers publics et excitent une juste défiance contre les candidats qui, au début de leur carrière, cherchent à tromper les magistrats et l'autorité supérieure. Ces dissimulations, en cachant l'exagération des engagements, rendent inutiles les précautions que je ne cesse de prendre et de recommander pour éviter à des jeunes gens, souvent sans expérience, de contracter des obligations trop onéreuses et de s'exposer à des déceptions bientôt suivies de la ruine et de ses déplorables conséquences. Il faut donc, je le répète, tant dans l'intérêt public que dans l'intérêt privé, s'efforcer d'acquérir la certitude que les traités ne sont pas modifiés par des clauses secrètes ou par des contre-lettres.

2° Le prix doit toujours être modéré et en juste rapport avec les produits de l'office cédé. S'il en était autrement, le nouveau titulaire, après le prélèvement de l'intérêt du capital engagé par lui, ne trouverait dans le reste de ses émoluments qu'une ressource insuffisante pour couvrir les frais de son étude, le rémunérer des soins et du temps donnés aux affaires de ses clients et lui permettre enfin d'exercer honorablement et exclusivement sa profession; de là le désir d'accroître ses profits, en se livrant à des spéculations incompatibles avec ses devoirs. Il faut détourner ce danger, en s'opposant avec résolution à l'exagération des prix. Chaque fois que cette exagération est signalée par les magistrats ou semble résulter de l'examen des pièces, il est d'usage, afin d'avoir une base plus certaine d'appréciation et d'éviter toute apparence d'arbitraire, de faire consulter le tribunal sur la valeur de l'office. Il en résulte des lenteurs que les parties éviteraient en réglant d'avance et spontanément les conditions de leurs engagements d'une manière équitable et propre à concilier tous les intérêts.

3° L'évaluation des produits des offices doit, en général, être établie sur la moyenne des cinq dernières années. Le mode de vérification de ces produits varie suivant la nature des offices cédés :

Pour les notaires, outre le relevé de leurs registres de recettes, il faut constater le nombre d'actes passés, et afin d'apprécier l'importance de ces actes, les comparer aux droits d'enregistrement dont ils ont motivé la perception;

Pour les avoués, on peut puiser d'utiles renseignements dans le registre qu'ils doivent tenir en vertu de l'art. 151 du décret du 16 février 1807, et exiger un relevé du rôle d'audience dressé ou certifié par le greffier, contenant le nombre des affaires dans lesquelles le cédant a occupé tant en demandant qu'en défendant;

Pour les huissiers et les commissaires-priseurs, outre le relevé de leurs répertoires, ils doivent produire un état dressé ou certifié par le receveur de l'enregistrement, constatant le nombre des actes qu'ils ont signifiés ou des ventes et des prisées auxquelles ils ont procédé.

4° Les traités doivent être rédigés avec précision et clarté; il faut éviter d'y insérer des clauses inutiles ou équivoques qui pourraient faire naître des débats judiciaires. La cession ne doit porter que sur la charge, ses produits et ses accessoires, sans comprendre le titre que le gouvernement peut seul conférer; j'ajoute, en ce qui concerne les huissiers, que leur résidence respective étant fixée par le tribunal suivant les besoins du service, cette résidence ne peut devenir l'une des conditions du traité. Certaines clauses que j'ai remarquées fréquemment ne sauraient être admises : telles sont celles qui ont pour objet des réserves de privilége, des délégations et des compensations de prix, des paiements anticipés, sous quelque forme qu'ils soient stipulés, des obligations de payer, soit exclusivement en or ou en argent, soit en lettres de change ou effets de commerce pouvant entraîner l'exercice de la contrainte par corps. Enfin, il faut toujours que le prix soit fixe et ferme au moment de la cession, sans jamais dépendre d'éventualités ultérieures.

5° Tous les actes produits à l'appui des cessions d'office doivent, conformément à l'art. 12 de la loi du 13 brumaire an VII, être écrits sur papier timbré. Ceux de ces actes faits sous seing-privé doivent être légalisés. Il faut soumettre à la même formalité les pièces délivrées par les agents de l'autorité publique, quand le visa des fonctionnaires supérieurs est exigé par les règlements. Le dossier doit toujours contenir le reçu des droits d'enregistrement perçus conformément aux art. 7 et suiv. de la loi du 25 juin 1841; ces droits, dans aucun cas, ne peuvent être inférieurs au dixième du cautionnement.

6° La circulaire du 3 novembre 1848 a reconnu, en ce qui concerne le notariat, que les recouvrements étant la propriété du titulaire, celui-ci a l'option de les conserver ou de les céder à son successeur. Je maintiens cette décision, qui me paraît fondée sur de justes motifs, et qui peut, sans inconvénient, être étendue à tous les officiers publics. Mais, dans aucun cas, on ne doit souffrir que, pour faciliter la rentrée des recouvrements, le cédant se réserve le droit de s'immiscer dans la gestion de son successeur et de compulser ses minutes. Une pareille stipulation serait contraire à l'ordre régulier des choses, et, en ce qui regarde les notaires, constituerait une contravention formelle à l'art. 23 de la loi du 25 ventôse an XI.

Je vous prie de vouloir bien m'accuser réception de cette circulaire, dont je vous transmets des exemplaires en nombre suffisant pour en adresser à tous vos substituts près les tribunaux de première instance. Veuillez recommander à ces magistrats de donner connaissance des présentes instructions aux chambres des notaires, des avoués, des huissiers et des commissaires-priseurs, dans leurs ressorts respectifs.

Recevez, Monsieur le procureur général, l'assurance de ma considération très-distinguée.

Le garde des sceaux, ministre de la justice,
ODILON-BARROT.

COMMUNICATION

DE M. LE PROCUREUR DU ROI

CONCERNANT LES ACTES DE VENTE, D'ACQUISITION, ETC., AU NOM DES ÉTABLISSEMENTS ECCLÉSIASTIQUES ET DES COMMUNAUTÉS RELIGIEUSES.

Strasbourg, le 30 septembre 1846.

Monsieur le président, aux termes de l'art. 2 de l'ordonnance royale du 14 janvier 1831 aucun notaire ne peut passer acte de vente, d'acquisition, d'échange, de cession ou transport, de constitution de rente, de transaction au nom des établissements ecclésiastiques et des communautés religieuses s'il n'est justifié de l'ordonnance royale portant autorisation. Cependant M. le garde des sceaux a été informé que, malgré ces dispositions formelles, divers actes d'aliénations et d'acquisitions ont été passés par des notaires du ressort dans l'intérêt du consistoire général de la confession d'Augsbourg.

J'ai l'honneur de vous prier de vouloir bien recommander à la chambre des notaires de cet arrondissement la stricte observation de l'ordonnance précitée.

Recevez, Monsieur le président, l'assurance de ma considération très-distinguée.

Le procureur du roi, CARL.

LOI DU 6 MESSIDOR AN III

QUI PROHIBE LA VENTE DES GRAINS EN VERT[1].

——

Art. 1er. Toutes les ventes de grains en vert et pendant par racines sont prohibées sous peine de confiscation des grains et fruits vendus.

2. La confiscation encourue sera supportée moitié par le vendeur, moitié par l'acheteur. Elle sera appliquée, un tiers au dénonciateur, un tiers à la commune du lieu où les fonds qui ont produit les grains se trouvent situés : ce tiers sera distribué à la classe indigente; le troisième tiers au trésor public.

EXCEPTIONS

Introduites par la loi du 23 messidor an III ainsi conçue :

Dans la prohibition portée par la loi du 6 messidor sur les ventes de grains en vert et pendant par racines ne sont pas comprises celles qui ont lieu par suite de tutelle, curatelle, changement de fermier, saisie de fruits, baux judiciaires et actes de cette nature; sont également exceptées les ventes qui comprendraient tous autres fruits de production que les grains.

———

1 Cette loi, fort peu connue aujourd'hui, n'a pas cessé d'être en vigueur (arrêt de la cour de cassation du 12 mai 1848). Voir le *Contrôleur de l'enregistrement*, art. 8667.

LOI

sur

LA RÉDACTION DES ACTES PUBLICS EN LANGUE FRANÇAISE,

DU 2 THERMIDOR AN II (20 JUILLET 1794).

ART. 1er. A compter du jour de la publication de la présente loi, nul acte public ne pourra, dans quelque partie que ce soit du territoire de la République, être écrit qu'en langue française.

2. Après le mois qui suivra la publication de la présente loi, il ne pourra être enregistré aucun acte, même sous seing-privé, s'il n'est écrit en langue française.

3. Tout fonctionnaire ou officier public, tout agent du gouvernement qui, à dater du jour de la publication de la présente loi, dressera, écrira ou souscrira, dans l'exercice de ses fonctions, des procès-verbaux, jugements, contrats ou autres actes généralement quelconques, conçus en idiomes ou langues autres que la française, sera traduit devant le tribunal de police correctionnelle de sa résidence, condamné à six mois d'emprisonnement et destitué.

4. La même peine aura lieu contre tout receveur du droit d'enregistrement qui, après le mois de la publication de la présente loi, enregistrera des actes, même sous seing-privé, écrits en idiomes ou langues autres que la française.

Cette loi ayant excité beaucoup de réclamations, surtout de la part des députés de l'Alsace, l'exécution en fut suspendue par une autre du 16 fructidor de la même année, et *le nouveau rapport* qu'ordonnait cette dernière loi n'ayant été fait ni à la Convention nationale ni aux corps législatifs qui lui ont succédé, le sursis à l'exécution de la loi du 2 thermidor an II a eu le même effet qu'une abrogation proprement dite.

Mais plus tard, pour mettre un terme aux inconvénients de cet état de choses qui se faisaient chaque jour sentir de plus en plus, le gouvernement prit l'arrêté suivant :

Arrêté du 24 prairial an XI (13 juin 1803).

ART. 1er. Dans un an, à compter de la publication du présent arrêté, les actes publics, dans les départements de la ci-devant Belgique, dans ceux de la rive gauche du Rhin, etc., et dans les autres où l'usage de dresser lesdits actes dans la langue de ces pays se serait maintenu, devront tous être écrits en langue française.

2. Pourront néanmoins les officiers publics, dans les pays énoncés au précédent article, écrire à mi-marge de la minute française la traduction en idiome du pays, lorsqu'ils en seront requis par les parties.

3. Les actes sous seing-privé pourront, dans ces départements, être écrits dans l'idiome du pays, à la charge des parties qui présenteront des actes de cette espèce à la formalité de l'enregistrement, d'y joindre, à leurs frais, une traduction française desdits actes, certifiée par un traducteur juré.

Le grand-juge, ministre de la justice, et le ministre des finances sont chargés de l'exécution du présent arrêté.

Lettre du grand-juge, ministre de la justice, au procureur général de Bruxelles, du 4 thermidor an XII (23 juillet 1804).

Le gouvernement a expressément décidé, Monsieur, que l'arrêté du 24 prairial an XI serait exécuté. Ainsi toute observation contraire est absolument superflue. Au surplus, la loi ne met aucun obstacle à l'exécution de cet arrêté, lorsqu'elle dit (art. 972 du Code civil) que le testateur dictera son testament, elle ne dit point que ce sera en français; on ne peut forcer quelqu'un de parler une langue qu'il ne sait point. Le notaire est seulement tenu de rédiger le testament en langue française; rien n'empêche d'ailleurs qu'il n'en fasse une traduction en allemand, à mi-marge; l'arrêté même du 24 prairial l'y autorise, art. 2; mais cette traduction n'aura pas l'authenticité de la rédaction française.

—·-+++++·-—

4.

DÉCRET DU 12 AOUT 1807

QUI ATTRIBUE AUX NOTAIRES
LA PASSATION DES BAUX A FERME DES HOSPICES, ETC.

ART. 1er. A compter de la publication du présent décret, les baux à fermo des hospices et autres établissements publics de bienfaisance ou d'instruction publique, pour la durée ordinaire, seront faits aux enchères par-devant un notaire qui sera désigné par le préfet du département; et le droit d'hypothèque sur tous les biens du preneur y sera stipulé par la désignation, conformément au Code civil.

2. Le cahier des charges de l'adjudication et de la jouissance sera préablement dressé par la commission administrative, le bureau de bienfaisance ou le bureau d'administration, selon la nature de l'établissement.

Le sous-préfet donnera son avis, et le préfet approuvera ou modifiera ledit cahier des charges.

3. Les affiches pour l'adjudication seront apposées dans les formes et aux termes déjà indiqués par les lois et règlements, et, en outre, leur extrait sera inséré dans le journal du lieu de la situation de l'établissement, ou, à défaut, dans celui du département, selon qu'il est prescrit à l'art. 683 du Code de procédure civile.

Il sera fait mention du tout dans l'acte d'adjudication.

4. Un membre de la commission des hospices, du bureau de bienfaisance ou du bureau d'administration assistera aux enchères et à l'adjudication.

5. Elle ne sera définitive qu'après l'approbation du préfet du département, et le délai pour l'enregistrement sera de quinze jours après celui où elle aura été donnée.

6. Il sera dressé un tarif des droits des notaires pour la passation des baux dont il est question au présent décret, lequel sera approuvé par nous, sur le rapport de notre ministre de l'intérieur.

ORDONNANCE ROYALE,

DU 6 JUIN 1839,

QUI AUTORISE TOUS LES NOTAIRES INDISTINCTEMENT A DÉLIVRER DES CERTIFICATS DE VIE NÉCESSAIRES POUR LE PAIEMENT DES RENTES VIAGÈRES ET PENSIONS SUR L'ÉTAT.

Vu le décret impérial du 21 août 1806, portant que les certificats de vie nécessaires pour le paiement des rentes viagères et pensions sur l'État seront exclusivement délivrés par les notaires nommés à cet effet sur la présentation du ministre des finances;

Vu le décret du 23 septembre suivant, qui autorise les notaires-certificateurs à délivrer des certificats sur le vu d'une attestation délivrée par un maire et légalisée, constatant l'existence et la maladie ou l'infirmité d'un pensionnaire hors d'état de se transporter au domicile du notaire;

Vu l'ordonnance du roi, du 30 juin 1814, qui autorise tous les notaires de Paris indistinctement à délivrer des certificats de vie;

Vu l'ordonnance du roi, du 20 juin 1817, qui fixe la rétribution due aux notaires-certificateurs;

Considérant que la position des nombreux pensionnaires exige des ménagements, et qu'il convient de faciliter le plus possible le paiement de la pension qui forme souvent leur unique ressource;

Que la faculté accordée exceptionnellement aux notaires de Paris peut être étendue sans inconvénient à tous les notaires du royaume;

Que cette extension, en ce qui touche les notaires ruraux, aura pour effet d'éviter des déplacements onéreux aux pensionnaires qui se trouvent souvent sur des points éloignés de la résidence des certificateurs;

Considérant d'ailleurs que l'abolition du privilége rétablira une égalité toute naturelle entre des officiers publics dont la nomination a reçu la sanction royale, qui sont soumis aux mêmes conditions et qui présentent les mêmes titres à la confiance du gouvernement :

ART. 1er. L'art. 1er du décret impérial du 21 août 1806 est abrogé.

Tous les notaires du royaume indistinctement sont autorisés à délivrer les certificats de vie nécessaires pour le paiement des rentes viagères et pensions sur l'État.

2. Les autres dispositions des décrets et ordonnances précités sont confirmées en tout ce qui n'est pas contraire à la présente ordonnance[1].

---

[1] Voir une circulaire de M. le garde des sceaux et une instruction de M. le ministre des finances concernant cette ordonnance au *J. N.*, art. 10526.

CIRCULAIRE MINISTÉRIELLE

SUR L'ORDONNANCE DU 10 OCTOBRE 1841,

CONTENANT LE TARIF DES FRAIS ET DÉPENS RELATIFS AUX VENTES JUDICIAIRES DE BIENS IMMEUBLES.

Paris, le 20 août 1842.

Monsieur le procureur général, j'ai été consulté sur plusieurs questions qu'a fait naître l'exécution de l'ordonnance du 10 octobre 1841, contenant le tarif des frais et dépens relatifs aux ventes judiciaires de biens immeubles. Afin que l'application de ce tarif soit, à l'avenir, la même dans tous les ressorts, je crois devoir vous adresser des instructions interprétatives des dispositions dont le sens a pu paraître douteux.

I. ART. 1er. L'art. 1er alloue aux greffiers un droit de 15 fr. pour communication tant du cahier des charges que du procès-verbal d'expertise.

Ce droit, dès que la loi a autorisé la communication, est dû par cela seul que les intéressés peuvent la requérir, et bien qu'elle n'ait pas été réclamée. Au surplus, elle sera toujours nécessaire dans le cas de licitation, puisqu'alors l'expertise et le cahier des charges ne se signifient plus.

Ce droit est également dû dans les ventes sur saisie immobilière, quoiqu'elles ne puissent jamais donner lieu à des expertises; elles nécessitent, en effet, de la part du greffier, à peu près les mêmes frais et les mêmes soins que les ventes sur licitation.

Le droit de communication de l'acte d'aliénation déposé au greffe est dû en cas de vente par suite de surenchère sur aliénation volontaire prévue par l'art. 2185 du Code civil, parce que c'est là une véritable vente judiciaire de biens immeubles. Au contraire, le droit n'est pas dû lorsque la surenchère n'est, comme dans la saisie immobilière, qu'un incident de la poursuite :

si, dans ce dernier cas, on l'accordait, il se trouverait, par le fait, perçu deux fois pour la même vente. Il en est de même de la vente sur folle enchère.

II. ART. 3. Le tarif a résolu une question controversée, en attribuant aux huissiers exclusivement chargés de la copie du titre en vertu duquel la saisie est faite, le droit alloué pour cette copie. Les magistrats doivent veiller à ce que la règle posée dans le troisième paragraphe de l'art. 3 soit exactement observée, et, s'il y a lieu, diriger des poursuites disciplinaires contre les officiers ministériels qui chercheraient à l'éluder.

III. ART. 9. L'art. 9, en accordant à l'avoué une vacation pour prendre communication du cahier des charges en cas de renvoi devant notaire, ne l'autorise pas, par voie de conséquence, à réclamer une indemnité de transport, lorsque la distance à parcourir pour se rendre en l'étude du notaire lui eût donné droit à cette indemnité d'après le tarif du 7 février 1807. L'ordonnance du 10 octobre 1841 est spéciale et ne peut s'expliquer par les dispositions du tarif général. C'est en rapprochant les différents articles dont elle se compose qu'il faut en apprécier l'économie, et le soin qu'on a pris de dire qu'un droit de transport est dû dans le cas des art. 5 et 15, indique suffisamment que ce droit n'est point alloué lorsqu'elle n'en fait pas mention comme dans les art. 9 et 10. On se convaincra, au surplus, qu'en pareil cas le transport jugé nécessaire par l'avoué dans l'intérêt de son client ne pourrait être rétribué, si l'on considère que la remise proportionnelle accordée par l'art. 11 pourvoit aux dépenses extraordinaires.

IV. ART. 10. En se pénétrant de l'esprit dans lequel a été conçue l'ordonnance, on reconnaît facilement que le droit de 25 fr. alloué par les art. 9 et 10 n'est dû qu'à l'avoué poursuivant. Les autres avoués en cause ne sont pas appelés à faire, pour la fixation de la mise à prix, s'il s'agit d'une vente, ou pour l'estimation et la composition des lots, s'il s'agit d'un partage, les mêmes démarches que l'avoué chargé de provoquer la vente ou le partage. Ils ne sont pas tenus aux mêmes travaux et aux mêmes soins : ils ont seulement le droit de critiquer les bases soumises au tribunal. Lorsque la vente a lieu, les avoués collicitants sont rémunérés des démarches qu'ils ont pu faire, par la portion qui leur est attribuée dans la remise proportionnelle; et, lorsqu'il n'est pas procédé à la vente, on ne saurait, sans méconnaître l'esprit de la loi qui a voulu simplifier les formalités et réduire les dépens, leur accorder l'indemnité de 25 fr.

V. ART. 11. J'ai pensé qu'en cas de renvoi d'une vente d'immeuble devant notaire, l'avoué aurait droit à l'émolument alloué pour vacation à l'adjudication; mais il est bien entendu que ce droit n'appartient qu'à l'avoué poursuivant. La rédaction de l'art. 11 ne laisse pas de doute à cet égard, et, d'ailleurs, les actes de procédure étant indivisibles, le poursuivant a seul caractère pour les faire.

L'avoué poursuivant ne peut jamais réclamer qu'un seul droit fixe de vacation, quel que soit le nombre des lots. En effet, l'augmentation du droit est accordée en raison des soins qu'exige le lotissement; or, l'avoué, par suite du renvoi devant notaire, demeurant étranger à ce travail, il n'y a aucun motif pour que ses émoluments s'accroissent dans la proportion du nombre des lots.

Il n'est dû, par les motifs énoncés ci-dessus n° 3, aucun droit de transport à l'avoué poursuivant qui se rend chez le notaire devant lequel a lieu l'adjudication. Dans ce cas, il est indemnisé par la vacation qui lui est allouée, et aussi par la portion qui lui est attribuée dans la remise proportionnelle, s'il y a lieu.

VI. Je ferai remarquer ici que, dans les adjudications qui ont lieu à la barre du tribunal, les magistrats doivent veiller à la composition des lots qui, je n'en doute pas, sera toujours faite dans l'intérêt des parties.

VII. ART. 14. Lorsque les tribunaux renverront des ventes d'immeubles devant notaires, les droits de ceux-ci, pour la minute du cahier des charges, seront évalués en calculant ce que cette minute produirait de rôles à raison de vingt-cinq lignes à la page et douze syllabes à la ligne.

L'ordonnance accorde aux avoués, quand l'expertise est facultative et n'a pas été ordonnée, un droit à la différence entre la remise allouée par l'art. 11 et la remise fixée par le § 2 de l'art. 14. La rédaction du dernier paragraphe de cet article ne semble pas laisser d'incertitude sur l'étendue du droit qu'on a voulu concéder aux avoués. Ils ne peuvent prétendre qu'à la différence entre la remise dont parle l'art. 11 de l'ordonnance et celle indiquée en l'art. 14. Ainsi, lorsque la remise allouée par l'art. 11 est égale ou inférieure à celle fixée par l'art. 14, les avoués n'ont rien à réclamer. Cette disposition s'explique naturellement par la modicité du prix de la vente; il fallait, en effet, restreindre, autant que possible, les frais dans des ventes de peu d'importance.

VIII. Quelques notaires ont prétendu avoir le droit de faire les affiches des ventes renvoyées devant eux et d'en surveiller l'insertion dans la feuille des annonces. Cette prétention est évidemment repoussée par le dernier paragraphe de l'art. 14 de l'ordonnance, qui dit positivement que les avoués restent chargés de l'accomplissement des actes de la procédure autres que la rédaction du cahier des charges ou la réception des enchères et de l'adjudication. La nature des institutions respectives des avoués et des notaires aurait dû suffire, d'ailleurs, pour écarter toute équivoque.

Les notaires devront donc demeurer complétement étrangers aux affiches des ventes et à leur insertion dans la feuille d'annonces; ce sont là de véritables actes de procédure qui continueront à rester dans les attributions exclusives des avoués.

Telles sont, Monsieur le procureur général, les explications qui m'ont paru nécessaires. Je désire qu'elles servent de règles à MM. les juges taxateurs. En accordant aux officiers ministériels la juste rémunération à laquelle ils ont droit, il convient de rester exactement dans les limites que l'ordonnance du 10 octobre 1841 a tracées. Toute interprétation qui conduirait à une augmentation de taxe serait contraire non-seulement aux dispositions du tarif, mais aussi aux intentions qui ont animé le législateur, lorsqu'il a modifié les articles du Code de procédure civile relatifs aux ventes judiciaires d'immeubles.

Veuillez m'accuser réception de ces instructions et en adresser un exemplaire à chacun de MM.

Recevez, Monsieur le procureur général, l'assurance de ma considération très-distinguée.

Le garde des sceaux, ministre secrétaire d'État
de la justice et des cultes,

N. MARTIN (du Nord).

DÉCRET

D'ABOLITION DES TITRES DE NOBLESSE

DU 29 FÉVRIER 1848, PROMULGUÉ LE 2 MARS.

(10ᵉ *Série*, *Bulletin* 3ᵉ, nᵒ 121.)

RÉPUBLIQUE FRANÇAISE.

Liberté, égalité, fraternité.

AU NOM DU PEUPLE FRANÇAIS.

Le gouvernement provisoire,

Considérant que l'égalité est un des trois grands principes de la République française, qu'il doit en conséquence recevoir une application immédiate,

Décrète :

Tous les anciens titres de noblesse sont abolis; les qualifications qui s'y rattachent sont interdites; elles ne peuvent être prises publiquement ni figurer dans un acte public quelconque[2].

Paris, le 29 février 1848.

Les membres du gouvernement provisoire de la République française,

DUPONT (de l'Eure), LAMARTINE, LOUIS BLANC, GARNIER-PAGÈS, ARAGO, ALBERT (ouvrier), AD. CRÉMIEUX, MARRAST, FLOCON, MARIE, LEDRU-ROLLIN.

---

[1] On remarquera que ce décret ne prononce pas d'amende pour l'énonciation des titres de noblesse dans les actes publics. Sous ce rapport il ne remet point complétement en vigueur la disposition de l'art. 17 de la loi du 23 ventôse an XI, disposition qui avait été implicitement modifiée sous le régime impérial et par les chartes de 1814 et 1830.

[2] La particule *de*, placée au devant d'un nom propre, ne doit pas être considérée comme une qualification nobiliaire interdite par ce décret.

ARRÊTÉ

QUI RÈGLE LA NOUVELLE FORMULE EXÉCUTOIRE,

DU 13 MARS 1848.

RÉPUBLIQUE FRANÇAISE.

Le membre du gouvernement provisoire, ministre de la justice,
Arrête :

ART. 1er. A partir de la publication du présent arrêté, les expéditions des arrêts, jugements, mandats de justice, ainsi que les grosses et expéditions des contrats et de tous autres actes susceptibles d'exécution forcée seront intitulées ainsi qu'il suit :

RÉPUBLIQUE FRANÇAISE.

AU NOM DU PEUPLE FRANÇAIS.

Pour les arrêts et jugements : la cour d'appel ou le tribunal de ...... a rendu

(Copier l'arrêt ou le jugement.)

(Pour les actes notariés et autres, transcrire la teneur de l'acte.)

Lesdits arrêts, jugements, mandats de justice et autres actes seront terminés ainsi :

« En conséquence, la République mande et ordonne à tous « huissiers, sur ce requis, de mettre ledit jugement ou arrêt à « exécution, aux procureurs généraux *et aux commissaires du* « *gouvernement* [1] près les tribunaux de première instance d'y « tenir la main, à tous commandants et officiers de la force pu- « blique de prêter main forte lorsqu'ils en seront légalement re- « quis.

« En foi de quoi le présent jugement ou arrêt a été signé par..., « etc. »

2. Les porteurs des expéditions, des jugements et arrêts et

---

[1] A ces mots ont de nouveau été substitués plus tard ceux : *et aux procureurs près les*, etc.

des grosses des actes, délivrés avant l'ère républicaine, qui voudront les faire mettre à exécution, devront préalablement les présenter aux greffiers des cours et tribunaux pour les arrêts et jugements, ou à un notaire pour les actes, afin d'ajouter la formule ci-dessus indiquée à celle dont elles étaient précédemment revêtues[1].

3. Les rectifications seront faites sans frais.

Paris, le 13 mars 1848.

Pour les membres du gouvernement provisoire,

Le membre du gouvernement provisoire,
ministre de la justice,

A. CRÉMIEUX.

Pour copie conforme,

Le secrétaire général du ministère,

CAPIN.

---

[1] Ce décret, comme on le voit, parle d'une simple addition et non d'une rectification à faire sur les anciennes grosses; ses dispositions sont d'autant plus remarquables qu'elles s'écartent entièrement de celles de l'ordonnance du 30 août 1815, qui avait prescrit la substitution dé la formule royale à celles des gouvernements antérieurs. Aux termes de cette ordonnance, les anciennes formules devaient être bâtonnées, et ce retranchement devait être constaté par le notaire. Le nouveau décret s'exprime tout autrement; il prescrit d'ajouter la formule républicaine à celles dont les grosses étaient précédemment revêtues; par cela même il décide implicitement la conservation des anciennes formules.

Sans doute il peut paraître extraordinaire qu'un acte soit revêtu de deux formules contradictoires, qu'il porte à la fois l'intitulé de la monarchie et celui de la République; mais cette contradiction n'est qu'apparente; il est bien certain que la formule monarchique reste à l'état de lettre morte; qu'elle n'a plus aucune valeur, aucune portée, en un mot, que l'acte ne peut plus être exécuté qu'en vertu du mandement donné par la République aux agents des diverses autorités.

C'est aussi dans ce sens que la question se trouve résolue dans la lettre du ministre de la justice transcrite plus loin. Nous croyons d'ailleurs que les notaires, en faisant l'addition prescrite, doivent

Circulaire ministérielle.

Paris, le 13 mars 1848.

Monsieur le procureur général, je m'empresse de vous adresser l'arrêté du gouvernement provisoire qui règle la nouvelle formule exécutoire des arrêts, jugements, mandats de justice et actes de notaires.

Vous voudrez bien remarquer qu'il s'applique et à ceux qui ont précédé, et à ceux qui ont suivi l'établissement de l'ère républicaine.

constater cette addition par une mention spéciale qui peut être rédigée ainsi :

L'addition de la formule républicaine au commencement et à la fin de la grosse ci-dessus (ou ci-contre) a été faite en exécution du décret du gouvernement provisoire du 13 mars 1848, par Me....., notaire à...., soussigné, le....

Lettre du ministre de la justice, du 17 juillet 1848.

Monsieur le procureur général, vous avez appelé mon attention sur les deux questions suivantes, concernant les expéditions et grosses des arrêts, jugements et actes délivrés avant l'ère républicaine :

1o Faut-il se borner à ajouter, sans rien effacer, la formule nouvelle à la formule ancienne, ou bien y a-t-il lieu de substituer l'une à l'autre ?

2o Un greffier et un notaire, autres que ceux qui ont délivré la grosse, peuvent-ils la revêtir de la formule nouvelle ?

La première question est résolue par les termes mêmes du décret du 1er mars 1848, dont l'art. 2 prescrit seulement d'ajouter la formule nouvelle à celle dont les actes étaient précédemment revêtus ; mon prédécesseur a donné des instructions dans ce sens.

Cette disposition semble également permettre aux parties de s'adresser pour cette formalité au greffier d'une juridiction autre que celle qui a rendu l'arrêt ou le jugement, et à un notaire autre que celui qui a reçu l'acte.

C'est ce qui avait été reconnu par l'art. 2 de l'ordonnance du 30 août 1815 pour une rectification analogue, et il paraît, en effet, utile de s'y conformer, car autrement il pourrait arriver souvent qu'on fût forcé d'envoyer au loin la grosse qui devrait être revêtue de la nouvelle formule. En admettant cette interprétation de l'arrêté du 13 mars dernier, je crois qu'en ce qui concerne les actes judiciaires, la formule doit être ajoutée par le greffier d'une juridiction égale à celle d'où émane l'arrêt ou le jugement.

Je me bornerai à vous faire observer, quant aux premiers, qu'aujourd'hui, comme en 1830, il a paru naturel de consacrer à tout ce qui est émané des gouvernements antérieurs le caractère qui lui appartient. Seulement les arrêts, jugements et actes de ces différents régimes ne pourront être mis à exécution qu'autant qu'ils auront été revêtus de l'intitulé et du mandement actuels de la République.

Il ne s'agit donc pas, en ce qui les concerne, d'une rectification, mais d'une simple addition.

Veuillez m'accuser réception de la présente circulaire, la communiquer par l'intermédiaire de vos substituts, tant aux greffiers qu'aux chambres de notaires, et donner dans tout le ressort du parquet qui vous est confié les ordres les plus prompts, les plus précis, pour que l'arrêté du gouvernement y soit exécuté sans retard et d'une manière uniforme.

Recevez, etc.

Le membre du gouvernement provisoire,
ministre de la justice,

A. CRÉMIEUX.

DISCUSSION

A L'ASSEMBLÉE NATIONALE

DE L'ART. 11 DU PROJET DE CONSTITUTION QUI CONSACRE L'IN
VIOLABILITÉ DE TOUTES LES PROPRIÉTÉS. — OBSERVATION
RELATIVE A LA PROPRIÉTÉ DES OFFICES.

Séance du 21 septembre 1848.

(*Moniteur du 22 septembre*, 2e *supplément.*)

LE CITOYEN PRÉSIDENT : ART. 11. « Toutes les propriétés sont inviolables.

« Néanmoins, l'État peut exiger le sacrifice d'une propriété pour cause d'utilité publique légalement constatée et moyennant une juste et préalable indemnité. »

M. SAUTAYRA a la parole sur l'article.

LE CITOYEN SAUTAYRA : Messieurs, permettez-moi de faire une simple observation. Quelques secondes de votre bienveillante attention me suffiront ; je demanderai une explication sur ceci : « Toutes les propriétés sont inviolables. » Entend-on par toutes les propriétés seulement les propriétés territoriales ?

PLUSIEURS MEMBRES DE LA COMMISSION : Toutes ! Toutes !

LE CITOYEN SAUTAYRA : J'entends qu'on dit : Toutes. Permettez-moi d'exprimer ma pensée.

Depuis la révolution de février on a mis en doute certaines propriétés. Ainsi la propriété des offices ministériels a été niée dans certaines localités.

UNE VOIX : C'est vrai !

LE CITOYEN SAUTAYRA : Je demande seulement que la commission veuille bien s'expliquer sur ce point, et si, par la définition générique de toutes les propriétés, on entend indistinctement les propriétés immobilières et autres propriétés, telles que celles des offices.

PLUSIEURS MEMBRES : Toutes ! Toutes !

LE CITOYEN PRÉSIDENT : L'explication demandée par M. Sautayra est dans le texte même du projet. Quand on dit toutes les propriétés, on n'en excepte aucune. (Aux voix ! aux voix !)

LE CITOYEN SAUTAYRA : Je tiens à constater que la propriété des offices est placée, comme toutes les autres, sous la protection de l'art. 11.

(L'art. 11 est mis aux voix et adopté.)

---

1 Comme on le voit, ce principe salutaire qu'une doctrine imprudente et heureusement sans avenir a voulu nier, n'a donné lieu à aucune discussion ; il a été adopté comme une de ces règles incontestées qui tiennent à l'existence même d'un peuple et qui s'inscrivent d'elles-mêmes dans sa constitution.

LOI DU 21 NOVEMBRE 1848

CONCERNANT

LES DÉPOSANTS AUX CAISSES D'ÉPARGNE DONT LES LIVRETS
ONT ÉTÉ CONSOLIDÉS.

Insérée au 93ᵉ *Bulletin,* nᵒ 898[1].

Art. 7. Les pouvoirs à donner par les porteurs de livrets qui voudront vendre leurs inscriptions seront exempts du timbre et de l'enregistrement.

Les autres pièces à produire pour la vente dans certains cas, telles que certificats de propriété, intitulés d'inventaire, etc., sont aussi exemptes du timbre et de l'enregistrement.

---

[1] *Circulaire de la chambre relativement à cette loi.*

Strasbourg, le 23 décembre 1848.

Mon cher confrère, la chambre des notaires a pensé qu'il était du devoir de la compagnie de s'associer aux dispositions généreuses du décret de l'Assemblée nationale du 21 novembre dernier, relatif aux caisses d'épargne, et qui exempte du timbre et de l'enregistrement les pouvoirs à donner par les porteurs de livrets qui voudront vendre leurs inscriptions.

Par sa délibération de ce jour, elle a en conséquence autorisé tous les notaires du ressort chargés de recevoir des procurations pour transfert de livrets consolidés, à réduire leur émolument pour la minute et l'expédition de ces actes à la somme fixe de 3 fr., de sorte qu'il pourra n'en être réclamé, quelle qu'en soit l'importance, que 3 fr. d'honoraire, 50 c. de répertoire et 25 c. de légalisation. Et elle recommande spécialement cette réduction à l'égard des porteurs de livrets de la classe ouvrière.

Recevez, mon cher confrère, etc.

Le secrétaire de la chambre, Burtz.

Extrait de la délibération de l'assemblée générale des notaires, du 16 mai 1850.

L'assemblée, après avoir approuvé la circulaire qui *précède*, a décidé que la modération de droits qu'elle autorise continuerait à être maintenue pour les titulaires primitifs, mais qu'il y avait lieu de revenir sur cette mesure et d'appliquer le tarif de la compagnie dans les cas où les livrets consolidés ou inscriptions de rentes auraient passé dans d'autres mains par voie de cessions, procurations ou autrement.

5.

LOI DU 7 MAI 1849

PORTANT

ABOLITION DES MAJORATS ET ABROGATION DE LA LOI DU 17 MAI 1826 SUR LES SUBSTITUTIONS.

ART. 1er. Les majorats de biens particuliers qui auront été transmis à deux degrés successifs, à partir du premier titulaire, sont abolis. Les biens composant ces majorats demeurent libres entre les mains de ceux qui en sont investis.

2. Pour l'avenir, la transmission, limitée à deux degrés à partir du premier titulaire, n'aura lieu qu'en faveur des appelés déjà nés ou conçus lors de la promulgation de la présente loi. — S'il n'existe point d'appelés à cette époque, ou si ceux qui existaient décèdent avant l'ouverture de leur droit, les biens des majorats deviendront immédiatement libres entre les mains du possesseur.

3. Pendant une année, à partir de la promulgation de la présente loi, lorsqu'une saisie sera pratiquée sur les biens devenus libres en vertu de l'article précédent, les juges pourront toujours, quelle que soit la nature du titre, appliquer l'art. 1244 du Code civil et surseoir aux poursuites ultérieures pendant le délai qu'ils détermineront.

4. Il n'est rien innové quant au droit spécial de révocation conféré au fondateur par l'art. 3 de la loi du 12 mai 1835.

5. Dans les cas prévus par les art. 1er, 2 et 4 de la présente loi, le ministre de la justice statuera sur les demandes en radiation, soit de la transcription hypothécaire, soit de l'annotation spéciale d'immobilisation des rentes sur l'État ou des actions de la banque de France. Sur son refus, les parties intéressées pourront se pourvoir devant les tribunaux ordinaires, qui statueront définitivement.

6. Sont abrogées, relativement aux majorats de biens particuliers, les dispositions du décret du 1er mars 1808, art. 6, et

du décret du 4 juin 1809, relatives à la retenue et à la capitalisation du dixième du revenu des rentes sur l'État ou des actions de la banque.

7. La mutation par décès d'un majorat de biens particuliers donnera ouverture au droit de transmission de propriété en ligne directe. — La taxe du cinquième d'une année de revenu, établie par décret du 4 mai 1809, est abolie pour l'avenir. — Il ne sera perçu qu'un droit de transmission d'usufruit mobilier sur la pension de la veuve.

8. La loi du 17 mai 1826 sur les substitutions est abrogée.

9. Les substitutions déjà établies sont maintenues au profit de tous les appelés nés ou conçus lors de la promulgation de la présente loi. — Lorsqu'une substitution sera recueillie par un ou plusieurs des appelés dont il vient d'être parlé, elle profitera à tous les autres appelés du même degré, ou à leurs représentants, quelle que soit l'époque où leur existence aura commencé.

LOI DU 18 MAI 1850,

PROMULGUÉE LE 22 ET

EXTRAITE DU BUDGET DES RECETTES DE L'EXERCICE DE 1850.

(*Bulletin* 259, 10ᵉ *Série*, n° 2127.)

TITRE III

QUI FRAPPE LES SOULTES DE PARTAGES D'ASCENDANTS ET SOUMET AUX DROITS DE DONATION ET DE SUCCESSION LES DONS MANUELS ET LES RENTES SUR L'ÉTAT.

ART. 5. Conformément à l'art. 3 de la loi du 16 juin 1824, les donations portant partage faites par actes entre-vifs par les père et mère ou autres ascendants, ne donneront ouverture qu'aux droits établis pour les successions en ligne directe; mais les règles de perception concernant les soultes de partage leur seront applicables, ainsi qu'aux partages testamentaires, également autorisés par les art. 1075 et 1076 du Code civil.

6. Les actes renfermant soit la déclaration par le donataire ou ses représentants, soit la reconnaissance judiciaire d'un don manuel, seront sujets aux droits de donation.

7. Les mutations par décès et les transmissions entre-vifs à titre gratuit d'inscriptions sur le grand-livre de la dette publique seront soumises aux droits établis pour les successions ou donations.

Le capital servant à la liquidation du droit d'enregistrement sera déterminé par le cours moyen de la Bourse au jour de la transmission.

8. Les actes et mutations qui auront acquis date certaine avant la promulgation de la présente loi seront régis par les lois antérieures.

TITRE IV

QUI AUGMENTE LE TARIF DES TRANSMISSIONS DE MEUBLES.

10. Les transmissions de biens meubles à titre gratuit entre-vifs et celles qui s'effectuent par décès seront assujetties aux diverses quotités de droit établies pour les transmissions d'immeubles de la même espèce[1].

11. Les prescriptions de trois et de cinq années, établies par les §§ 2 et 3 de l'art. 61 de la loi du 22 frimaire an VII pour la demande des droits concernant les omissions de biens dans les déclarations après décès et les successions non déclarées, sont étendues à cinq années pour la première prescription et à dix années pour la seconde.

TITRE VI

QUI ASSUJETTIT LES NOTAIRES A LA PATENTE ET QUI DISPENSE A L'AVENIR DE L'ÉNONCIATION DES PATENTES DES COMMERÇANTS DANS LES ACTES.

16. Les notaires sont classés dans le tableau des professions assujetties seulement au droit proportionnel, qui est fixé au quinzième de la valeur locative.

[1] TABLEAU des droits à percevoir en conséquence de cette disposition, non compris le dixième.

	Ligne directe.		Époux.		Frères, sœurs, etc.		Grand-oncles, Grand'tantes, etc.		Au delà du 4e degré.		Étrangers.	
	F. C.	F. C.	F. C.	F. C.	F. C.	F. C.	F. C.	F. C.	F. C.	F. C.	F. C.	F. C.
Donations par contrat de mariage . .	1 25	2 75	1 50	3 —	4 50	4 50	5 —	5 —	5 50	5 50	6 —	6 —
Donations entre-vifs . . .	2 50	4 —	5 —	4 50	6 50	6 50	7 —	7 —	8 —	8 —	9 —	9 —
Mutations par décès	1 —	1 —	5 —	3 —	6 50	6 50	7 —	7 —	8 —	8 —	9 —	9 —

22. L'art. 37 de la loi du 1er brumaire an VII et l'art. 29 de la loi du 25 avril 1844, *qui prescrivent la mention de la patente des commerçants dans les actes des officiers publics,* sont abrogés[1].

[1] Cette abrogation, en faisant droit à une réclamation renouvelée fréquemment, affranchit les officiers publics d'une disposition aussi gênante qu'elle était illusoire.

LOI DU 31 MAI 1850

SUR

LA FORMATION DES LISTES ÉLECTORALES.

Art. 2. La liste comprendra par ordre alphabétique :

1° Tous les Français âgés de vingt et un ans accomplis, jouissant de leurs droits civils et politiques, actuellement domiciliés dans la commune et qui ont leur domicile, dans la commune ou dans le canton depuis trois ans au moins.

Art. 3. Le domicile électoral sera constaté :

1° Par l'inscription au rôle de la taxe personnelle, ou par l'inscription personnelle au rôle de la prestation en nature pour les chemins vicinaux, etc.

Art. 5. Les fonctionnaires publics seront inscrits sur la liste électorale de la commune dans laquelle ils exercent leurs fonctions, quelle que soit la durée de leur domicile dans cette commune[1].

---

[1] Il a été décidé par arrêt de la cour de cassation du 12 août 1850, qu'ayant reçu des lois de leur institution la qualification de fonctionnaires publics, les notaires ont droit d'être inscrits sur la liste électorale de la commune où ils exercent leurs fonctions, quelle que soit la durée de leur domicile dans cette commune (J. N., art. 14100 et 14117).

D'après deux autres arrêts, des 8 et 11 novembre 1850, un clerc de notaire doit être inscrit sur la liste électorale de la commune où son père déclare qu'il est domicilié avec lui depuis plus de trois ans, quoiqu'il réside réellement dans une autre commune, celle du notaire dans l'étude duquel il fait son stage (J. N., art. 14220 et 14223).

LOI DU 5 JUIN 1850,

PROMULGUÉE LE 14

ET RELATIVE AU TIMBRE DES EFFETS DE COMMERCE, DES POLICES D'ASSURANCE, ETC.

TITRE IV.

DISPOSITIONS GÉNÉRALES.

ART. 49[1]. Lorsqu'un effet, certificat d'action, titre, livre, bordereau, police d'assurance ou tout autre acte sujet au timbre et non enregistré sera mentionné dans un acte public, judiciaire ou extrajudiciaire et ne devra pas être représenté au receveur lors de l'enregistrement de cet acte, l'officier public ou officier ministériel sera tenu de déclarer expressément dans l'acte si le

---

[1] On lit dans l'exposé des motifs :

« Les art. 24 et 25 de la loi du 13 brumaire an VII sur le timbre font défense à tout receveur de l'enregistrement d'enregistrer aucun acte qui ne serait pas sur du papier timbré du timbre prescrit ou qui n'aurait pas été visé pour timbre, et aux notaires, huissiers, greffiers, arbitres et experts d'agir, aux juges de prononcer aucun jugement, et aux administrations publiques de rendre aucun arrêté sur un acte, registre ou effet de commerce non écrit sur papier timbré du timbre prescrit ou non visé pour timbre.

« L'expérience a démontré que les officiers publics et même les juges ne se conforment pas toujours à ces dispositions.

« Quand il s'agit d'un acte enregistré, comme la formalité n'a pu être donnée sans que la loi sur le timbre ait été préalablement exécutée, il suffit que l'officier public ou le juge se conforme à l'art. 44 de la loi du 22 frimaire an VII, portant qu'il sera fait mention de la quittance des droits d'enregistrement dans les minutes des actes civils, judiciaires ou extrajudiciaires.

« Mais relativement aux actes, extraits ou autres titres sujets au timbre et non à l'enregistrement, l'administration n'a aucun moyen de reconnaître si les officiers publics et les juges se conforment à l'obligation que leur impose l'art. 24 de la loi du 13 brumaire an VII.

« La présente disposition a pour objet de combler cette lacune. »

titre est revêtu du timbre prescrit, et d'énoncer le montant du droit de timbre payé.

En cas d'omission, les notaires, avoués, greffiers, huissiers et autres officiers publics seront passibles d'une amende de 10 fr. par chaque contravention[1].

---

[1] *Instruction de la régie du 18 juin 1850, no 1854. — No 8. Dispositions générales (J. N., art. 14085).*

L'art. 24 de la loi du 13 brumaire an VII a fait défense aux notaires, huissiers, greffiers, arbitres et experts d'agir, aux juges de prononcer aucun jugement, et aux administrations publiques de rendre aucun arrêté sur un acte, registre ou effet de commerce non écrit sur papier timbré du timbre prescrit ou non visé pour timbre. La contravention à cette disposition était punie par l'art. 26, no 5, de la même loi, d'une amende de 100 fr., que l'art. 10 de la loi du 16 juin 1824 a réduite à 20 fr.

Pour que les officiers publics et ministériels ne perdent jamais de vue cette défense, l'art. 49 de la loi nouvelle porte que, lorsqu'un effet, certificat d'action, titre, livre, bordereau, police d'assurance ou tout autre acte sujet au timbre et non enregistré sera mentionné dans un acte public, judiciaire ou extrajudiciaire, et ne devra pas être représenté au receveur lors de l'enregistrement de cet acte, l'officier public ou officier ministériel sera tenu de déclarer expressément dans l'acte si le titre est revêtu du timbre prescrit et d'énoncer le montant du droit de timbre payé.

En cas d'omission, les notaires, avoués, greffiers, huissiers et autres officiers publics seront passibles d'une amende de 10 fr. pour chaque contravention, conformément au second alinéa du même article.

Les préposés remarqueront que la déclaration dont parle cet article ne concerne pas le cas où le titre mentionné a été enregistré.

Elle n'est pas exigée non plus quand ce titre doit être représenté au receveur lors de l'enregistrement de l'acte public dans lequel il se trouve mentionné.

Malgré ces éclaircissements, l'application de la disposition qui en fait l'objet ne sera pas sans difficulté pour les notaires, et il est à désirer que la jurisprudence et de nouvelles instructions de la régie ne tardent pas à en préciser avec clarté et exactitude la véritable interprétation.

CODE DE COMMERCE.

SUR

LA PUBLICITÉ DES ACTES DE SOCIÉTÉ.

Art. 42. L'extrait des actes de société en nom collectif et en commandite doit être remis, dans la quinzaine de leur date, au greffe du tribunal de commerce de l'arrondissement dans lequel est établie la maison du commerce social, pour être transcrit sur le registre et affiché pendant trois mois dans la salle des audiences.

Si la société a plusieurs maisons de commerce situées dans divers arrondissements, la remise, la transcription et l'affiche de cet extrait seront faites au tribunal de commerce de chaque arrondissement.

« Chaque année, dans la première quinzaine de janvier, les « tribunaux de commerce désigneront, au chef-lieu de leur « ressort, et à leur défaut, dans la ville la plus voisine, un ou « plusieurs journaux où devront être insérés, dans la quinzaine « de leur date, les extraits d'acte de société en nom collectif ou « en commandite, et règleront le tarif de l'impression de ces « extraits.

« Il sera justifié de cette insertion par un exemplaire du jour- « nal, certifié par l'imprimeur, légalisé par le maire et enregis- « tré dans les trois mois de sa date. » (*Addition faite par la loi du 31 mars 1833.*)

Ces formalités seront observées, à peine de nullité, à l'égard des intéressés ; mais le défaut d'aucune d'elles ne pourra être opposé à des tiers par les associés.

43. L'extrait doit contenir :

Les noms, prénoms, qualités et demeures des associés autres que les actionnaires ou commanditaires ;

La raison de commerce de la société ;

La désignation de ceux des associés autorisés à gérer, administrer et signer pour la société;

Le montant des valeurs fournies ou à fournir par actions ou en commandite;

L'époque où la société doit commencer, et celle où elle doit finir.

44. L'extrait des actes de société est signé, pour les actes publics, par les notaires, et pour les actes sous seing-privé, par tous les associés, si la société est en nom collectif, et par les associés solidaires ou gérants, si la société est en commandite, soit qu'elle se divise ou ne se divise pas en actions.

45. L'ordonnance du roi qui autorise les sociétés anonymes devra être affichée avec l'acte d'association et pendant le même temps.

46. Toute continuation de société, après son terme expiré, sera constatée par une déclaration des coassociés.

Cette déclaration et tous actes portant dissolution de société avant le terme fixé pour sa durée par l'acte qui l'établit, tout changement ou retraite d'associés, toutes nouvelles stipulations ou clauses, tout changement à la raison de société sont soumis aux formalités prescrites par les art. 42, 43 et 44.

En cas d'omission de ces formalités, il y aura lieu à l'application des dispositions pénales de l'art. 42, dernier alinéa.

CODE DE COMMERCE.

SUR LA PUBLICITÉ

DES

CONTRATS DE MARIAGE DE COMMERÇANTS.

ART. 67. Tout contrat de mariage entre époux dont l'un sera commerçant[1] sera transmis par extrait, dans le mois de sa date,

---

[1] Une lettre du ministre de la justice, du 7 avril 1811, porte ce qui suit :

« J'ai été consulté plusieurs fois sur le sens à attacher au mot *commerçant* dans le cas de l'art. 67 du Code de commerce, et j'ai toujours répondu que l'on devait d'abord considérer comme tels tous *négociants, banquiers, fabricants ou marchands;* mais qu'il ne paraissait pas qu'on dût ranger dans cette classe le simple artisan qui, ne travaillant qu'à fur et mesure des commandes qu'il reçoit journellement, ne fait point de son état un objet de spéculation. Il serait, au surplus, difficile d'établir une règle bien précise à cet égard : *c'est au notaire à apprécier les circonstances dans les cas particuliers qui se présentent.* »

Une autre décision du même ministre, du 5 mai 1812, porte que le mot *commerçant* doit toujours être entendu dans le sens de l'art. 1er du Code de commerce, qui dit que les commerçants sont ceux qui exercent des actes de commerce et en font leur profession habituelle.

« Il en résulte, ajoute le ministre, qu'on doit ranger dans cette classe les négociants, banquiers, fabricants et marchands; mais, quoique la loi ne fasse aucune distinction expresse à cet égard, il a paru qu'on ne pouvait considérer comme commerçants les ouvriers et les artisans, à moins qu'ils ne joignent à cette qualité celle de fabricants ou de marchands.

« C'est d'après cette distinction, qui me paraît dans l'esprit de la loi, que j'ai pensé que les notaires pouvaient, sans aucun inconvénient, apprécier les circonstances qui leur imposent l'obligation de déposer au greffe des tribunaux les extraits de contrats de mariage, aux termes de l'art. 68 du Code précité. Ces officiers n'en sont pas moins soumis à l'amende prononcée par la loi, lorsqu'ils ne se conforment pas à ses dispositions à cet égard. »

Mais quelles règles suivre pour cette appréciation, et comment

aux greffes et chambres désignés par l'art. 872 du Code de procédure civile, pour être exposé au tableau, conformément au même article[1].

le notaire peut-il se mettre à l'abri des conséquences qu'elle pourrait avoir à son préjudice ?

Il est certain que le simple artisan, soumis à la patente, n'est point commerçant. Cependant il est de fait que des individus exerçant les professions de charron, menuisier, charpentier, cordonnier, maréchal-ferrant, etc., peuvent, suivant les circonstances, être de véritables commerçants, puisque des artisans de cette classe sont fréquemment déclarés en faillite.

L'achat *habituel* de marchandises pour les travailler et mettre en œuvre ne suffirait pas pour faire attribuer à l'artisan la qualité de commerçant, si, d'ailleurs, il était certain qu'il ne travaille que sur *commande* et non à *l'avance*, pour tenir les marchandises fabriquées en magasin ; mais il n'est pas toujours facile d'acquérir cette certitude, et le notaire est souvent réduit à s'en rapporter à la déclaration des époux contractants.

Le moyen d'échapper au danger d'une déclaration erronée sur ce point est de faire expliquer les époux non-seulement verbalement, mais encore dans le contrat sur les circonstances qui se rattachent à l'exercice de leur profession. Le dépôt prescrit par l'art. 67 du Code de commerce ne peut être obligatoire, si, à la qualité d'artisan, prise par l'un ou l'autre des époux, on joint une indication nécessairement exclusive de celle de commerçant.

Nous pensons donc que le notaire serait à l'abri des suites de *l'appréciation* de la qualité de l'époux, si celui-ci était désigné dans le contrat de mariage de la manière suivante :

Fut présent le sieur ....., exerçant la profession de charron, charpentier, menuisier, cordonnier ou maréchal-ferrant, mais comme *simple artisan*, sans se livrer à *aucune opération de commerce*, ainsi qu'il l'affirme.

[1] Art. 872 du Code de procédure civile. Le jugement de séparation sera lu publiquement, l'audience tenante, au tribunal de commerce du lieu, s'il y en a, extrait de ce jugement, contenant la date, la désignation du tribunal où il a été rendu, les noms, prénoms, profession et demeure des époux sera inséré sur un tableau à ce destiné et exposé pendant un an dans l'auditoire des tribunaux de première instance et de commerce du domicile du mari, même lorsqu'il ne sera pas négociant, et s'il n'y a pas de tribunal de commerce, dans la principale salle de la maison commune du domicile du mari. Pareil extrait sera inséré au tableau exposé en la chambre des avoués et notaires, s'il y en a. La femme ne pourra commencer

Cet extrait annoncera si les époux sont mariés en communauté, s'ils sont séparés de biens ou s'ils ont contracté sous le régime dotal.

68. Le notaire qui aura reçu le contrat de mariage sera tenu de faire la remise ordonnée par l'article précédent, sous peine de 100 fr. d'amende, et même de destitution et de responsabilité envers les créanciers, s'il est prouvé que l'omission soit la suite d'une collusion.

69. « L'époux séparé de biens ou marié sous le régime dotal, qui embrasserait la profession de commerçant postérieurement à son mariage, sera tenu de faire pareille remise dans le mois du jour où il aura ouvert son commerce; à défaut de cette remise, il pourra être, en cas de faillite, condamné comme banqueroutier simple » (Loi du 28 mai 1838).

---

l'exécution du jugement que du jour où les formalités ci-dessus auront été remplies, sans que néanmoins il soit nécessaire d'attendre l'expiration du susdit délai d'un an.

LOI DU 3 JUILLET 1846

ET ORDONNANCE DU ROI DU 30 DÉCEMBRE SUIVANT,

CONCERNANT LE TIMBRE ET L'ENREGISTREMENT DES ACTES, COPIES, EXPÉDITIONS ET EXTRAITS PRODUITS POUR LA CÉLÉBRATION DU MARIAGE DES PERSONNES INDIGENTES ET POUR LA LÉGITIMATION DE LEURS ENFANTS.

L'art. 8 de la loi du 3 juillet 1846, portant fixation du budget des recettes pour l'exercice 1847, est conçu en ces termes :

« A partir du 1er janvier 1847, les extraits des registres de l'état civil, les actes de notoriété, de consentement, de publication, les délibérations des conseils de famille, les actes de procédure, les jugements et arrêts dont la production sera nécessaire pour la célébration du mariage des personnes indigentes et pour la légitimation de leurs enfants, seront visés pour timbre et enregistrés gratis, lorsqu'il y aura lieu à l'enregistrement.

« Il ne sera perçu aucun droit de greffe, au profit du trésor, sur les copies et expéditions qui en seraient passibles.

« L'indigence sera constatée, selon les formes déterminées, avant le 1er janvier 1847, par une ordonnance rendue dans la forme des règlements d'administration publique. Les actes, extraits, copies ou expéditions ainsi délivrés ne pourront servir que pour les causes ci-dessus indiquées, sous les peines prévues par les lois en vigueur. »

Pour l'exécution de ces dispositions, le roi a rendu, le 30 décembre 1846, une ordonnance dont la teneur suit :

LOUIS-PHILIPPE, ROI DES FRANÇAIS, à tous présents et à venir, salut :

Sur le rapport de notre ministre, secrétaire d'État au département des finances;

Vu l'art. 8 de la loi du 3 juillet 1846, portant fixation du budget des recettes pour l'exercice 1847;

Notre conseil d'État entendu,

Nous avons ordonné et ordonnons ce qui suit :

ART, 1er. Seront admises au bénéfice de l'art. 8 de la loi du 3 juillet 1846 les personnes qui justifieront : 1° d'un extrait du rôle des contributions constatant qu'elles payent moins de 10 fr., ou d'un certificat du percepteur de leur commune portant qu'elles ne sont point imposées; 2° d'un certificat d'indigence à elles délivré par le commissaire de police, ou par le maire dans les communes où il n'existe pas de commissaire de police. Ce certificat sera visé et approuvé par le sous-préfet.

2. Les extraits, copies ou expéditions qui seront délivrés en vertu de l'art. 8 de la loi du 3 juillet 1846, mentionneront expressément qu'ils sont destinés à servir à la célébration d'un mariage entre personnes indigentes ou à la légitimation de leurs enfants.

3. Les extraits et certificats prescrits par l'art. 1er seront délivrés en plusieurs originaux, lorsqu'ils devront être produits à divers bureaux de l'enregistrement.

Ils seront remis au bureau de l'enregistrement où les actes, extraits, copies ou expéditions devront être visés pour timbre et enregistrés gratis. Le receveur en fera mention dans le visa pour timbre et dans la relation de l'enregistrement.

4. Nos ministres secrétaires d'État aux départements de la justice et des cultes, de l'intérieur et des finances sont chargés, chacun en ce qui le concerne, de l'exécution de la présente ordonnance, qui sera insérée au *Bulletin des lois*[1].

---

[1] Voir une instruction de la régie du 31 décembre 1848, n° 1774 (*Archives du notariat*, n° 890; *J. N.*, art. 12899). — Le bénéfice du visa pour timbre et de l'enregistrement gratuits est applicable aux actes respectueux. — Décision ministérielle du 1er août 1848 (*J. N.*, art. 13472).

LOI DU 10 JUILLET 1850

SUR

LA PUBLICITÉ DES CONTRATS DE MARIAGE.

———

Pour faciliter l'intelligence de cette loi, le texte des articles du Code civil qu'elle modifie va être transcrit en entier, et les modifications qui forment la loi nouvelle y seront ajoutées en petits caractères.

Au nom du peuple français, l'Assemblée nationale a adopté la loi dont la teneur suit :

Art. 1er. Il sera ajouté aux art. 75, 76, 1391 et 1394 du Code civil les dispositions suivantes :

Art. 75. Le jour désigné par les parties après les délais des publications, l'officier de l'état civil, dans la maison commune, en présence de quatre témoins, parents ou non parents, fera lecture aux parties des pièces ci-dessus mentionnées relatives à leur état et aux formalités du mariage, et du chap. VI du titre *du mariage, sur les droits et les devoirs respectifs des époux.*

« Il interpellera les futurs époux, ainsi que les personnes qui autorisent le mariage, si elles sont présentes, d'avoir à déclarer s'il a été fait un contrat de mariage, et, dans le cas de l'affirmative, la date de ce contrat, ainsi que les nom et lieu de résidence du notaire qui l'aura reçu. »

Il recevra de chaque partie, l'une après l'autre, la déclaration qu'elles veulent se prendre pour mari et femme; il prononcera, au nom de la loi, qu'elles sont unies par le mariage, et il en dressera acte sur-le-champ.

Art. 76. On énoncera dans l'acte de mariage :

1° Les prénoms, noms, professions, âge, lieux de naissance et domicile des époux;

2° S'ils sont majeurs ou mineurs;

3° Les prénoms, noms, professions et domiciles des pères et mères;

6.

4° Le consentement des pères et mères, aïeuls et aïeules, et celui de la famille; dans les cas où ils sont requis;

5° Les actes respectueux, s'il en a été fait;

6° Les publications dans les divers domiciles;

7° Les oppositions, s'il y en a eu; leur mainlevée ou la mention qu'il n'y a point eu d'opposition;

8° La déclaration des contractants de se prendre pour époux et le prononcé de leur union par l'officier public;

9° Les prénoms, noms, âge, professions et domiciles des témoins, et leur déclaration s'ils sont parents ou alliés des parties, de quel côté et à quel degré.

« 10° La déclaration faite sur l'interpellation prescrite par l'article précédent, qu'il a été ou qu'il n'a pas été fait de contrat de mariage, et autant que possible de la date du contrat, s'il existe, ainsi que les noms et lieu de résidence du notaire qui l'aura reçu[1] : le tout à peine, contre l'officier de l'état civil, de l'amende fixée par l'art. 50.

« Dans le cas où la déclaration aurait été omise ou serait erronée, la rectification de l'acte, en ce qui touche l'omission ou l'erreur, pourrait être demandée par le procureur de la République, sans préjudice du droit des parties intéressées, conformément à l'art. 99. »

Art. 1391. Ils peuvent cependant déclarer d'une manière générale qu'ils entendent se marier ou sous le régime de la communauté, ou sous le régime dotal.

Au premier cas, et sous le régime de la communauté, les droits des époux et de leurs héritiers seront réglés par les dispositions du chap. II du présent titre (art. 1399 à 1496).

Au deuxième cas, et sous le régime dotal, leurs droits seront réglés par les dispositions du chap. III (art. 1540 à 1580).

« Toutefois, si l'acte de célébration du mariage porte que les époux se sont mariés sans contrat, la femme sera réputée, à l'égard des tiers, capable de contracter dans les termes du droit commun, à

---

[1] Il est bien entendu que les tiers ainsi avertis de l'existence du contrat de mariage n'auront pas le droit d'en prendre eux-mêmes connaissance. A cet égard on ne veut en rien déroger aux lois et règlements qui régissent le notariat. Ce sera aux tiers à exiger des époux avec lesquels ils traitent la justification préalable de leur contrat (Rapport de M. Valette).

moins que, dans l'acte qui contiendra son engagement, elle n'ait déclaré avoir fait un contrat de mariage[1]. »

Art. 1394. Toutes conventions matrimoniales seront rédigées avant le mariage, par acte devant notaire.

« Le notaire donnera lecture aux parties du dernier alinéa de l'art. 1391, ainsi que du dernier alinéa du présent article. Mention de cette lecture sera faite dans le contrat, à peine de 10 fr. d'amende contre le notaire contrevenant.

« Le notaire délivrera aux parties, au moment de la signature du contrat, un certificat sur papier libre et sans frais, énonçant ses nom et lieu de résidence, les noms, prénoms, qualités et demeures des futurs époux, ainsi que la date du contrat. Ce certificat indiquera qu'il doit être remis à l'officier de l'état civil avant la célébration du mariage[2]. »

Art. 2. La présente loi n'aura d'effet qu'à partir du 1er janvier 1851[3].

[1-2] Ce sont ces deux alinéas que le notaire est tenu de lire aux parties.

[3] **FORMULES PROPOSÉES PAR LA CHAMBRE.**

CONTRAT DE MARIAGE.

Dont acte.

Fait et passé à

L'an 1851, le

Avant de clore et conformément à la loi, Me   , notaire soussigné, a donné lecture aux parties du dernier alinéa de chacun des art. 1391 et 1394 du Code civil, et leur a délivré le certificat prescrit par ce dernier article pour être remis à l'officier de l'état civil avant la célébration du mariage[1].

Et après lecture les parties ont signé, etc.

CERTIFICAT A REMETTRE A L'OFFICIER DE L'ÉTAT CIVIL AVANT LA CÉLÉBRATION DU MARIAGE[2].

Cejourd'hui,   (*Date en toutes lettres.*)

Le contrat de mariage de :

M. . . . .   (*Noms, prénoms, qualités et demeure du futur.*)

Et Mad . . . .   (*Idem, de la future.*)

---

[1] Voir *J. N.*, art. 14186, note.

[2] Ce certificat devra être légalisé dans le cas où le mariage sera célébré hors du département.

Circulaire du ministre de la justice, du 13 novembre 1850, aux procureurs généraux.

Monsieur le procureur général, le contrat de mariage est l'un des actes les plus importants de la vie civile; il détermine le régime sous lequel les époux sont unis, et, par cela même, affecte plus ou moins leur capacité à l'égard des tiers. Aussi, depuis longtemps a-t-on reconnu que l'incertitude sur l'existence de ce contrat peut faciliter la fraude ou faire naître des inquiétudes qui rendent plus difficiles et plus onéreuses les transactions relatives aux biens dont les femmes mariées sont propriétaires, et les engagements que celles-ci peuvent dès lors contracter.

Il importait, dans l'intérêt du crédit privé, source du crédit public, de faire cesser ces incertitudes. Tel est l'objet de la loi votée par l'Assemblée nationale le 17 juin et les 2 et 10 juillet 1850.

Cette loi, par des dispositions additionnelles aux art. 75, 76, 1391 et 1394 du Code civil, impose aux officiers de l'état civil et aux notaires des obligations sur lesquelles il m'a paru convenable d'appeler votre attention et celle de vos substituts.

Afin de suivre l'ordre des faits, je m'occuperai d'abord des notaires.

Chaque fois qu'un notaire sera chargé de la rédaction d'un contrat de mariage, il devra donner lecture aux parties du nouvel art. 1391 du Code civil, ainsi que du dernier alinéa de l'art. 1394; il fera mention de cette lecture dans le contrat, à peine de 10 fr. d'amende; de plus, il délivrera, au moment de la signature, un certificat sur papier libre, et sans frais, énon-

---

A été passé devant moi   , notaire à   , soussigné, qui en ai la minute;

Et je leur ai délivré, conformément à la loi, le présent certificat, pour être remis, ainsi qu'ils en sont avertis, à l'officier de l'état civil avant la célébration de leur mariage [1].

[1] La chambre a fait imprimer la formule de ce certificat, et elle tient des exemplaires à la disposition de tous les notaires de la compagnie qui n'ont qu'à en remplir les blancs.

çant ses noms et lieu de résidence, les noms, prénoms, qualités et demeures des futurs époux, ainsi que la date du contrat. Le certificat indiquera en outre qu'il doit être remis à l'officier de l'état civil avant la célébration du mariage. Ces formalités devront être remplies pour tous les contrats de mariage, quelle que soit la profession des parties; *mais le notaire devra, en outre, continuer à se conformer exactement aux art. 67 et 68 du Code de commerce, lorsqu'un des époux sera commerçant.*

Quant à l'officier de l'état civil, lorsque les futurs époux se présenteront devant lui, il les interpellera, ainsi que les personnes qui autoriseront le mariage, si elles sont présentes, d'avoir à déclarer s'il a été fait un contrat de mariage, et, dans le cas de l'affirmative, la date de ce contrat, ainsi que les noms et lieu de résidence du notaire qui l'aura reçu. Tous ces renseignements devront d'abord se trouver énoncés dans le certificat délivré par le notaire, certificat que les parties produiront ordinairement, et que l'officier de l'état civil devra réclamer si l'on omettait de le lui représenter.

La déclaration qu'il a été ou qu'il n'a pas été fait de contrat de mariage, et tous les renseignements relatifs au contrat, s'il y en a, devront être énoncés dans l'acte de mariage à la suite des autres énonciations déjà prescrites par l'art. 76 du Code civil. Les officiers de l'état civil auront à se conformer avec d'autant plus d'exactitude à cette prescription, que toute contravention les rendrait passibles de l'amende déterminée par l'art. 50 du Code civil. Il importera de faire remarquer à ces fonctionnaires, afin de prévenir de fâcheuses difficultés, que la loi ne les charge d'interpeller les personnes qui autorisent le mariage qu'autant qu'elles sont présentes, et que, par conséquent, à l'égard de celles qui ne comparaîtront pas et qui auront donné leur consentement par écrit, ils devront passer outre sans exiger des déclarations dont l'obtention entraînerait d'inutiles retards.

Après avoir tracé les devoirs des notaires et des officiers de l'état civil, le législateur a dû prévoir le cas où, malgré les précautions qu'il a prescrites, il y aurait déclaration inexacte. Ainsi, quand l'acte de mariage portera que les époux se sont mariés sans contrat, la femme sera réputée, à l'égard des tiers, capable de contracter dans les termes du droit commun, à moins que, dans l'acte qui contiendra son engagement, elle n'ait déclaré avoir fait un contrat de mariage : cette déclaration, quoique tardive, suffit en effet pour avertir les tiers, qui pourront alors refuser de traiter jusqu'à ce que, par la production volontaire du contrat dont l'existence se trouve révélée, ils puissent vérifier si la femme peut ou non s'engager valablement envers eux.

Dans ce cas, comme dans tous ceux où l'existence d'un contrat de mariage sera connue en dehors de l'énoncé de l'acte de célébration, ou quand il sera reconnu que la déclaration faite par les parties est erronée, le ministère public pourra demander d'office la rectification de l'acte de célébration, en ce qui touche l'omission ou l'erreur. Le même droit appartiendra aux parties, avec cette différence que les frais, d'ailleurs peu considérables, de la procédure resteront à la charge de l'État, conformément à l'art. 122 du décret du 18 juin 1811, quand la rectification sera provoquée d'office; tandis que les parties devront les acquitter lorsqu'elles poursuivront cette rectification. Cette différence dans l'acquittement des frais résulte tant du décret cité que de la discussion devant l'Assemblée nationale.

Ainsi, l'économie de la nouvelle loi peut se résumer ainsi :

Obligation pour le notaire qui reçoit un contrat de mariage d'avertir les parties de la nécessité de déclarer l'existence de ce contrat à l'officier de l'état civil, en lui remettant le certificat délivré à cet effet ;

Obligation pour l'officier de l'état civil d'interpeller les futurs époux et les personnes présentes qui autorisent le mariage, sur l'existence d'un contrat de mariage, et de mentionner la réponse dans l'acte de célébration;

Enfin, obligation pour le ministère public de surveiller avec soin, sous ce rapport, les actes des notaires et des officiers de l'état civil, afin de poursuivre ceux de ces fonctionnaires qui ne se seraient pas conformés à la loi, et de provoquer, s'il y a lieu, la rectification des actes de célébration qui présenteraient soit des omissions, soit des déclarations erronées.

L'accomplissement si facile de ces obligations promet des résultats dont l'avantage sera incontestable. D'une part la mauvaise foi ne pourra plus nier un contrat existant, puisqu'il suffira d'exiger la représentation de l'acte de célébration de mariage pour savoir à quoi s'en tenir à ce sujet; d'autre part, cette même production, lorsqu'elle établira qu'il n'y a pas eu de contrat de mariage, dispensera les époux, quand il traiteront avec des tiers, d'une preuve négative souvent impossible, et qui ne saurait rassurer complétement les parties contractantes.

La loi nouvelle sera donc à la fois une garantie d'ordre public, un motif de sécurité pour les engagements privés, et par suite une nouvelle facilité donnée au développement du crédit. A tous ces titres elle excitera, j'en suis certain, la vive sollicitude de la magistrature, et spécialement de MM. les procureurs de la République, qui sont plus particulièrement appelés à en surveiller et à en assurer l'exécution.

Ces magistrats, chargés de la vérification des registres de l'état civil, devront s'assurer si tous les actes de mariage contiennent la mention de la nouvelle interpellation prescrite aux officiers de l'état civil; en cas d'omission, ils en rechercheront la cause, et s'il faut l'attribuer à la négligence du notaire aussi bien qu'à celle de l'officier de l'état civil, ils devront les poursuivre à raison des contraventions respectives qu'ils auront commises.

L'omission d'une déclaration affirmative ou négative dans l'acte de mariage sera probablement très-rare. Mais il est à craindre qu'il arrive plus fréquemment que, soit par inadvertance, soit autrement, on déclare, contrairement à la vérité, qu'il n'existe pas de contrat de mariage : en pareil cas, la détermination à prendre est fort délicate; il faut, sans aucun doute, éviter de faire naître des soupçons immérités de fraude et de mensonge; mais quand il y aura des motifs sérieux de présumer que, nonobstant la déclaration négative des parties, il existe réellement un contrat de mariage, l'intérêt bien entendu des familles, aussi bien que l'intérêt public, ne permettra plus l'hésitation. Le ministère public devra alors employer tous les moyens qui sont en son pouvoir pour découvrir la vérité : son premier soin sera de rechercher dans quelle étude le contrat de mariage dont on présumera l'existence aura pu être passé. Les renseignements qui auront appelé son attention lui serviront de guide; il pourra, en outre, faire vérifier par les préposés de l'enregistrement si un contrat de mariage a été ou non reçu par un des notaires de l'arrondissement. A l'aide de ces données et de celles que les circonstances lui fourniront, il parviendra presque toujours à acquérir la certitude de l'existence ou de la non-existence d'un contrat de mariage; mais ce qu'il ne faudra jamais perdre de vue, c'est que les investigations préalables devront rester complétement secrètes, afin, si elles n'amènent qu'un résultat négatif, de ne point porter atteinte à la considération des personnes dont la bonne foi aurait été mal à propos soupçonnée.

J'ajouterai, Monsieur le procureur général, que la loi dont je viens de vous entretenir sera exécutoire à partir du 1er janvier prochain; d'ici là, MM. les procureurs de la République devront éclairer les notaires sur les devoirs qu'elle leur impose.

A cet effet je vous transmets des exemplaires de la présente circulaire en nombre suffisant pour en adresser aux procureurs de la République et aux chambres des notaires de votre ressort.

De son côté, M. le ministre de l'intérieur, après avoir pris connaissance des instructions ci-dessus, a bien voulu charger les préfets de faire connaître aux officiers de l'état civil celles qui les concernent.

Je vous prie de m'accuser réception de cet envoi.

Recevez, Monsieur le procureur général, l'assurance de ma considération très-distinguée.

Le garde des sceaux, ministre de la justice,
ROUHER.

LOI DU 7 AOUT 1850

PORTANT

FIXATION DU BUDGET DES RECETTES DE L'EXERCICE 1851, ET CONTENANT DES DISPOSITIONS RELATIVES A L'ENREGISTRE-MENT.

TITRE PREMIER.

IMPÔTS AUTORISÉS POUR L'EXERCICE 1851.

Section II.

Art. 9[1]. A partir du 1er janvier 1851, les actes ou écrits tarifés au droit de 1 p. % par l'art. 69, § 3, n° 3 de la loi du 22 frimaire an VII[2] ne seront sujets qu'au droit d'un 1/2 p. %.

Le droit des actes ou écrits portant libération de sommes et

---

[1] Cet article, a dit M. Gouin, dans son rapport devant l'Assemblée nationale, a pour but de venir en aide à la propriété foncière, en lui rendant moins onéreux les emprunts qu'elle est souvent obligée de contracter par obligation hypothécaire. Cet allégement consiste à réduire à 1/2 p. % le droit de 1 p. % auquel la loi du 22 frimaire an VII soumet les obligations, et à 25 cent. p. % le droit de 50 cent. fixé par la même loi pour tous les actes ou écrits portant libération de sommes et valeurs mobilières.

[2] Art. 69, § 3, n° 3. Les contrats, transactions, promesses de payer, arrêtés de comptes, billets, mandats; les transports, cessions et délégations de créances à terme; les délégations de prix stipulées dans un contrat pour acquitter des créances à terme envers un tiers, sans énonciation de titre enregistré, sauf, pour ce cas, la restitution dans le délai prescrit, s'il est justifié d'un titre précédemment enregistré; les reconnaissances, celles de dépôts de sommes chez des particuliers et tous autres actes ou écrits qui contiendront obligations de sommes, sans libéralité et sans que l'obligation soit le prix d'une transmission de meubles ou immeubles non enregistrée.

valeurs mobilières désignées au n° 11 du § 2 de l'art. 69 de la loi du 22 frimaire an VII[1] est réduit à 25 c. p. °/₀.

---

[1] Art. 69, § 2, n° 11. Les quittances, remboursements ou rachats de rentes et redevances de toute nature ; les retraits exercés en vertu de réméré, par actes publics, dans les délais stipulés, ou faits sous signature privée et présentés à l'enregistrement avant l'expiration de ces délais, et tous autres actes ou écrits portant libération de sommes et valeurs mobilières.

DÉCISIONS ET SOLUTIONS DIVERSES.

RÈGLES POUR LA DÉLIVRANCE DES CERTIFICATS DE MORALITÉ ET DE CAPACITÉ.

22 VENTÔSE AN XII (13 mars 1804). *Circulaire du grand-juge, ministre de la justice, sur le mode de procéder relativement aux certificats de moralité et de capacité qui sont nécessaires aux aspirants.*

Les chambres de discipline des notaires, citoyens, étant organisées, ou sur le point de l'être, dans toute l'étendue de la République, en vertu de l'arrêté du gouvernement du 2 nivôse dernier, il m'a paru nécessaire de leur tracer une marche uniforme pour la rédaction du certificat qui leur sera demandé lorsqu'il se présentera des aspirants au notariat. Il est d'autant plus essentiel que ce certificat soit fait dans les formes ordonnées par la loi, qu'en constatant que les candidats ont les qualités qu'elle exige d'eux, il servira presque toujours à fixer la détermination du gouvernement.

Voici donc le procédé que la chambre devra suivre :

1° Lorsqu'il se présente un aspirant, la première chose que la chambre doit considérer, c'est s'il est nécessaire d'établir un nouveau notaire dans la résidence où l'aspirant a dessein de s'établir. Elle verra d'abord si cette demande n'est pas contraire à ce que prescrit l'art. 31 de la loi du 25 ventôse an XI; c'est-à-dire si le nombre des notaires, pour le canton dont il s'agit, est au-dessous ou non du *minimum* fixé par la loi. Dans le premier cas, il n'est pas douteux que la nomination ne doive avoir lieu; il ne reste plus qu'à examiner la capacité de celui qui se présente pour la place vacante. Dans le second cas, lorsque le *minimum* de la loi est rempli, la chambre a d'abord à s'occuper de la question de savoir s'il est nécessaire de l'excéder. Son avis sur ce sujet doit être motivé d'après les circonstances et les localités.

J'ajoute une observation à cet égard, et elle me paraît nécessaire pour diriger surtout l'opinion de la chambre sur les premières nominations qu'il sera question de faire.

Il peut arriver, en effet, que, quoique le nombre de notaires que comporte un arrondissement de justice de paix soit complet, et qu'il excède même, il y ait une vacance dans une commune dont la population ou la localité nécessite l'établissement d'un notaire : alors cet établissement doit avoir lieu, quel que soit d'ailleurs le nombre de notaires qui se trouve dans les autres communes du même canton. La réduction se fera ensuite par la démission ou la mort des notaires résidant dans les lieux où leur nombre est trop considérable, et où même il n'est pas nécessaire qu'il y en ait.

2° La chambre vérifiera ensuite si les conditions prescrites par l'art. 35 sont fidèlement remplies par l'aspirant, et elle fera une mention particulière de cet objet, en détaillant chaque condition exigée, et les pièces qui en justifient l'accomplissement.

3° Elle exécutera ensuite l'art. 43, où il est dit que « le certificat ne pourra être délivré qu'après que la chambre aura fait parvenir au commissaire du gouvernement du tribunal de première instance l'expédition de la délibération qui l'aura accordé. »

En conséquence, il faut d'abord que la délibération de la chambre de discipline, tendant à accorder ou à refuser le certificat, soit communiquée au commissaire du gouvernement, qui fait à cet égard ses observations, et les renvoie à la chambre de discipline : celle-ci délibère de nouveau [1] et persiste dans son opi-

---

[1] Cette marche a été modifiée par une décision de M. le garde des sceaux, du 8 mai 1837, ainsi conçue :

« Lorsque la chambre de discipline a exprimé un avis favorable à l'aspirant, et que le procureur du roi n'a fait aucune observation contraire, la délivrance du certificat de capacité et de moralité n'est plus qu'une formalité pour laquelle une nouvelle réunion de la chambre ne paraît pas indispensable ; il convient donc d'éviter aux notaires qui en font partie, et qui demeurent souvent dans des

nion, ou la change, suivant ce qu'elle juge convenable. Sa détermination ultérieure est de nouveau adressée au commissaire, qui, à son tour, me la fait passer, avec toutes les pièces justificatives, accompagnée de ses propres observations sur chacun des objets sur lesquels la chambre aura délibéré.

Enfin, il est essentiel que la chambre de discipline fasse attention que, d'après l'art. 5 de l'arrêté du gouvernement, toutes ses délibérations doivent être inscrites sur un registre et rédigées par un secrétaire qui en délivre les expéditions. Elles ne doivent donc pas être écrites sur des feuilles volantes et signées individuellement par les membres qui les ont prises.

Chaque délibération doit faire mention du nombre et du nom des notaires présents.

Je ne saurais trop insister, citoyens, sur l'exactitude que la chambre doit mettre à suivre la marche que je vous indique : On ne fera de nomination que lorsque tous ces préliminaires auront été remplis. Pour vous faciliter les moyens de répandre la connaissance de l'instruction que je vous adresse, vous trouverez ci-joint plusieurs exemplaires de ma circulaire. Vous en remettrez quelques-uns à la chambre de discipline de votre arrondissement. Vous aurez soin de m'en accuser réception.

––––––––

6 VENDÉMIAIRE AN XIII (28 septembre 1804). *Circulaire du ministre de la justice sur la question de savoir si les testateurs ont le droit de retirer la minute de leurs testaments, et qui décide que les testaments doivent être portés sur les répertoires. Règles pour la délivrance des certificats de moralité et de capacité.*

L'exécution de la loi du 25 ventôse an XI relative au notariat,

––––––––

communes éloignées, un déplacement qui peut nuire à leurs intérêts et à ceux de leurs clients.

« Le certificat de moralité et de capacité peut, dans ce cas, être délivré régulièrement par le président ou par tout autre fonctionnaire de la chambre, délégué à cet effet, dans la délibération prise sur la demande de l'aspirant ; une nouvelle délibération n'est indispensable que lorsque le procureur du roi a refusé son *admittatur* » (*J. N.*, art. 9677).

a donné lieu, Messieurs, à de nouvelles difficultés. Parmi les questions qui m'ont été proposées à ce sujet, j'en distingue deux d'une importance majeure.

La première consiste à savoir si, lorsqu'un testateur est dans l'intention de révoquer ou de supprimer ses dispositions de dernière volonté, et que le testament qui les contient a été fait par acte public ou dans la forme mystique, le notaire qu'il l'a reçu ou qui en a dressé l'acte de suscription peut lui en rendre la minute.

Il s'agit, dans la seconde, de déterminer si les notaires doivent, avant le décès du testateur, faire mention, dans leurs répertoires, des testaments qu'ils ont reçus, et si, en y faisant cette mention, ils doivent y insérer le nom du testateur.

Les doutes qui s'élèvent sur le droit des testateurs de retirer la minute de l'acte qui contient leurs dernières dispositions, quand ils sont dans l'intention de les révoquer ou de les supprimer, viennent principalement de la disposition de l'art. 20 de la loi du 25 ventôse an XI, portant *que les notaires seront tenus de garder minute de tous les actes qu'ils recevront.*

La loi ajoute bien quelques exceptions à la règle générale qu'elle établit; mais je ne trouve pas que les testaments y soient positivement compris; et quoique l'on fût peut-être autorisé à l'induire de quelques expressions de la loi, rapprochées des anciens usages, cependant cette difficulté m'a paru si grave, que j'ai cru devoir en faire le sujet d'un rapport au gouvernement[1].

Quant à la seconde question, qui concerne la manière dont les notaires doivent insérer dans leurs répertoires les testaments des personnes vivantes, la loi du 25 ventôse ne laisse aucun doute à cet égard; elle veut, art. 29, que les notaires tiennent répertoire de *tous les actes* qu'ils recevront. *Tous les actes;* aucun n'est excepté; donc les testaments des personnes vivantes y sont compris comme les autres; donc aussi leur insertion dans le répertoire doit contenir non-seulement *la date*, mais encore *le nom des parties*, ainsi que la loi le prescrit pour les actes dont

---

[1] Voir ci-après l'avis du conseil d'État du 7 avril 1821.

elle parle. Cette disposition est d'ailleurs conforme aux anciens règlements.

Un arrêt du conseil d'État du 23 juin 1772, rendu en exécution de plusieurs lois antécédentes qu'il rappelle, enjoint aux notaires de la ville de Laon « de porter sur leurs répertoires tous les actes, sans aucune exception, qui seront passés devant eux, même les testaments qu'ils ont reçus ou qui leur ont été déposés jusqu'à présent, ensemble ceux qu'ils recevront ou qui leur seront déposés à l'avenir, de la date desquels ils feront mention, ainsi que des noms, qualités et demeures des testateurs; sauf ensuite, si les particuliers qui les auront faits les retirent eux-mêmes, à s'en faire fournir des décharges ou reconnaissances à la date courante de leurs répertoires. »

Ainsi, la loi du 25 ventôse n'a fait que consacrer par une disposition générale ce que les règlements antérieurs avaient déjà ordonné avec plus de détail; et il était bien naturel que les lois anciennes et nouvelles s'accordassent sur ce point, vu l'utilité démontrée de ces répertoires, destinés à prévenir les antidates, ainsi que les soustractions et suppressions des actes. Ces répertoires doivent encore, comme par le passé, être déposés annuellement au greffe des tribunaux de chaque arrondissement.

Il me reste à vous donner quelques instructions sur des objets d'une moindre importance.

Je m'aperçois qu'un grand nombre de chambres de discipline doutent si elles ont le droit d'examiner les candidats qui se présentent pour le notariat, et qui sont munis de certificats constatant le temps d'étude exigé par la loi.

Ces certificats doivent être sans doute d'un grand poids, surtout quand ils sont donnés par des hommes dont les lumières et l'impartialité sont généralement reconnues.

Mais, lorsque la chambre a lieu de croire qu'ils sont l'ouvrage de la complaisance ou le produit de l'importunité, rien ne l'empêche de recourir à un examen, pour s'assurer, d'une manière plus sûre, de la capacité du candidat. Mais en cela, comme en tout, elle doit être dirigée par un esprit d'équité, sans chercher

7

à embarrasser le candidat par des questions trop difficiles, et surtout par des questions étrangères au notariat.

Lorsqu'il y a plusieurs candidats pour une même place, la chambre doit indiquer celui qu'elle juge le plus digne de l'obtenir, soit sous le rapport de la capacité, soit sous celui de la moralité.

Toutes les fois que le *maximum* n'est point rempli dans une résidence, la chambre ne peut pas se refuser, ainsi qu'on le fait quelquefois, à délibérer sur les demandes qui lui sont adressées, sous le prétexte qu'il n'est pas nécessaire d'augmenter le nombre des notaires. La chambre peut bien consigner dans son avis les motifs qu'elle a de s'opposer à cette augmentation; mais elle doit toujours en donner un sur la capacité et la moralité de l'aspirant : sans cela elle empièterait sur l'autorité du gouvernement, à qui seul il appartient de régler le nombre des notaires de chaque résidence.

Enfin, il arrive quelquefois qu'un candidat n'a pas rempli le stage requis par la loi, et qu'il se croit néanmoins dans le cas d'obtenir la dispense que Sa Majesté l'empereur a le droit d'accorder. J'ai vu que presque toujours la chambre refuse de donner son avis en pareil cas, et qu'elle renvoie le candidat à se pourvoir pour obtenir préalablement la dispense qui lui est nécessaire.

Ce procédé n'est pas régulier.

La chambre de discipline doit toujours délibérer sur la capacité et la moralité de l'aspirant, et, quand elle n'est arrêtée que par le défaut de stage, elle doit donner son avis sur les motifs que l'aspirant allègue pour obtenir la dispense du temps qui lui manque.

Le gouvernement se trouve par là plus à portée d'apprécier ces motifs auxquels il a égard, ou qu'il rejette alors en connaissance de cause.

Voilà, Messieurs, les instructions que j'ai cru devoir ajouter à celles que renferme déjà ma circulaire du 22 ventôse dernier; elles en seront le complément. Vous ne manquerez pas d'en faire part aux chambres de discipline de vos arrondissements respectifs, et de veiller à ce qu'elles aient soin de s'y conformer.

28 VENTÔSE AN XIII (10 mars 1805). *Circulaire du ministre de la justice relative : 1° au timbre des expéditions des délibérations des chambres des notaires ; 2° à l'obligation où elles sont de délibérer sur toutes demandes de notariat qui leur sont soumises ; 3° à la forme des démissions de notaire.*

Je m'aperçois, Messieurs, que la plupart des expéditions des délibérations des chambres de discipline des notaires qui me sont adressées ne sont point sur papier timbré. Ces chambres croiraient-elles que la loi du 13 brumaire an VII, sur le timbre, ne leur est point applicable ?

Ce serait une erreur que je ne dois pas laisser se prolonger davantage. Les registres des délibérations des chambres des notaires, ainsi que les expéditions qu'on en donne, doivent être sur papier timbré, conformément à l'arrêté du 2 nivôse an XII, et à la loi même du 13 brumaire an VII.

En effet, l'art. 15 de l'arrêté du 2 nivôse ne dispense les délibérations que du droit d'enregistrement : d'où l'on doit conclure qu'elles restent assujetties à celui du timbre ; et s'il pouvait y avoir quelques doutes à cet égard, ils seraient facilement levés par ces termes de la loi du 13 brumaire, art. 12 : «Sont assujettis au droit de timbre établi en raison de la dimension, tous les papiers à employer pour les actes et écritures, soit publics, soit privés, savoir...., et généralement tous actes et écritures, extraits, copies et expéditions, soit publics, soit privés, devant ou pouvant faire titre, ou être produits pour obligation, décharge, justification, demande ou défense; 2°.... et généralement tous livres, registres qui sont de nature à être produits en justice et dans le cas d'y faire foi, ainsi que les extraits, copies et expéditions qui sont délivrés desdits livres et registres. »

Je vous charge d'enjoindre à la chambre des notaires de votre arrondissement de se conformer à ces dispositions.

Je remarque aussi qu'un grand nombre de chambres de discipline refusent, sous divers prétextes, de délibérer sur les demandes de notariat qui leur sont soumises. Je vous avais déjà donné des instructions à ce sujet dans ma circulaire du 6 ven-

7.

démiaire dernier. Je vous faisais observer que, lorsque le *maximum* de la loi n'était pas rempli, les chambres ne pouvaient se dispenser de délibérer sur les demandes qui leur étaient proposées; qu'elles avaient bien la liberté de faire les observations qu'elles jugeaient convenables, mais qu'elles ne pouvaient, par un refus absolu de délibérer, s'arroger indirectement le droit d'admettre ou de rejeter les demandes de notariat, droit qui ne peut appartenir qu'au gouvernement. Il faut mettre un terme à une résistance qui est quelquefois aussi injuste qu'illégale, et qui est presque toujours inspirée par des intérêts personnels.

Suivant l'art. 3 de la loi du 25 ventôse an XI, les notaires sont tenus de prêter leur ministère quand ils en sont requis; et cet article s'applique à ceux qui composent les chambres de discipline comme à tous les autres. En refusant de délibérer lorsqu'ils en sont requis, ils sont dans le cas d'être punis d'une interdiction ou d'une suspension plus ou moins longue, suivant la gravité des circonstances. C'est à vous à le requérir auprès du tribunal, conformément à l'art. 53 de la même loi. Je vous en charge expressément.

Vous préviendrez encore les chambres de discipline qu'elles doivent toujours joindre à leurs délibérations les pièces justificatives des faits sur lesquels elles sont appuyées, et que ces délibérations ne doivent jamais comprendre plusieurs aspirants à la fois, excepté dans le cas où il y a lieu d'indiquer celui qui mérite d'être préféré.

Lorsqu'un notaire donne sa démission, elle doit être pure et simple, et sans condition; le gouvernement n'en admet pas d'autre.

LOIS RELATIVES AUX SAISIES-ARRÊTS OU OPPOSITIONS SUR LES SOMMES DUES PAR L'ÉTAT ET LA CAISSE DES DÉPÔTS ET CONSIGNATIONS ET AUX TRANSPORTS-CESSIONS DE CES SOMMES.

Avis du conseil d'État du 12 août 1807.

Le conseil d'État, qui a entendu la section des finances sur un renvoi qui lui a été fait par Sa Majesté d'un rapport du ministre des finances dans lequel le ministre propose les questions suivantes :

1° La caisse d'amortissement doit-elle être considérée comme régulièrement libérée des intérêts de cautionnements payés aux titulaires d'après ses ordonnances ou mandats, lors même qu'il surviendrait à sa connaissance des oppositions dans l'intervalle du jour de l'ordonnance à celui où le paiement aura été effectué?

2° Toutes les oppositions formées à la caisse d'amortissement seront-elles censées affecter le capital et les intérêts échus et à échoir, à moins que mention expresse ne soit faite pour les restreindre au capital seulement?

3° Les oppositions faites aux greffes des tribunaux ne pourront-elles valoir que pour les capitaux, tant qu'elles n'auront pas été notifiées à la caisse d'amortissement?

Vu les lois des 23 nivôse et 6 ventôse an XIII, qui ont réglé les droits et priviléges des créanciers des fonctionnaires publics et comptables sur les cautionnements en numéraire auxquels ils sont assujettis, et qui les autorisent à former sur ces cautionnements des oppositions motivées, soit directement à la caisse d'amortissement, soit aux greffes des tribunaux dans le ressort desquels les titulaires exercent leurs fonctions;

Est d'avis, sur la première question, que la caisse d'amortissement est libérée du moment qu'elle a délivré ses mandats;

Sur la seconde question, que les oppositions formées à la caisse d'amortissement affectent le capital et les intérêts échus et à échoir, à moins que mention expresse ne soit faite pour les restreindre au capital seulement;

Sur la troisième question, que les oppositions faites aux greffes des tribunaux ne peuvent valoir que pour les capitaux, tant qu'elles n'ont pas été notifiées à la caisse d'amortissement.

Décret du 18 août 1807.

ART. 1er. Indépendamment des formalités communes à tous les exploits, tout exploit de saisie-arrêt ou opposition entre les mains des receveurs, dépositaires ou *administrateurs* de caisse ou de deniers publics, en cette qualité, exprimera clairement les noms et qualités de la partie saisie ; il contiendra en outre la désignation de l'objet saisi.

2. L'exploit énoncera pareillement la somme pour laquelle la saisie-arrêt ou opposition est faite ; et il sera fourni avec copie de l'exploit auxdits receveurs, caissiers ou administrateurs copie ou extrait en forme du titre du saisissant.

3. A défaut par le saisissant de remplir les formalités prescrites par les art. 1 et 2 ci-dessus, la saisie-arrêt ou opposition sera regardée comme *non avenue*.

4. La saisie-arrêt ou opposition n'aura d'effet que jusqu'à concurrence de la somme portée en l'exploit.

5. La saisie-arrêt ou opposition formée entre les mains des receveurs, dépositaires ou administrateurs de caisses ou de deniers publics, en cette qualité, *ne sera point valable* si l'exploit n'est fait à la personne *préposée* (voir l'art. 31 de la loi du 9 juillet 1836) pour le recevoir, et s'il n'est visé par elle, sur l'original, ou, en cas de refus, par le procureur près le tribunal de première instance de leur résidence, lequel en donnera de suite avis aux chefs des administrations respectives.

6. Les receveurs, dépositaires ou administrateurs seront tenus de délivrer, sur la demande du saisissant, un certificat qui tiendra lieu, en ce qui le concerne, de tous autres actes et formalités prescrites à l'égard des tiers saisis par le tit. VII, du liv. 3, du Code de procédure civile. S'il n'est rien dû au saisi, le certificat l'énoncera. Si la somme due au saisi est liquide, le certificat en déclarera le montant. Si elle n'est pas liquide, le certificat l'exprimera.

7. Dans le cas où il serait survenu des saisies-arrêts ou oppositions sur la même partie et pour le même objet, les receveurs, dépositaires ou administrateurs seront tenus, dans les certificats qui leur seront demandés, de faire mention desdites saisies-arrêts ou oppositions, et de désigner les noms et élections de domicile des saisissants et les causes desdites saisies-arrêts ou oppositions.

8. S'il survient de nouvelles saisies-arrêts ou oppositions depuis la délivrance d'un certificat, les receveurs dépositaires

ou administrateurs seront tenus, sur la demande qui leur en sera faite, d'en fournir un extrait contenant pareillement les noms et élection de domicile des saisissants et les causes desdites saisies-arrêts ou oppositions.

9. Tout receveur, dépositaire ou administrateur de caisses ou de deniers publics entre les mains duquel il existera une saisie-arrêt ou opposition sur une partie prenante, ne pourra vider ses mains sans le consentement des parties intéressées ou sans y être autorisé par justice.

Loi du 9 juillet 1836.

ART. 13. Toutes saisies-arrêts ou oppositions sur des sommes dues par l'État, toutes significations de cession ou transport desdites sommes et toutes autres ayant pour objet d'en arrêter le paiement, devront être faites entre les mains des PAYEURS, AGENTS ou PRÉPOSÉS *sur la caisse desquels* les ordonnances ou mandats seront délivrés; néanmoins, à Paris et pour tous les paiements à effectuer à la caisse du payeur central au trésor public, elles devront être exclusivement faites entre les mains du conservateur des oppositions, au ministère des finances. Toutes dispositions contraires sont abrogées. — Seront considérées comme *nulles* et non avenues toutes oppositions ou significations faites à *toutes autres personnes* que celles ci-dessus indiquées.

Il n'est pas dérogé aux lois relatives aux oppositions à faire sur les capitaux et intérêts des cautionnements[1].

14. Lesdites saisies-arrêts, oppositions ou significations n'auront d'effet que pendant CINQ ANNÉES, à compter de leur date, si elles n'ont pas été RENOUVELÉES dans ledit délai, quels que

---

[1] Il a été reconnu, dans la discussion de la chambre des députés, que le décret du 18 août 1807 restait en vigueur.

Mais cette exception n'ayant trait qu'aux *oppositions* sur les cautionnements, on peut en conclure que les *transports-cessions* de cautionnements sont assujettis aux dispositions de la nouvelle loi; il est au moins prudent de les prendre pour règles dans le dernier cas.

soient d'ailleurs les actes, traités ou jugements intervenus sur lesdites oppositions et significations. En conséquence, elles seront *rayées d'office* des registres dans lesquels elles auraient été inscrites, et ne seront pas comprises dans les certificats prescrits par l'art. 14 de la loi du 19 février 1792, et par les art. 7 et 8 du décret du 13 août 1807.

15. Les saisies-arrêts, oppositions et significations de cessions ou transports et toutes autres faites jusqu'à ce jour ayant pour objet d'arrêter le paiement des sommes dues par l'État, devront être *renouvelées dans le délai d'un an*, à partir de la publication de la présente loi, et conformément aux dispositions ci-dessus prescrites, faute de quoi elles resteront sans effet, et seront rayées des registres dans lesquels elles auront été inscrites.

Loi du 8 juillet 1837.

ART. 11. Les dispositions des art. 14 et 15 de la loi du 9 juillet 1830 sont déclarées applicables aux saisies-arrêts, oppositions et autres actes ayant pour objet d'arrêter le paiement des sommes versées, à quelque titre que ce soit, à la caisse des dépôts et consignations et à celle de ses préposés. Toutefois, le délai de cinq ans, mentionné à l'art. 14, ne courra, pour les oppositions et significations faites ailleurs qu'à la caisse ou à celle de ses préposés, que du jour *du dépôt* des sommes grevées desdites oppositions et significations. Les dispositions du décret du 18 août 1807 sur les saisies-arrêts ou oppositions, sont également déclarées applicables à la caisse des dépôts et consignations.

---

13 NIVÔSE AN X. *Arrêté des consuls relatif à l'apposition des scellés et aux inventaires après le décès des officiers généraux ou supérieurs, etc.*

ART. 1er. Aussitôt après le décès d'un officier général ou officier supérieur de toute arme, d'un commissaire-ordonnateur, inspecteur aux revues, officier de santé en chef des armées, retiré ou en activité de service, les scellés seront apposés sur les papiers, cartes, plans et mémoires militaires autres que ceux dont le décédé est l'auteur, par le juge de paix du lieu du décès, en présence du maire de la commune ou de son adjoint, lesquels sont respectivement tenus d'en instruire de suite le général commandant la division militaire et le ministre de la guerre.

2. Le général commandant la division nommera, dans les dix jours qui suivront, un officier pour être témoin à la levée des scellés et à l'inventaire des effets ci-dessus mentionnés.

3. Lors de l'inventaire de ces objets, ceux qui seront reconnus appartenir au gouvernement, ou que l'officier nommé par le général commandant la division jugera devoir l'intéresser, seront inventoriés séparément, et remis audit officier, sur son reçu. Il sera rendu compte au ministre de la guerre de ceux de ces objets qui appartiendront en propre au décédé. L'estimation en sera faite, et la valeur en sera acquittée à qui de droit, sur les fonds affectés au dépôt de la guerre. Le surplus desdits objets provenant du défunt sera délivré de suite, et sans frais, à ses héritiers ou ayants-droit; copie de l'inventaire et du reçu de l'officier sera adressée au ministre de la guerre, qui veillera à ce que les objets ainsi recouvrés ou acquis soient remis, sans délai, dans les dépôts respectifs qui les concernent.

4. A l'égard des officiers décédés en campagne ou sur le champ de bataille, les commissaires des guerres exerceront les fonctions attribuées aux juges de paix par l'art. 1er; et les chefs de l'état-major sont autorisés à commettre un adjoint à l'état-major ou un officier particulier pour remplir les formalités énoncées aux art. 2 et 3 du présent arrêté; ils en informeront de suite le ministre de la guerre.

25 NIVÔSE AN XIII (15 janvier 1805). *Loi sur le mode de remboursement des cautionnements des notaires et autres officiers publics.*

ART. 1er. Les cautionnements fournis par les agents de change, les courtiers de commerce, les avoués, greffiers, huissiers et les commissaires-priseurs sont, comme ceux des notaires (art. 33 de la loi du 25 ventôse an XI) affectés, par premier privilége, à la garantie des condamnations qui pourraient être prononcées contre eux par suite de l'exercice de leurs fonctions; par second privilége, au remboursement des fonds qui leur auraient été prêtés pour tout ou partie de leur cautionnement, et, subsidiairement, au paiement, dans l'ordre ordinaire, des créances particulières qui seraient exigibles sur eux.

2. Les réclamants, aux termes de l'article précédent, seront admis à faire sur ces cautionnements des oppositions motivées, soit directement à la caisse d'amortissement, soit aux greffes des tribunaux dans le ressort desquels les titulaires exercent leurs fonctions; savoir, pour les notaires, commissaires-priseurs, avoués, greffiers et huissiers, au greffe des tribunaux civils; et, pour les agents de change... courtiers, au greffe des tribunaux de commerce.

3. L'original des oppositions faites sur les cautionnements, soit à la caisse d'amortissement, soit au greffe des tribunaux, y restera déposé pendant vingt-quatre heures, pour y être visé.

4. La déclaration au profit des prêteurs des fonds de cautionnement, faite à la caisse d'amortissement à l'époque de la prestation, tiendra lieu d'opposition pour leur assurer l'effet du privilége du second ordre, aux termes de l'art. 1er.

5. Les notaires, avoués, greffiers et huissiers près les tribunaux, ainsi que les commissaires-priseurs, seront tenus, avant de pouvoir réclamer leur cautionnement à la caisse d'amortissement, de déclarer au greffe du tribunal, dans le ressort duquel ils exercent, qu'ils cessent leurs fonctions; cette déclaration sera affichée dans le lieu des séances du tribunal pendant trois mois; après ce délai et après la levée des oppositions directement faites à la caisse d'amortissement, s'il en était survenu, leur cautionnement leur sera remboursé par cette caisse, sur la présentation et le dépôt d'un certificat du greffier, visé par le président du tribunal, qui constatera que la déclaration prescrite a été affichée dans le délai fixé; que, pendant cet intervalle, il n'a été prononcé contre eux aucune condamnation pour fait relatif à leurs fonctions, et qu'il n'existe au greffe du tribunal aucune opposition à la délivrance du certificat, ou que les oppositions survenues ont été levées.

6. Les agents de change et courtiers de commerce seront tenus de remplir les formalités ci-dessus devant les tribunaux de commerce ; ils feront en outre afficher, pendant le même délai, la déclaration de la cessation de leurs fonctions, à la bourse près de laquelle ils exercent, et ils produiront à la caisse d'amortissement le certificat du syndic de cette bourse, relatif à l'affiche de leur démission, joint au certificat du greffier, visé par le président du tribunal, motivé ainsi qu'il est prescrit par l'article précédent.

7. Seront assujettis aux mêmes formalités, pour la notification de la vacance, ceux qui seront destitués, et les héritiers de ceux qui seront décédés dans l'exercice de leurs fonctions.

---

10 BRUMAIRE AN XIV (1er novembre 1805). *Décret qui règle le mode de constater les vacations dans les inventaires, ventes publiques et autres actes dont la confection peut exiger plusieurs séances.*

ART. 1er. Tous officiers ayant droit d'apposer des scellés, de les reconnaître et de les lever, de rédiger des inventaires, de faire des ventes ou autres actes dont la confection peut exiger plusieurs séances, sont tenus d'indiquer, à chaque séance, l'heure du commencement et celle de la fin.

2. Toutes les fois qu'il y a interruption dans l'opération, avec renvoi à un autre jour ou à une autre heure de la même journée, il en sera fait mention dans l'acte, que les parties et les officiers signeront sur-le-champ, pour constater cette interruption.

3. Le procès-verbal est sujet à l'enregistrement dans le délai fixé par la loi.

4. Le droit d'enregistrement, fixé à 2 fr. par vacation, est exigible par vacation, dont aucune ne peut excéder quatre heures.

5. Notre grand-juge, ministre de la justice, et notre ministre des finances sont chargés de l'exécution du présent décret.

---

24 MARS 1806. *Loi qui règle le mode des transferts et ventes d'inscriptions appartenant à des mineurs ou interdits.*

ART. 1er. Les tuteurs et curateurs de mineurs ou interdits

qui n'auraient en inscriptions ou promesses d'inscriptions de
5 p. °/° consolidés qu'une rente de 50 fr. et au-dessous, en
pourront faire le transfert sans qu'il soit besoin d'autorisation
spéciale, ni d'affiches, ni de publication, mais seulement d'après
le cours constaté du jour, et à la charge d'en compter comme
du produit des meubles.

2. Les mineurs émancipés qui n'auraient de même en inscriptions ou promesses d'inscriptions qu'une rente de 50 fr. et
au-dessous, pourront également les transférer avec la seule
assistance de leurs curateurs, et sans qu'il soit besoin d'avis de
parents ou d'aucune autre autorisation.

3° Les inscriptions ou promesses d'inscriptions au-dessus de
50 fr. de rente ne pourront être vendues par les tuteurs ou curateurs qu'avec l'autorisation du conseil de famille[1], et suivant le
cours du jour légalement constaté; dans tous les cas, la vente
pourra s'effectuer sans qu'il soit besoin d'affiches ni de publication[2].

---

21 MAI 1806. *Circulaire du ministre de la justice qui défend
aux notaires de passer des actes pour des maires de communes et consentis par eux en cette qualité, sans l'autorisation du gouvernement.*

Le ministre de l'intérieur me mande, Messieurs, que plusieurs maires dont les communes avaient besoin de maisons pour
loger leur curés ou desservants, ou pour établir des écoles, en
ont acheté sans autorisation préalable, les uns par acte devant
notaires, d'autres aux enchères publiques, et que ces acquisitions, postérieurement approuvées par les préfets, ont été dé-

---

[1] Cette autorisation est dispensée de l'homologation du tribunal.
Voir *Répertoire de la jurisprudence du notariat*, par M. Rolland
de Villargues, 2ᵉ édit., vᵒ Transfert.

[2] Les mêmes dispositions sont applicables à l'héritier bénéficiaire
qui ne peut faire le transfert de rentes excédant 50 fr. sans une autorisation judiciaire (avis du conseil d'État du 11 janvier 1808),
et aux mineurs et interdits, propriétaires d'actions ou portions
d'action de la banque de France (décret du 25 septembre 1813).

clarées nulles par le conseil d'État ; ce qui a compromis à la fois l'intérêt des communes et celui des vendeurs.

Je vous charge de prévenir les notaires de votre arrondissement qu'ils ne doivent jamais faire de pareils actes pour les maires sans l'autorisation préalable du gouvernement. Vous aurez également soin de vérifier si cette formalité est remplie lors des adjudications qui pourront être faites par le tribunal près lequel vous exercez vos fonctions.

---

16 FÉVRIER 1807. *Troisième décret qui rend commun à plusieurs cours et tribunaux le tarif des frais et dépens de ceux de Paris, et en fixe la réduction pour les autres.*

ART. 1er. Le tarif des frais et dépens en la cour d'appel de Paris, décrété cejourd'hui, est rendu commun aux cours d'appel de Lyon, Bordeaux, Rouen et Bruxelles.

Toutes les sommes portées en ce tarif seront réduites *de 1 dixième* pour la taxe des frais et dépens dans les autres cours d'appel.

2. Le tarif des frais et dépens, décrété pour le tribunal de première instance et pour les justices de paix établis à Paris, est rendu commun aux tribunaux de première instance et aux justices de paix établis à Lyon, Bordeaux, Rouen et Bruxelles.

Toutes les sommes portées en ce tarif seront réduites *de 1 dixième* dans la taxe des frais et dépens pour les tribunaux de première instance et pour les justices de paix établis dans les villes où siége une cour d'appel, ou dans les villes dont la population excède *trente mille âmes.*

3. Dans tous les autres tribunaux de première instance et de justice de paix du royaume, le tarif des frais et dépens sera le même que celui décrété pour les tribunaux de première instance et les justices de paix du ressort de la cour d'appel de Paris, autres que ceux établis dans cette capitale.

4. Le tarif des frais de taxe, décrété également cejourd'hui pour le ressort de la cour d'appel de Paris, est aussi déclaré commun à tout le royaume : en conséquence, dans tous les

chefs-lieux de cour d'appel, les droits de taxe seront perçus comme à Paris; et partout ailleurs ils seront perçus comme dans le ressort de la cour d'appel de Paris.

28 AOUT 1808. *Décret qui prescrit les formalités pour l'acquisition d'un privilége de second ordre des bailleurs de fonds sur les cautionnements.*

ART. 1er. Les prêteurs de fonds pour cautionnement qui n'auraient pas fait remplir, à l'époque de la prestation, les formalités exigées par les art. 2, 3 et 4 de la loi du 23 nivôse an XIII[1] pour s'assurer de la jouissance du privilége du second ordre, pourront l'acquérir, à quelque époque que ce soit, en rapportant au bureau des oppositions, établi à la caisse d'amortissement en exécution de la susdite loi du 23 nivôse, la preuve de leur qualité et mainlevée des oppositions existantes sur le cautionnement ou le certificat de non-opposition du tribunal de première instance.

2. Il sera délivré aux prêteurs de fonds inscrits sur les registres des oppositions et déclarations de la caisse d'amortissement, et sur leur demande, un certificat conforme au modèle annexé au présent.

3. Les prêteurs de fonds ne pourront exercer le privilége du second ordre qu'en représentant le certificat mentionné en l'article précédent, à moins cependant que leur opposition ou la déclaration faite à leur profit ne soit consignée aux registres des oppositions et déclarations de la caisse d'amortissement, faute de quoi ils ne pourront exercer de recours contre la caisse d'amortissement que comme les créanciers ordinaires, et en vertu des oppositions qu'ils auraient formées au greffe des tribunaux indiqués par la loi.

4. Notre ministre des finances est chargé, etc.

MODÈLE DU CERTIFICAT.

Je soussigné, chef du bureau des oppositions à la caisse d'amortissement, certifie que N..... s'est conformé aux dispositions prescrites par les lois des 23 nivôse et 6 ventôse an XIII pour acquérir

---

[1] Voir cette loi plus haut, p. 105.

le privilége du second ordre; qu'en conséquence il est inscrit sur le registre à ce destiné comme bailleur de fonds du cautionnement de N..... pour la totalité ou jusqu'à la concurrence de la somme de ..... qu'il a prêtée audit N....., pour acquitter partie de son cautionnement.

Vu par nous, administrateur.

22 DÉCEMBRE 1812. *Décret sur les déclarations à faire par les titulaires de cautionnements en faveur des bailleurs de fonds, pour leur faire acquérir le privilége de second ordre.*

ART. 1er. Les déclarations à faire à l'avenir par les titulaires de cautionnements en faveur de leurs bailleurs de fonds, pour leur faire acquérir le privilége du second ordre, seront conformes au modèle ci-annexé, passées devant notaires et légalisées par le président du tribunal de l'arrondissement.

2. Dans le cas où le versement à la caisse d'amortissement serait antérieur de plus de huit jours à la date de ces déclarations, elles ne seront valables qu'autant qu'elles seront accompagnées du certificat de non-opposition, délivré par le greffier du tribunal du domicile des parties, dont il sera fait mention dans lesdites déclarations, lesquelles, au surplus, ne seront admissibles à la caisse d'amortissement, s'il y a des oppositions à cette caisse, que sous la réserve de ces oppositions[1].

3. Le droit d'enregistrement de ces déclarations est fixé à 1 fr.

4. Il n'est point dérogé par le présent décret à celui du 28 août 1808, portant «que les prêteurs de fonds ne pourront exercer «le privilége du second ordre qu'en représentant le certificat «mentionné à l'art. 2 de ce décret,» à moins cependant que leur opposition ou la déclaration faite à leur profit ne soit consignée

---

[1] Lorsqu'une fois le titulaire d'un cautionnement a, par une déclaration, transmis au bailleur de fonds le privilége de second ordre, s'il a ensuite remboursé les deniers à lui prêtés et fait annuler cette première déclaration, il ne peut en faire une nouvelle au profit de nouveaux créanciers et leur transmettre le même privilége. Le titulaire, pour disposer de son cautionnement dans ce cas au profit d'un tiers, n'a plus d'autre moyen que d'en faire cession (*J. N.*, art. 8433 et 10066).

aux registres des oppositions et déclarations de la caisse d'amortissement, faute de quoi ils ne pourront exercer de recours contre la caisse d'amortissement que comme les créanciers ordinaires, et en vertu des oppositions qu'ils auraient formées au greffe des tribunaux indiqués par la loi.

MODÈLE DE DÉCLARATION A PASSER PAR-DEVANT NOTAIRE.

Par-devant, etc.

fut présent N. (*mettre les noms, qualité et demeure*).

Lequel a, par ces présentes, déclaré que la somme de ..... que le comparant a versée à la caisse ..... pour (la *totalité* ou *partie*) du cautionnement auquel il est assujetti en sadite qualité, appartient en capital et intérêts à N. (*mettre les noms, qualité et demeure*) ou à NN., savoir : à N. jusqu'à la concurrence de la somme de ..... et à N. jusqu'à la concurrence de celle de ..... Pour quoi il requiert et consent que la présente déclaration soit inscrite sur les registres de la caisse d'amortissement, afin que ledit N. ait et acquière (*ou lesdits NN. aient et acquièrent*) le privilége du second ordre sur ledit cautionnement, conformément aux dispositions de la loi du 25 nivôse an XIII et du décret du 28 août 1808[1].

Dont acte, etc.

---

12 NOVEMBRE 1808. *Loi relative au privilége du trésor public pour le recouvrement des contributions directes.*

ART. 1er. Le privilége du trésor public pour le recouvrement des contributions directes est réglé ainsi qu'il suit, et s'exerce avant tout autre : 1° pour la contribution foncière de l'année échue et de l'année courante, sur les récoltes, fruits, loyers et revenus des biens immeubles sujets à contribution; 2° pour l'année échue et l'année courante des contributions mobilières, des portes et fenêtres, des patentes et toute autre contribution directe et personnelle, sur tous les meubles et autres effets mobiliers

---

[1] Si le versement est antérieur de plus de huit jours, ajoutez :

« A l'appui de la présente déclaration, le comparant a représenté à Me ....., notaire soussigné, un certificat du greffier du tribunal civil de ....., en date du ....., enregistré et attestant qu'il n'existe au greffe aucune opposition sur son cautionnement, lequel certificat lui a été à l'instant rendu.

« Dont acte, etc. »

appartenant aux redevables, en quelque lieu qu'ils se trouvent[1].

2. Tous fermiers, locataires, receveurs, économes, notaires, commissaires-priseurs et autres dépositaires et débiteurs de deniers provenant du chef des redevables et affectés au privilége du trésor public seront tenus, sur la demande qui leur en sera faite, de payer en l'acquit des redevables et sur le montant des fonds qu'ils doivent ou qui sont en leurs mains, jusqu'à concurrence de tout ou partie des contributions dues par ces derniers. Les quittances des percepteurs pour les sommes légitimement dues leur seront allouées en compte.

3. Le privilége attribué au trésor public pour le recouvrement des contributions directes ne préjudicie point aux droits qu'il pourrait exercer sur les biens des redevables, comme tout autre créancier.

4° Lorsque, dans le cas de saisie de meubles et autres effets mobiliers pour le paiement des contributions, il s'élèvera une demande en revendication de tout ou partie desdits meubles et effets, elle ne pourra être portée devant les tribunaux ordinaires qu'après avoir été soumise par l'une des parties intéressées à l'autorité administrative, aux termes de la loi du 5 novembre 1790[2].

---

[1] Un privilége semblable est accordé au trésor pour le recouvrement des droits de timbre et des amendes de contravention y relatives par l'art. 76 de la loi du 28 avril 1816, ainsi conçu :

« 76. Le recouvrement des droits de timbre et des amendes de contravention y relatives sera poursuivi par voie de contrainte : et, en cas d'oppositions, les instances seront instruites et jugées selon les formes prescrites par les lois des 22 frimaire an VII et 27 ventôse an IX sur l'enregistrement. En cas de décès des contrevenants, lesdits droits et amendes seront dus par leurs successeurs, et jouiront, soit dans les successions, soit dans les faillites ou tous autres cas, *du privilége des contributions directes.* »

[2] Il résulte de ces dispositions que le privilége du trésor, soit pour la contribution foncière, soit pour celle mobilière, ne s'exerce jamais sur les immeubles. Pour cette espèce de biens et sur les prix qui en proviennent, les droits du trésor sont ceux d'un créancier ordinaire obligé de venir par concurrence, comme le décide formellement une ordonnance du 19 mars 1820.

7 OCTOBRE 1800. *Lettre du ministre de la justice portant que deux personnes parentes peuvent être témoins instrumentaires d'un acte.*

M. E...., notaire à M...., me demande, Monsieur, si deux personnes parentes aux degrés énoncés dans l'art. 8 de la loi du 25 ventôse an XI peuvent être témoins instrumentaires d'un acte notarié.

Il est de principe qu'il n'y a de nullités que celles qui sont textuellement prononcées par la loi, et la loi n'en prononce point dans le cas dont il s'agit. Vous ferez néanmoins observer à M. E.... qu'il est de la prudence d'un notaire d'éviter, autant que les circonstances le lui permettent, tout ce qui pourrait servir à contester et à faire suspecter les actes qu'il passe.

---

23 FÉVRIER 1810. *Lettre du ministre de la justice au procureur impérial d'Alba, qui décide que lorsqu'un notaire a été condamné correctionnellement à la prison, les scellés doivent être apposés sur ses minutes.*

Vous m'informez, Monsieur, que le notaire T.... a été condamné à six mois d'emprisonnement pour délit en matière de conscription, et vous demandez la conduite que vous avez à tenir en cette circonstance, soit à l'égard du notaire, soit relativement à la conservation de ses minutes. Vous devez d'abord requérir l'apposition des scellés sur les minutes de ce notaire, et déférer ensuite sa conduite au tribunal qui pourra, en vertu de l'art. 53 de la loi du 25 ventôse an XI, prononcer sa destitution. Vous ferez observer au tribunal qu'il est investi d'un pouvoir *discrétionnaire* pour prononcer telle peine de discipline que les circonstances peuvent exiger. Vous aurez soin de me rendre compte du résultat de vos diligences à cet égard.

---

22 JUIN 1813. *Décision du ministre des finances qui porte que le notaire à qui un tribunal a confié les minutes d'un confrère décédé est subrogé dans les fonctions qu'exerçait ce dernier, et en prend toute la responsabilité quant à la délivrance des expéditions.*

En pareil cas, le notaire subrogé dans les fonctions qu'exerçait son collègue, en prend toute la responsabilité quant à la délivrance des expéditions. Son ministère est celui d'un successeur temporaire; et, comme il a, pendant sa durée, les mêmes effets que le ministère du successeur nommé définitivement, il s'ensuit que les expéditions délivrées ne sont point sujettes à l'enregistrement, et qu'à plus forte raison elles ne sont point susceptibles d'être inscrites sur le répertoire du notaire dépositaire comme des actes délivrés en brevet, ou comme des copies collationnées.

____

27 JANVIER 1817. *Décision du ministre des finances qui porte que la surcharge des mots cesse d'être une contravention dès qu'elle est approuvée régulièrement.*

12 NOVEMBRE 1817. *Décision du ministre des finances qui porte que c'est par le notaire successeur que doit être fait le dépôt du répertoire du notaire démissionnaire.*

Le ministre a considéré que le notaire démissionnaire, ayant remis à son successeur ses minutes et son répertoire, n'exerçait plus les fonctions de notaire à l'époque où le dépôt du double de ce répertoire devait avoir lieu, et qu'il n'avait plus aucune espèce de qualité pour l'effectuer; que l'obligation de déposer regardait nécessairement son successeur.

____

7 OCTOBRE 1818. *Ordonnance du roi qui autorise, à certaines conditions, la mise en ferme devant notaire, de biens communaux qui ne seraient pas nécessaires à la dépaissance des troupeaux.* — Formalités.

ART. 1er. Les biens des communautés d'habitants restés en jouissance commune depuis la loi du 10 juin 1793, et que les conseils municipaux ne jugeront pas nécessaires à la dépaissance des troupeaux, pourront être affermés, sans qu'il soit besoin de recourir à notre autorisation, lorsque la durée des baux n'excédera pas neuf années; à l'effet de quoi il est spécialement dérogé aux dispositions du décret du 31 octobre 1804 (9 brumaire an XIII).

8.

2. La mise en ferme de ces biens ne pourra se faire qu'après avoir été délibérée par le conseil municipal, et que sous les clauses, charges et conditions insérées au cahier des charges qui en sera préalablement dressé par le maire, et homologué par le préfet sur l'avis du sous-préfet.

3. Il sera procédé par le maire à l'adjudication des baux desdits biens, en présence des adjoints et d'un membre du conseil municipal désignés par le préfet, à la chaleur des enchères, et d'après affiches et publications faites dans les formes prescrites tant par l'art. 13 de la loi du 5 novembre 1790, et par les dispositions de la loi du 11 février 1791, que par le décret du 12 août 1807.

4. Conformément à l'art. 1er du décret du 12 août 1807, il sera passé acte de l'adjudication par-devant le notaire désigné par le préfet.

5. L'adjudication ne sera définitive qu'après l'approbation du préfet, et le délai pour l'enregistrement sera de vingt jours après celui où elle aura été donnée, conformément à l'art. 78 de la loi du 15 mai dernier.

6. En cas d'opposition légale de la part des habitants au changement de jouissance, le préfet surseoira à l'approbation de l'adjudication, et il en rendra compte à notre ministre secrétaire d'État de l'intérieur, pour, sur son rapport, être par nous statué ce qu'il appartiendra.

7. Les baux des biens communaux et des biens patrimoniaux des communes, pour une durée excédant neuf années, continueront d'être soumis aux règles prescrites par le décret du 28 mars 1801 (7 germinal an IX).

---

11 NOVEMBRE 1819. *Décision du ministre des finances sur les formalités à remplir pour les actes passés devant un notaire substituant son confrère, et pour les décharges données aux notaires à la suite d'actes par eux reçus.*

Un notaire peut se faire *substituer* par un confrère dans la réception d'un acte : c'est un ancien usage que les lois nouvelles n'ont point détruit. On peut citer à l'appui de cette opinion une

Instruction du directeur général de l'enregistrement, en date du 11 novembre 1819, ainsi conçue :

Il n'y a pas d'uniformité dans le mode suivi relativement aux formalités à remplir pour les actes faits par les notaires qui suppléent leurs confrères en cas d'absence ou de maladie, et pour les décharges ou quittances données personnellement à un notaire, en marge ou à la suite d'actes qu'il a rédigés.

Dans quelques départements, les notaires qui remplacent un de leurs confrères pour la rédaction d'un acte sont dans l'usage de porter cet acte sur leur répertoire, de le faire enregistrer au bureau de leur domicile et de le mettre au rang de leurs minutes. Ailleurs c'est le notaire suppléé qui consigne sur son répertoire l'acte dressé à ses lieu et place par son confrère, qui le fait revêtir de la formalité de l'enregistrement au bureau de son domicile et en conserve la minute.

A l'égard des décharges ou quittances, les notaires, dans quelques arrondissements, ne se croient pas autorisés à retenir la minute de celles qui opèrent leur libération personnelle et qui sont rédigées à la suite de leurs actes par un autre notaire ; alors la minute est remise au notaire rédacteur de la décharge ou de la quittance et est portée sur son répertoire. Dans d'autres localités, la minute reste en l'étude du notaire à qui la décharge est donnée et est inscrite sur le répertoire de ce dernier.

Des chambres de notaires ayant demandé qu'il intervînt une décision pour régler la marche à suivre dans les cas dont il s'agit, le ministre des finances et le garde des sceaux ont décidé :

1° Que dans les cas où un notaire aura remplacé son confrère pour la rédaction d'un acte, cet acte contiendra la mention que la minute est restée au notaire suppléé, lequel demeurera responsable du préjudice de la substitution ;

Que la minute sera portée à la fois sur le répertoire du notaire *substitué* et sur celui du notaire *substituant*, avec mention, par celui-ci, que la minute est restée au notaire suppléé, et qu'elle sera enregistrée au bureau de l'enregistrement de ce dernier.

2° Qu'en ce qui concerne la minute d'une quittance ou décharge donnée personnellement à un notaire, à la suite d'un acte par lui reçu, cette quittance ou décharge, quoique signée par un autre notaire, restera en la garde du notaire dont elle opère la libération.

Que cette quittance doit néanmoins être enregistrée au bureau de l'arrondissement du notaire qui l'a reçue, et être portée sur son répertoire, avec mention de la garde par l'autre notaire, sans qu'il soit besoin de l'inscrire sur le répertoire de celui-ci.

5 FÉVRIER 1820. *Lettre de M. le garde des sceaux portant que le notaire qui a été établi dépositaire de sommes par jugement, doit les déposer à la caisse des consignations.*

Vous m'avez rendu compte d'un jugement portant que les scellés qui avaient été apposés chez le sieur ...., seraient levés, et que les espèces monnayées qui existeraient sous les scellés resteraient à titre de dépôt provisoire entre les mains des notaires commis pour procéder à l'inventaire; qu'il a été trouvé une somme d'environ 3,000 fr. que ce notaire a gardée par-devers lui en exécution de ce jugement, et vous demandez s'il peut se dispenser d'en faire la remise à la caisse d'amortissement.

Il me paraît incontestable que le notaire commis pour recevoir les sommes dont la propriété est litigieuse entre le légataire et les héritiers est un véritable séquestre; qu'ainsi il doit faire le dépôt de ces sommes à la caisse des consignations, aux termes de l'art. 2, n° 5, de l'ordonnance royale du 3 juillet 1816, et cela sous les peines portées par l'art. 10 de la même ordonnance.

4 MARS 1820. *Décision de M. le garde des sceaux qui règle les honoraires dus aux notaires pour faire le dépôt de leurs minutes au greffe.*

L'art. 166 du tarif ne prévoit que le cas du transport du notaire avec ses minutes et de son retour après la vérification, et il en a fixé les droits; mais si, par une circonstance quelconque, indépendante du notaire, l'opération n'est pas achevée dans le jour; s'il est obligé de se déplacer une seconde fois pour aller reprendre ses minutes; il n'est pas convenable que ce second déplacement soit à sa charge et qu'il fasse à ses frais un voyage qui n'est point de son fait, et qui n'est occasionné que par le retard ou la durée de la vérification. De ce que cette circonstance n'est point prévue par le tarif on n'en peut rien conclure contre la réclamation des notaires, qui me paraît fondée. Seulement, dans ce dernier cas, il me paraît qu'ils n'ont droit à aucune vacation, puisqu'ils n'ont fait que se présenter au greffe et en retirer leurs minutes.

7 AVRIL 1821. *Avis du conseil d'État qui décide que les notaires ne peuvent remettre aux testateurs la minute de leurs testaments.*

Le comité de législation du conseil d'État, sur le renvoi fait par M. le pair de France, sous-secrétaire d'État au département de la justice, d'un rapport de M. le chef de la division des affaires civiles présentant la question de savoir si, lorsqu'un testateur est dans l'intention de révoquer ses dispositions de dernière volonté, et que le testament qui les contient a été fait par acte public, le notaire qui l'a reçu et placé dans ses minutes peut en rendre l'original au testateur ;

Vu l'édit de mars 1693, la déclaration de 1723, la loi du 25 ventôse an XI, art. 20 et 22 ;

Considérant 1° qu'aux termes de l'art. 20 de la loi du 25 ventôse an XI, les notaires sont tenus de garder minute de tous les actes qu'ils passent ; — que, suivant le même article, il n'y a d'exception à cette règle que pour les actes simples qui peuvent être expédiés en brevet ; — que les actes simples sont, ainsi que le mot l'indique, ainsi que la déclaration de 1723 l'entendait, ainsi que le rapporteur de la loi du 25 ventôse l'a expliqué au corps législatif, « ceux dont le contenu, la nature et les effets ne présentent qu'un objet ou un intérêt simple en lui-même et passager ; » — que l'on ne peut dès lors comprendre sous la dénomination d'actes simples les testaments qui, quant à leur contenu, leur nature et leurs effets, sont, sans contredit, les actes les plus sérieux et les plus solennels ; — d'où la conséquence que les testaments par actes publics ne peuvent être expédiés en brevet, et doivent nécessairement être passés en minute;

Considérant 2° que, d'après l'art. 22 de la loi précitée de ventôse, les notaires ne peuvent se dessaisir d'aucune de leurs minutes, si ce n'est en vertu d'un jugement, et à la charge que la pièce extraite de leur étude y soit réintégrée; que cette disposition étant générale, s'applique aux minutes des testaments comme à celles des autres actes; d'où il suit que les notaires ne peuvent se dessaisir, de leur autorité privée, de l'original d'un testament qu'ils ont reçu;

Considérant 3° que si l'édit de 1693 permettait aux notaires de remettre, sans aucune formalité, à un testateur, la minute même de son testament, cette disposition, étant irconciliable avec l'art. 22 de la loi de ventôse, est par cela même formellement abrogée, et que l'on ne peut en exciper;

Considérant 4° que les dispositions de la loi de ventôse ne gênent en aucune manière la liberté des testateurs, puisque, s'ils veulent révoquer en tout ou en partie leurs testaments, il n'est pas nécessaire qu'ils en suppriment la minute; l'art. 1035 du Code civil leur indique un moyen non moins facile et plus propre que tout autre à les garantir de toutes les suggestions et surprises;

Est d'avis que les notaires ne peuvent remettre au testateur l'original du testament qu'ils ont reçu; que cet acte ne peut être révoqué en tout ou en partie que suivant les formes prescrites par l'art. 1035 du Code civil[1].

---

10 JUIN 1822, *Lettre de M. le garde des sceaux au procureur général de Bourges portant que l'art. 173 du tarif n'a point abrogé l'art. 51 de la loi du notariat qui exige l'avis préalable de la chambre de discipline pour la taxe des honoraires.*

J'ai reçu avec votre lettre du 20 mai dernier la copie de celle qui vous a été écrite par votre substitut près le tribunal de pre-

---

[1] Cette doctrine est repoussée par plusieurs auteurs et tribunaux. Voir le *Dictionnaire du notariat*, supplément à la 3e édition, v° Minute, nos 71 et 72; voy. la circulaire du 6 vendémiaire an XIII, p. 95.

mière instance de Châteaux-Roux, au sujet d'une délibération de la chambre des notaires de Châteaux-Roux, qui a pour objet de faire décider :

1° Si les honoraires des notaires, hors les cas spécialement prévus par le décret du 16 février 1807, doivent être basés avec une juste modération sur l'importance des actes et la responsabilité qu'ils entraînent, comme sur les difficultés que présente la rédaction de ces mêmes actes;

2° Si ce décret a abrogé ou non les dispositions de la loi du 25 ventôse an XI et de l'arrêté du gouvernement du 2 nivôse an XII, qui emportent l'obligation de consulter les chambres des notaires de l'arrondissement avant de prononcer sur les difficultés élevées entre le notaire et les parties.

Si l'on considère ces questions isolément, et abstraction faite des difficultés qui les ont fait naître, elles ne présentent aucune difficulté.

La première est résolue affirmativement par l'art. 173 du tarif, qui veut que les taxes des actes notariés soient faites suivant la nature et les difficultés que leur rédaction aura présentées.

Quant à la seconde question, elle a été déjà plusieurs fois soumise à mon ministère, et il a toujours été décidé que l'art. 173 du tarif n'a point abrogé, mais qu'il a seulement modifié l'art. 51 de la loi du 25 ventôse an XI, en chargeant le président du tribunal de la taxe, et que cette modification n'exclut pas, lorsque des difficultés s'élèvent entre les notaires et les parties sur le règlement des émoluments, l'avis préalable de la chambre des notaires. Cet avis préalable ne peut que contribuer à éclairer le juge taxateur sur la difficulté, et il a de plus l'avantage de mettre les parties à même de contredire les demandes qui leur sont faites à cet égard.

———

5 FÉVRIER 1823. *Lettre de M. le garde des sceaux qui porte qu'un notaire ne peut recevoir un acte dans lequel figure un fondé de procuration qui lui est parent au degré prohibé.*

Vous demandez, Monsieur, par votre lettre du 14 janvier dernier, si un notaire peut recevoir des actes dans lesquels son parent au degré prohibé par l'art. 8 de la loi du 25 ventôse an xi comparaîtrait comme fondé de pouvoirs d'un tiers.

Votre motif de croire à une solution affirmative est probablement fondé sur ce raisonnement, qu'un mandataire n'étant pas considéré comme partie dans l'acte qu'il souscrit au nom de son mandant, on ne pourrait lui appliquer l'article précité, qui ne doit recevoir son effet que dans le cas où le parent au degré prohibé serait partie, ou que l'acte contiendrait quelques dispositions en sa faveur.

Il résulte, il est vrai, et de la définition du mandat, et des obligations du mandataire, que, n'étant pas tenu d'exécuter les engagements qu'il a contractés au nom de son mandant, on ne saurait le considérer dans la rigueur du droit comme partie au contrat : car, pour être partie, il faut qu'on se soit personnellement obligé.

Cependant, et quoiqu'il soit de l'essence du mandat que le mandant charge à ses propres risques et périls le mandataire de l'affaire qui est le sujet du mandat, l'obligation réciproque qui existe entre le mandataire et le mandant, obligation qui assujettit le premier à une responsabilité dictée par le pouvoir lui-même en vertu duquel il agit, et le second à remplir les engagements souscrits en son nom, fait que, sans être partie, eu égard à la personne avec laquelle il contracte, le mandataire chargé de rendre compte de sa gestion, le mandataire presque toujours aussi récompensé de ses bons services, est par conséquent très-intéressé à stipuler dans l'acte les avantages de son mandant. Ainsi le lien étroit de la responsabilité qui rend en quelque sorte indivisibles les intérêts du mandataire et du mandant est pour le mandataire un motif personnel de chercher à remplir les intentions de celui-ci. Ainsi, puisqu'il est raisonnable encore de présumer que sa rétribution est en proportion du bénéfice qu'il a obtenu (quoique le mandat soit de sa nature gratuit), ce serait mal interpréter le texte de la loi du 25 ventôse an xi; ce serait ne pas saisir l'intention du législateur, qui a voulu prévenir dans l'art. 8 la trop grande facilité que des parents pourraient avoir à se concerter entre eux pour abuser de la confiance des tiers, que d'autoriser un notaire à recevoir des actes dans lesquels son parent au degré prohibé figurerait en qualité de mandataire.

---

11 SEPTEMBRE 1823. *Circulaire du ministre de la justice aux procureurs généraux relative à la clause de numération des espèces à la vue des notaires.*

Vous voudrez bien enjoindre à vos substituts d'avoir à exercer la plus active surveillance sur la rédaction des actes, et à faire savoir officiellement à la chambre des notaires de leur arrondissement respectif que, dès à présent, tout notaire qui, par le résultat d'une information ou d'une procédure, sera convaincu d'avoir faussement énoncé dans un acte une numération de deniers qu'il n'aura pas vu compter, sera poursuivi criminellement, sans préjudice de l'action disciplinaire à fin de destitution, dans le cas où il serait acquitté.

---

30 AVRIL 1824. *Circulaire de M. le garde des sceaux aux procureurs généraux sur le lieu où doit être fait le dépôt des contrats de mariage des commerçants.*

Des difficultés se sont élevées sur l'application des art. 67 du Code de commerce et 872 du Code de procédure civile ; il importe de les faire cesser. Dans quelques localités on a pensé que l'extrait du contrat de mariage passé entre époux dont l'un est commerçant ne devait être inséré au tableau exposé en la chambre des avoués et des notaires qu'autant que ces chambres auraient leur siége dans le lieu même du domicile de cet époux : c'est ce qu'on induisait des expressions *s'il y en a* qu'offre la rédaction de l'art. 872.

Mais si, par le texte de l'art. 872, la prévoyance du législateur a suppléé à l'absence du tribunal de commerce et désigné la salle principale de la maison commune à l'effet d'y déposer l'extrait des jugements et contrats, d'un autre côté, il n'y aurait plus garantie suffisante pour les tiers dans la publicité prescrite, si les insertions aux tableaux des chambres d'avoués et de notaires n'étaient exigées que lorsque les parties ou l'une d'elles sont domiciliées dans le lieu où ces chambres siégent, et la précaution générale de la loi se trouverait restreinte, contre son vœu évident.

L'art. 67 du Code de commerce n'a fait que consacrer le principe de la publicité des contrats de mariage entre commerçants ; et, pour régler le mode d'exécution de la formalité, il a renvoyé à l'art. 872, sans ménager d'exception.

Il faut donc tenir pour certain que les jugements de séparation et les contrats de mariage entre commerçants doivent, et dans tous les cas, être publiés par extraits aux tableaux exposés dans les chambres de discipline des notaires et des avoués de l'arrondissement, quel que soit d'ailleurs le domicile des parties.

Vous voudrez bien faire connaître à vos substituts cette décision, concertée avec le ministre des finances, les charger de veiller à ce qu'elle soit observée, et m'accuser la réception de cette lettre.

---

13 JUILLET 1829. *Lettre de M. le garde des sceaux portant qu'un notaire ne peut, en tête de ses actes, joindre à son titre celui d'avocat.*

J'ai reçu un mémoire dans lequel on m'assure que le sieur D..., notaire, prend le titre de notaire et avocat, soit dans l'intitulé de ses actes, soit sur l'enseigne de sa maison.

Cet officier public ne peut ignorer que, lorsqu'il a reçu une commission de notaire, il a dû renoncer à la profession d'avocat, qui est incompatible avec ses nouvelles fonctions, et qu'il a dû être rayé dès lors de tout tableau où il aurait pu être inscrit à cette époque. Je ne conçois donc pas le motif qui a pu l'engager à prendre un titre qui ne lui appartient plus, si ce n'est pas l'intention de se distinguer des autres notaires, et d'augmenter par ce moyen sa clientelle en diminuant la leur, ce qui ne saurait être toléré.

Je vous charge en conséquence de vérifier si le fait qui m'est dénoncé est exact, et, en cas d'affirmative, d'enjoindre au sieur D... d'avoir à s'abstenir de prendre le titre d'avocat, et de le supprimer de son enseigne.

---

30 NOVEMBRE 1820. Décision du ministre de la justice portant que l'action des notaires pour leurs honoraires doit être soumise au tribunal, sans qu'il soit besoin du préliminaire de la conciliation [1].

L'art. 60 du Code de procédure civile décide, il est vrai, que les demandes formées, pour frais, par des officiers ministériels, doivent être portées au tribunal où les frais ont été faits ; mais cette disposition ne doit s'entendre que des *avoués* et des *huissiers* qui ont occupé ou instrumenté dans une affaire ; car alors il est tout naturel que le tribunal, sous les yeux duquel ont été faits tous les actes de la procédure, prenne connaissance des contestations relatives au paiement de ces actes.

Le décret du 16 février 1807, sur la liquidation des dépens, confirme cette interprétation : « Les demandes des avoués, y est-il dit, art. 9, et autres *officiers ministériels*, en paiement de frais, contre les parties pour lesquelles ils ont *occupé* ou *instrumenté*, seront portées à l'audience, etc. »

Relativement aux vacations et honoraires des notaires, ils devaient être réglés, sous l'empire de la loi du 25 ventôse an XI, par le tribunal de la résidence du notaire, dans le cas où ils ne l'auraient pas été à l'amiable. Cette disposition a été modifiée par l'art. 173 du tarif du 16 février 1807, qui a conféré au président seul le droit de taxer les mémoires des notaires, *après avoir pris toutefois l'avis de la chambre de discipline*. Les mémoires une fois taxés, on rentre dans le droit commun, et ce n'est plus que la quotité de la somme qui détermine la compétence du tribunal devant lequel doivent être intentées les poursuites.

[1] Conform. : décisions des 10 septembre 1821, 1er décembre 1821, 4 décembre 1826, 24 novembre 1827, 29 juillet 1828 ; contraires : décision des 5 prairial an XIII, 25 février 1807, 13 septembre 1819. Voir *Dict. du notariat*, supplément à la 3e édit., v° Honoraires, n° 48.

28 AVRIL 1832. *Circulaire du garde des sceaux qui décide que les procurations des héritiers doivent être annexées non au procès-verbal de levée de scellés, mais à l'inventaire dressé par le notaire.*

L'art. 13 de la loi du 25 ventôse an XI, sur l'organisation du notariat, prononce une amende contre le notaire qui néglige d'annexer à la minute d'un acte les procurations des contractants.

J'apprends qu'il s'élève fréquemment des difficultés à ce sujet entre les juges de paix et les notaires, et qu'il en résulte pour les préposés de l'enregistrement de l'incertitude sur l'application de cet article.

Pour conserver ces procurations, les juges de paix allèguent qu'agissant les premiers, et réglant par leurs procès-verbaux les obstacles qui peuvent survenir avant l'inventaire, ils ne peuvent se dispenser d'annexer les procurations à ces procès-verbaux, et que, dans ce cas, c'est aux notaires à faire mention dans leurs inventaires que les procurations sont restées annexées auxdits procès-verbaux; mais cette manière de procéder ne peut se concilier avec les dispositions de la loi du 25 ventôse an XI. En effet, l'art. 13 de la loi ordonne, sous peine d'amende contre le notaire, l'annexe des procurations à la minute des actes reçus par cet officier.

Or, le notaire ne pouvant éviter cette peine qu'en justifiant qu'il s'est conformé à la disposition de la loi, il est de toute nécessité que la procuration lui soit remise pour être jointe à son inventaire, d'autant plus que la loi n'établit pas la même nécessité pour le juge de paix ni pour son greffier.

D'ailleurs, l'inventaire ayant toujours été considéré comme un acte qui doit établir les qualités des héritiers, il ne peut être parfait qu'en y réunissant les actes indispensables, au nombre desquels il faut nécessairement comprendre les procurations. Ce motif seul suffirait donc, même en l'absence d'un texte formel, pour qu'elles dussent toujours être annexées à l'inventaire, sauf au juge de paix à en faire mention dans son procès-verbal.

Le but de la loi ne serait pas rempli davantage si les juges de paix croyaient pouvoir garder les procurations pour les annexer à leurs procès-verbaux d'apposition et de levée des scellés, en délivrant aux notaires des extraits en forme de ces procurations pour les joindre à l'inventaire, sauf le cas cependant où ces procurations auraient pour objet l'apposition ou la levée des scellés. Le juge de paix serait alors suffisamment autorisé à les conserver, à charge de les remettre au notaire lorsqu'il y aurait inventaire : car les procurations données par des héritiers pour faire procéder aux diverses opérations d'une succession sont des actes indivisibles, puisqu'ils se rattachent à un seul et même objet; tandis que les procès-verbaux d'apposition et de levée de scellés ne sont, relativement aux inventaires, que des actes préparatoires. D'ailleurs les inventaires, destinés surtout à établir les qualités des parties et la situation active et passive des successions, intéressent plus spécialement les héritiers. Dès lors les procurations doivent de préférence être annexées aux inventaires, sauf, comme je l'ai dit, aux juges de paix à mentionner dans leurs procès-verbaux qu'elles ont été remises aux notaires, pour demeurer jointes auxdits inventaires.

Je vous prie de donner des instructions dans ce sens à MM. les procureurs du roi de votre ressort, pour qu'ils les communiquent aux juges de paix et aux notaires de leur arrondissement respectif, afin qu'il n'y ait plus de divergence sur ce point.

---

8 JUIN 1837. *Instruction de la règle sur le mode de constatation par procès-verbaux ou autres actes des contraventions relatives au notariat, la perception des amendes, le paiement des frais, etc.*

L'instruction que nous rapportons ci-après résume la jurisprudence concernant la poursuite et la procédure en matière de contravention aux lois sur le notariat; voici ses termes :

Les préposés de l'administration constatent par des procès-verbaux qu'ils transmettent au procureur du roi les contraventions aux lois des 6 octobre 1791 et 16 floréal an IV, concernant le dépôt annuel des répertoires des notaires; à l'art. 37 de la loi du 1er brumaire an VII, relatif à la mention de la patente dans les actes; à la loi du 25 ventôse an XI, sur l'organisation

du notariat; aux art. 67 et 68 du Code de commerce, touchant
la publication des contrats de mariage de commerçants, et à
l'art. 176 du même Code, ordonnant l'inscription littérale des
protêts sur un registre particulier (Instruction, nᵒˢ 265, 384,
668, 1050, § 17; 1089 et 1293, § 18).

En ce qui concerne la loi du 25 ventôse an xi, sur l'organisation du notariat, les préposés doivent rédiger des procès-
verbaux pour les contraventions auxquelles la loi attache une
peine quelconque. A l'égard des irrégularités qui n'entraînent
aucune peine, ils en forment un relevé qui, de même que les
procès-verbaux, est remis au procureur du roi. Enfin, quant
aux contraventions, telles que lacunes, surcharges, interlignes
et additions, qui auraient servi à altérer la date des actes, pour
éluder les peines encourues par suite du défaut d'enregistrement
dans le délai, ou à dissimuler le montant des sommes stipulées,
ou autres conventions des parties, afin d'atténuer les droits d'enregistrement, les préposés, en même temps qu'ils constatent la
contravention par un procès-verbal, ont à poursuivre par voie
de contrainte le paiement des droits simples ou en sus d'enregistrement que la contravention a eu pour but d'éviter (Instruction, nᵒˢ 263 et 284).

Les préposés qui rapportent des procès-verbaux de contravention à la loi du 25 ventôse an xi, sur le notariat, doivent
s'abstenir de faire aucune mention marginale sur les actes ar-
gués d'irrégularité (Décisions des ministres de la justice et des
finances du 30 août 1827. Instruction, nᵒ 1347, § 15).

Le préposé fait reconnaître la sincérité du procès-verbal par
le notaire contrevenant; en cas de refus, il l'affirme devant le
juge de paix dans les vingt-quatre heures (Décisions des ministres
de la justice et des finances des 8 et 25 juillet 1820. Instruction, nᵒ 1089).

Les procès-verbaux des préposés, constatant des contraventions aux lois relatives au notariat, font foi jusqu'à preuve contraire[1] (Cours de Rennes et d'Orléans, 22 avril 1833 et 27 mars
1835. Cour de cassation, 16 mars 1836).

---

[1] Voir le Contrôleur de l'enregistrement, art. 6280.

C'est au ministère public exclusivement qu'il appartient de requérir les condamnations encourues pour contraventions aux lois sur le notariat. L'administration n'a pas qualité pour engager la demande en son nom et à la requête, poursuite et diligence du procureur du roi. La nullité du premier acte de procédure faite en cette forme vicierait tous les actes ultérieurs (Décisions des ministres de la justice et des finances des 15 mars et 25 avril 1808. Cour de cassation, 10 décembre 1822. Instruction, n° 284).

Aux termes de l'art. 53 de la loi du 25 ventôse an XI, les contraventions doivent être poursuivies devant le tribunal civil de l'arrondissement de la résidence du notaire, et non devant le tribunal de *police correctionnelle* (Cour de cassation, 30 juin 1814).

Les amendes encourues pour contraventions aux lois sur le notariat ne peuvent être perçues par les receveurs de l'enregistrement avant la décision des tribunaux sur les poursuites exercées d'office par le ministère public. En conséquence, les receveurs doivent refuser les offres réelles qui seraient faites par les notaires contrevenants, avant le jugement de condamnation (Cour de Paris, 25 avril 1826 et 17 décembre 1833).

D'après la disposition expresse de l'art. 53 de la loi du 25 ventôse an XI, les jugements des tribunaux civils, en matière de contraventions aux lois sur le notariat, notamment aux art. 67 et 68 du Code de commerce, relatifs au dépôt des contrats de mariage des commerçants, sont sujets à l'appel et ne peuvent être immédiatement attaqués en cassation, lors même que les amendes, dont la demande a été faite, ne s'élèvent pas à 1000 fr. (Cour de Metz, 15 janvier 1819. Cour de cassation, 29 oct. 1830).

Le procureur du roi a le droit exclusif d'interjeter appel des jugements et de se pourvoir en cassation contre les arrêts concernant les contraventions aux lois sur le notariat (Décisions des ministres de la justice et des finances des 15 mars et 25 avril 1808. Cour de cassation, 12 juin 1811 et 29 octobre 1830. Instruction, n° 384).

Le pourvoi en cassation peut être formé au moyen d'une déclaration indiquant le motif du pourvoi déposé au greffe et transmis au greffe de la cour de cassation par l'intermédiaire du ministre de la justice et du procureur général (Cour de cassation, 4 juillet 1820).

Les frais de poursuites faites par les procureurs du roi, pour la répression des contraventions aux lois sur le notariat, doivent être avancés par les receveurs de l'enregistrement comme *frais de justice*, et remboursés à l'administration selon le mode établi pour les dépenses dont le ministère de la justice est chargé (Décision du ministre des finances du 10 février 1817. Instruction, n° 773; idem, du 5 juin 1837, n° 1537. Instruction de la régie).

24 AOUT 1838. *Instruction de l'administration de l'enregistrement et des domaines, relative à la radiation des inscriptions hypothécaires et à la transcription des contrats translatifs d'immeubles.*

D'après l'art. 2157 du Code civil, les inscriptions sont rayées du consentement des parties intéressées, ou en vertu d'un jugement. L'art. 2158 porte : « Dans l'un et l'autre cas, ceux qui « requièrent la radiation déposent au bureau du conservateur « *l'expédition* de l'acte authentique portant consentement, ou « celle du jugement. »

L'art. 2181 du même Code, relatif à la transcription, est conçu en ces termes : « Les contrats translatifs de la propriété d'im- « meubles ou droits réels immobiliers, que les tiers détenteurs « voudront purger de priviléges et hypothèques, *seront transcrits* « *en entier* par le conservateur des hypothèques dans l'arron- « dissement duquel les biens sont situés. Cette transcription se « fera sur un registre à ce destiné, et le conservateur sera tenu « d'en donner reconnaissance au requérant. »

La chambre des notaires d'Orléans a réclamé contre le refus fait par le conservateur de l'arrondissement d'admettre, pour les formalités prévues par ces articles, des extraits *analytiques*, soit des actes contenant mainlevée des inscriptions, soit des contrats translatifs d'immeubles. On a invoqué, à l'appui de cette réclamation, des décisions ministérielles qui auraient autorisé les conservateurs à rayer les inscriptions sur la produc-

tion d'un simple extrait de l'acte de consentement ou du jugement.

L'art. 2158 du Code civil exige, pour la radiation des inscriptions, le dépôt d'une *expédition* de l'acte ou du jugement. Dans
le sens légal de ce mot, déterminé par les art. 1334 et suivants
du Code civil, *expédition* est synonyme de *copie*. L'extrait *analytique* n'est point une *copie* : il reproduit non les expressions
littérales, mais, en termes plus ou moins exacts, le sens des
dispositions de l'acte. Il est vrai qu'une décision du ministre des
finances du 11 octobre 1808 a laissé aux conservateurs la faculté
d'opérer les radiations d'inscriptions sur le dépôt d'un simple
extrait de l'acte de consentement; il existe une décision semblable du ministre de la justice, du 13 mars 1809, en ce qui
concerne les jugements portant mainlevée d'inscriptions. Mais
c'est un extrait *littéral*, un extrait *parte in qua*, et non un
extrait *analytique*, que ces décisions autorisent les conservateurs à admettre. Elles ont eu pour but de diminuer, dans l'intérêt des parties, les frais de radiation, et sont motivées sur ce
que l'extrait *littéral* fait foi, comme l'expédition, en ce qui
concerne la disposition extraite de l'acte ou du jugement. Il est
d'ailleurs nécessaire qu'à la suite de l'extrait, *même littéral*,
le notaire ou le greffier certifie qu'il présente tout ce qui a rapport à la radiation consentie ou ordonnée, et que l'acte ou le
jugement ne contient ni réserve, ni restriction ou modification.

A l'égard des contrats translatifs d'immeubles, l'art. 2181 du
Code civil veut qu'ils soient transcrits *en entier*. Ces termes de
la loi sont évidemment exclusifs de la transcription *par extraits*
des contrats. L'orateur du gouvernement, en présentant cette
partie du Code civil, a dit formellement : « L'acquéreur qui vou-
« dra libérer sa propriété fera transcrire *en entier* son acte par
« le conservateur..... Il sera tenu de le notifier *seulement par*
« *extrait* aux créanciers. » Au moyen de la publicité des registres
des hypothèques, la transcription *en entier* met les créanciers,
qui d'ailleurs n'ont point qualité pour prendre communication
des minutes des contrats chez les notaires, à portée de connaître

les clauses non insérées dans l'extrait notifié conformément à l'art. 2183 du Code civil, et qui pourrait affaiblir ou aggraver les conditions de l'aliénation. C'est par le même motif que l'art. 2194 prescrit, pour purger les hypothèques légales, le dépôt au greffe d'une *copie collationnée des contrats*. La transcription *en entier* des contrats est donc une mesure d'ordre public et d'intérêt général.

Cependant il est des actes dont la transcription peut être divisée. Lorsqu'il s'agit, par exemple, soit d'une vente d'immeubles en détail, soit d'une donation contenant partage, faite conformément aux art. 1075 et 1076 du Code civil, on peut faire transcrire séparément la partie de l'acte concernant les immeubles transmis à tel acquéreur, à tel donataire. Cette distinction, qu'autorise la décision insérée dans l'instruction n° 385, est admise par MM. Grenier, *Traité des hypothèques*, t. II, n° 369; — Troplong, t. IV, n° 911. Dans la vente d'immeubles en détail, dans la donation contenant partage, on peut dire, en effet, qu'il existe autant de contrats distincts qu'il y a d'acquéreurs ou de donataires; chacun de ces contrats peut être transcrit séparément sans dérogation à l'art. 2181 du Code civil. Mais la formalité ne peut nécessairement avoir lieu que sur le dépôt d'un extrait, d'une copie *littérale* de toutes les dispositions générales et spéciales de l'acte, qui se rapportent aux immeubles qu'il s'agit de purger : un extrait *analytique* ne remplirait en aucune manière le vœu de la loi.

M. le ministre des finances a rejeté, le 8 août 1838, la réclamation de la chambre des notaires d'Orléans, et a en même temps décidé que les extraits *analytiques* des actes, contrats et jugements ne peuvent, en aucun cas, être admis pour l'accomplissement des formalités hypothécaires.

Le conseiller d'État, directeur général de l'enregistrement et des domaines,

CALMON.

17 DÉCEMBRE 1843. Arrêté de M. le ministre de la guerre sur les conditions et justifications imposées aux officiers qui désirent obtenir l'autorisation de se marier.

Cet arrêté a été pris en conformité du décret du 16 juin 1808, des lois des 11 avril 1831 et 19 mai 1831, et de l'avis du conseil d'État du 16 mars 1836; il est conçu en ces termes :

1° Les officiers[1] de tous grades et de toutes armes ne pourront obtenir la permission de se marier qu'autant que la personne qu'ils rechercheront leur apportera en dot un revenu non viager de 1200 fr. au moins.

2° Toute demande d'un officier tendant à obtenir la permission de se marier devra être transmise au ministre de la guerre par la voie hiérarchique.

3° Chaque demande sera accompagnée :

« I. D'un certificat constatant l'état des parents de la future, « le sien, la réputation dont elle jouit ainsi que sa famille, le « montant et la nature de la dot qu'elle doit recevoir, et la for- « tune à laquelle elle peut prétendre : ce certificat sera délivré « par le maire du domicile de la future et approuvé par le sous- « préfet de l'arrondissement ;

« II. D'un extrait du projet de contrat de mariage relatant « l'apport de la future. »

4° Le chef de corps, le maréchal-de-camp subdivisionnaire et le lieutenant-général divisionnaire devront, en transmettant la demande, y joindre leur avis motivé sur la moralité de la future épouse, sur la constitution de sa dot et sur la convenance de l'union projetée. A cet effet ils devront recueillir, par l'intermédiaire de l'autorité militaire du domicile de la future, et donner les renseignements analogues à ceux que doit constater l'autorité civile. Les demandes des officiers de troupes employés

---

[1] D'après les explications qui ont été données par M. le ministre de la guerre à M. le ministre de l'intérieur, les militaires auxquels s'applique l'arrêté sont, suivant la législation actuelle, ceux qui se trouvent dans les positions d'*activité*, de *disponibilité* et de *non activité*, telles qu'elles sont définies aux art. 3 et 4 de la loi du 19 mai 1831.

dans un service spécial, sans cesser d'appartenir à leur corps, seront accompagnées en outre de l'avis motivé du chef de ce service.

5° Lorsque la future résidera dans une division autre que celle du futur, le lieutenant-général de cette dernière division se concertera avec celui de l'autre division, pour obtenir les renseignements indiqués plus haut.

6° Dans tous les cas les documents qu'aura obtenus l'autorité militaire devront être transmis au ministre en même temps que la demande à laquelle ils se rattacheront.

7° Dans le mois de la célébration du mariage, l'officier fera parvenir, par la voie hiérarchique, au ministre de la guerre un extrait du contrat de mariage, en ce qui concerne l'apport de sa femme, délivré par le notaire dépositaire de l'acte.

8° Les permissions de mariage qui auront été obtenues ne seront valables que pendant six mois à partir de leur date, sauf au titulaire à en demander le renouvellement, s'il y a lieu, par la voie hiérarchique. Cette dernière demande indiquera les rectifications que devraient subir les premiers renseignements fournis, et dont, suivant la nature, il serait justifié dans la forme voulue.

9° Les officiers qui auraient contrevenu aux prescriptions ci-dessus, ou produit sciemment des pièces dont l'énoncé serait reconnu inexact, encourraient une peine sévère, conformément à la législation en vigueur.

10° Ces diverses dispositions, qui abrogent les circulaires ou décisions des 10 août 1808, 10 février 1815, 23 novembre 1817 et 30 mai 1818, sont applicables à l'intendance militaire, ainsi qu'aux officiers de santé et d'administration. Les chefs de service se conformeront à ce qui est prescrit ci-dessus aux chefs de corps, et les intendants divisionnaires aux règles tracées aux généraux commandants.

---

6 JUIN 1848. *Décision ministérielle qui fixe pour le trésor le délai d'effectuer les commissions d'achats de rentes.*

Cette décision qui abroge, fort heureusement pour les départements, une précédente du 25 mars rendue par le membre du gouvernement provisoire, ministre des finances, M. Garnier-Pagès, a été transmise par M. le directeur du mouvement des fonds à MM. les receveurs généraux par la circulaire suivante :

« Vous avez été informé, Monsieur, par une circulaire du 25 mars dernier, que jusqu'à nouvel ordre les commissions pour achat de rentes ne seraient plus transmises aux agents de change que huit jours après l'arrivée des lettres, et le neuvième jour si le huitième était un jour férié.

« Les circonstances qui avaient déterminé cette mesure ayant cessé d'exister, j'ai l'honneur de vous annoncer que, par une décision en date de ce jour, le ministre a statué que les dispositions de la circulaire du 26 juin 1833, relatives aux achats de rentes demandés par les particuliers, seront remises en vigueur, c'est-à-dire que les commissions seront transmises aux agents de change le lendemain ou, en cas de jour férié, le surlendemain de la réception des bordereaux par la direction du mouvement général des fonds.

« Je vous invite à donner aux parties intéressées connaissance de cette décision, qui est exécutoire à dater du jour de la réception de la présente circulaire[1]. »

11 MARS 1849. *Solution de la règle sur l'ouverture des bureaux des receveurs d'enregistrement dans les cantons ruraux.*

Les receveurs doivent concilier leurs obligations relatives au service de la comptabilité avec celles qui leur sont imposées envers le public. Lorsqu'ils quittent accidentellement et momentanément leurs bureaux aux heures pendant lesquelles ces bu-

---

[1] Les receveurs généraux sont chargés d'office, à la volonté des particuliers, d'opérer pour leur compte et sans frais, sauf ceux de courtage justifiés par bordereau d'agent de change, tous les achats et ventes de rentes qu'on juge à propos de leur confier; et constitués ainsi mandataires légaux et obligés des particuliers, ils sont responsables des fautes qu'ils peuvent commettre à leur préjudice (art. 21 de l'ordonnance du 14 avril 1819; art. 3 de la loi du 24 avril 1833 et arrêt de la cour de Bordeaux du 23 janvier 1830),

reaux doivent être ouverts, les receveurs, quelle que soit la cause de leur absence, fût-ce même pour faire un versement obligatoire à leur égard, sont tenus de prendre les mesures nécessaires, sinon pour se faire suppléer, du moins pour que, à l'exception des dimanches et des jours légalement fériés, les bureaux restent ouverts huit heures par jour; et pour que les enregistrements requis, les déclarations à recevoir, les recettes à opérer soient faits ou régularisés sans retard comme s'il n'y eût pas eu d'absence, le public ne devant pas souffrir d'une absence qui, sous ce rapport, n'est pas prévue par la loi.

30 SEPTEMBRE 1850. *Instruction de l'administration de l'enregistrement relative à la circulation des billets de banque (n° 1869).*

Une loi du 6 août 1850 ayant abrogé les dispositions des décrets des 15 mars, 27 avril et 2 mai 1848, sur le cours forcé des billets de banque, le trésor public et ses agents ont la faculté d'admettre en paiement ou de refuser les billets de banque; mais l'intention du ministre des finances est que les comptables donnent à la circulation de ces valeurs toutes les facilités compatibles avec les nécessités du service. Les receveurs généraux sont seuls à même de fixer les limites de ces facilités. Les comptables de l'administration de l'enregistrement et des domaines n'ont, à cet égard, d'autre ligne de conduite à suivre que de s'entendre avec le receveur général de leur département, conformément à une décision de M. le ministre des finances du 24 septembre 1850.

5 NOVEMBRE 1850. *Délibération de la régie aux termes de laquelle les obligations créées par les compagnies de chemins de fer doivent, pour le paiement des droits de mutation par décès, être déclarées non d'après leur valeur nominale, mais suivant le cours de la Bourse au jour du décès.*

La valeur des obligations des chemins de fer pouvant beaucoup varier suivant le plus ou moins de confiance du public dans la prospérité de l'entreprise, cette valeur se trouvant d'ailleurs déterminée par le cours officiel de la Bourse, ce qui rend la fraude impossible; il ne paraît pas juste de les assujettir au droit de succession sur le capital nominal lorsqu'elle se trouve réduite par dépréciation à une partie de ce capital. Les obligations des compagnies de chemins de fer diffèrent des obligations ordinaires en ce que l'époque du remboursement est toujours incertaine; ainsi les personnes qui les possèdent sont obligées de recourir à des transferts lorsqu'elles veulent réaliser leurs fonds; elles courent, dans ce cas, les mêmes chances que la compagnie par un transfert plus ou moins avantageux, suivant que l'entreprise se trouve dans un état plus ou moins prospère. Cette espèce de convention n'était ni usitée ni connue à l'époque de la loi du 22 frimaire. Ainsi l'art. 14, n° 2, de cette loi n'ayant pas eu pour objet de déterminer un ordre de perception des droits de mutation par décès de ces sortes de valeurs, l'art. 4 de la même loi, d'après lequel le droit proportionnel pour les obligations doit être assis sur la *valeur*, leur est exclusivement applicable. Cette valeur est déterminée pour le paiement des droits de mutation par décès, par le cours de la Bourse au jour du décès.

---

8 NOVEMBRE 1850. *Avis concernant le timbre des polices d'assurances antérieures au 1er octobre 1850, autres que les assurances maritimes (Moniteur du 20 décembre 1850).*

ADMINISTRATION DE L'ENREGISTREMENT ET DES DOMAINES.

Par suite des dispositions transitoires de l'art. 40 de la loi du 5 juin 1850[1], on doit considérer comme affranchi de la formalité du timbre le double des polices d'assurances *antérieures au 1er octobre* 1850, dont les *assurés* sont en possession et peuvent avoir à faire usage.

Le double de l'acte qui forme le titre de l'assureur reste seul assujetti au timbre, sous les peines déterminées par cette loi.

En conséquence, M. le ministre des finances a reconnu, par une décision du 8 novembre 1850, que l'obligation imposée aux officiers publics ou ministériels, par l'art. 49 de la loi, de men-

---

[1] Voy. cette loi, p. 74.

tionner dans leurs actes si le titre y énoncé est revêtu du timbre prescrit, n'est pas applicable aux énonciations des doubles des polices d'assurances antérieures au 1er octobre 1850, *dont la production leur est faite par les assurés.*

     Le directeur de l'administration, TOURNUS.

---

21 NOVEMBRE 1850. *Décision du ministre des finances d'après laquelle l'énonciation, dans un inventaire ou autre acte authentique, d'actes ou billets non timbrés, n'autorise pas suffisamment les préposés de la régie à poursuivre contre les parties le recouvrement des droits et amendes de timbre*[1].

Cette décision est ainsi motivée :

Il résultait de deux décisions ministérielles des 30 avril 1819 et 23 décembre 1831, ainsi que de deux jugements des tribunaux d'Yvetot et de Vic, des 6 janvier 1827 et 19 juin 1834, que l'énonciation de billets non timbrés faite dans un inventaire suffisait pour motiver contre les parties la demande des droits de timbre et des amendes dus sur ces billets. Mais une règle contraire a été admise par l'arrêt de la cour de cassation, du 26 février 1835, transmis aux préposés par l'instruction n° 1490, § 14, et qui a reconnu qu'à défaut d'un procès-verbal dressé par un préposé de l'enregistrement et en l'absence de toute pièce propre à constater la contravention, l'administration ne peut poursuivre le recouvrement des droits et amendes dus pour des billets non timbrés et décrits dans un acte authentique qui lui est étranger. On doit conclure de cet arrêt que la rédaction d'un procès-verbal est non-seulement nécessaire pour servir de titre à l'administration, mais que ce procès-verbal, pour être valable, doit être accompagné des pièces mêmes en contravention. Or, la demande faite au sieur Pellé, par le receveur à Belleville, des droits et amendes de timbre, est uniquement motivée sur l'énonciation contenue dans l'inventaire fait après le décès de la dame

---

[1] Cette décision apporte une première correction à l'application trop rigoureuse de l'art. 49 de la loi du 5 juin 1850, transcrite ci-dessus, p. 74. Voir *J. N.*, art. 14101 et 14216.

Pellé[1], de mémoires et factures non acquittés et rédigés sur papier non timbré. L'administration n'ayant point en sa possession les pièces en contravention, il devient impossible d'exiger le paiement des droits et amendes de timbre.

8 DÉCEMBRE 1850 (séance de l'Assemblée législative). *Rapport fait au nom de la quatorzième commission d'initiative parlementaire, par M. Martel, sur la proposition de M. Chouvy, tendant à créer un tarif général des droits et émoluments dus aux notaires pour les actes de leur ministère*[2].

Messieurs, notre honorable collègue, M. Chouvy, vous propose de nommer dans vos bureaux une commission de quinze membres qui serait chargée de préparer et de vous soumettre un projet de loi portant fixation et comprenant le tarif général des droits et émoluments revenant aux notaires pour les actes de leur ministère.

Ce sujet est grave : nous devons cependant, comme organe de votre commission d'initiative, vous soumettre, le plus sommairement possible, les motifs de la décision qu'elle a prise.

---

[1] Cet inventaire contient l'énonciation suivante :

Cote troisième. — Douze pièces qui sont : *notes, mémoires, factures* acquittées et non acquittées, desquelles il résulte qu'il a été payé 1099 fr. 11 c. pour réparations et qu'il serait encore dû 22 19 fr. Ces pièces ne sont *ni timbrées ni enregistrées.*

Une contrainte avait été décernée par le receveur de l'enregistrement à Belleville contre le sieur Pellé pour le paiement des droits de timbre de ces pièces et douze amendes de 5 fr. chacune, et c'est par la décision ministérielle du 21 novembre 1850 que l'abandon de cette demande a été ordonné.

[2] On a rarement lu de rapport touchant le notariat où les véritables intérêts de cette institution aient été appréciés avec autant de justesse et d'intelligence. Les points les plus délicats de la question ont été traités dans ce document avec une parfaite connaissance des faits et une profonde impartialité. L'état des choses y est peint tel qu'il est, et l'établissement d'un tarif légal n'y est pas présenté comme une mesure de défiance contre le notariat ; il est réclamé, au contraire, autant dans l'intérêt de l'institution que dans celui des parties. Voir *Journal du notariat* du 11 décembre 1850, et *J. N.*, art. 14315.

La loi du 25 ventôse an XI avait posé dans son art. 51 le principe des règlements d'honoraires entre les notaires et les parties de la manière suivante :

« Les honoraires et vacations des notaires seront réglés à l'a-
« miable entre eux et les parties, sinon par le tribunal civil de
« la résidence du notaire, sur l'avis de la chambre et sur simples
« mémoires, sans frais. »

Quatre ans plus tard, le 16 février 1807, un décret établit le tarif des frais et dépens en matière judiciaire; et dans son chapitre 7, livre 2, il contient diverses dispositions relatives aux actes des notaires se rattachant par leur nature à l'objet du tarif. L'art. 173 de ce décret maintint pour tous les autres actes le principe du règlement des honoraires par voie amiable; mais, chose remarquable, il reporta, en cas de contestation, du tribunal au président seul le droit de taxer les honoraires.

Cette position du notariat a été aggravée par un arrêt de la cour de cassation, du 1er décembre 1841, qui a décidé que la taxe des notaires par le juge est d'ordre public, qu'on ne saurait y renoncer par un règlement amiable, et qu'elle peut être réclamée en tout état de cause, même après que les honoraires ont été payés.

La conséquence de cette jurisprudence, c'est que les notaires ne peuvent avoir aucune sécurité pendant les trente années qui suivent le règlement amiable et volontairement exécuté des honoraires qui leur sont dus.

Un tel état de choses a soulevé les plus vives critiques, et excité de nombreuses plaintes tout aussi bien de la part des notaires que de celle de leurs clients. M. Chouvy estime que sa proposition, si elle est adoptée, y mettrait un terme.

Il est certain qu'en l'absence de toute fixation légale, le notaire le plus scrupuleux ne peut pas se mettre à l'abri d'une réduction d'honoraires; que, de son côté, le magistrat taxateur est souvent embarrassé du pouvoir arbitraire qui lui a été confié par la loi. Aussi n'est-il pas rare de voir dans des arrondissements contigus les mêmes actes taxés avec les différences les plus choquantes. Ce sont là des inconvénients d'autant plus fâcheux que le notaire dont la demande est réduite se trouve, par cela même, frappé dans sa considération.

Le public aussi est intéressé à la création d'un tarif, car il a besoin d'être protégé contre des exigences quelquefois abusives ; et, pour que la protection à laquelle il a droit soit efficace, il faut qu'il puisse connaître et vérifier, sans le secours du magistrat, la légitimité d'une demande d'honoraires.

Ajoutons que la fixation légale des émoluments des notaires faciliterait l'action disciplinaire et permettrait à l'administration de la justice d'exercer un contrôle bien plus exact sur les transmissions d'offices, en même temps qu'elle détruirait le scandale des actes faits au rabais et l'abus d'une concurrence déloyale[1].

---

[1] Voici en quels termes la chambre s'est exprimée sur ce point dans une délibération du 7 mai 1833 qui touche en même temps à la question de la proportionnalité des honoraires :

« Me Ch.... a soumis à la chambre le mémoire des déboursés et honoraires à lui dus par M. D. M.... pour une adjudication d'immeubles faite devant lui par acte du 12 juin 1831 ; il a représenté en même temps une lettre à lui écrite par M. M...,le...., contenant différentes observations sur le mémoire soumis à la chambre, et il a prié la chambre de donner son avis sur les difficultés élevées par M. M....

« La chambre partage entièrement l'avis de M. M.... quant au tarif ; elle n'a jamais pensé qu'il fît loi pour les parties qui contractent devant un notaire ; il ne peut avoir d'autre effet que de soumettre chaque notaire envers ses confrères à l'obligation de ne pas avilir son ministère en le mettant au rabais. C'est là le but annoncé ; le moyen d'exécution contre chaque notaire, c'est la promesse qu'il a donnée sur son honneur de s'y conformer, et il a rempli cette promesse en présentant un mémoire calculé sur le tarif et en ne consentant volontairement aucune réduction. Que les parties méconnaissent ce tarif, qu'elles recourent à M. le président du tribunal pour obtenir des réductions, elles en ont le droit, la chambre est loin de le contester.

« Les motifs qui ont déterminé les notaires à adopter cette mesure sont évidemment moraux et conservateurs de la dignité et de l'indépendance nécessaires à cette profession. Elle évite à l'homme instruit, appliqué, laborieux la douleur de se voir enlever sa clientèle par un intriguant sans mérite et sans honneur ; elle ne laisse aux notaires, pour attirer la confiance, que la louable émulation de la vertu et de la science ; elle sauve bien des gens faibles de la

La création d'un tarif légal offrirait donc des avantages considérables. Votre commission le reconnaît, et elle s'est demandé si cette création est possible.

M. Jaubert avait dit, en présentant la loi du 25 ventôse an XI au corps législatif :

« Il est démontré que la différence des lieux, des personnes et des choses rendrait un tarif impossible à rédiger selon les règles de la justice et de l'équité. »

Cependant une résolution du conseil des Cinq-Cents, du 1er floréal an VII, relative au notariat, contenait la disposition que voici :

« Les honoraires des notaires seront réglés par les parties, de

---

funeste tentation de s'adresser non pas à celui qui honore son ministère, mais à celui qui en trafique et le prostitue,

« Mais cette mesure si féconde en heureux résultats n'offre-t-elle pas d'inconvénients pour le public ? les notaires ne peuvent-ils pas s'en faire un moyen de concussion ? Voilà l'objection que l'on peut faire, et la chambre l'aborde franchement. Sans doute il est au nombre des choses possibles que l'on rencontre une réunion d'hommes pour qui les motifs annoncés ne seraient qu'un prétexte ; mais si cela arrivait, ces hommes se trahiraient par l'élévation de leur tarif, et l'autorité chargée des taxes en ferait justice.

« La chambre ne pense pas que celui des notaires de l'arrondissement de Strasbourg ait à redouter l'examen sous ce rapport. Ce tarif est le résumé fidèle de ce qui se pratiquait à Strasbourg depuis 'ongues années ; il est inférieur dans ses taxations à celui adopté et exécuté par les notaires de Colmar sous les yeux de M. le procureur général et à la plupart de ceux écrits ou non écrits qui sont en usage dans l'intérieur de la France....

« M. M...., ne traite la question de la remise proportionnelle qu'hypothétiquement, puisqu'il n'admet pas le tarif. Il ne veut allouer sur une vente que des vacations. Cependant l'usage constant et immémorial en Alsace et dans toute la France a toujours été qu'une vente, une obligation et en général tout ce qui donne ouverture à un droit proportionnel d'enregistrement doit également être tarifé proportionnellement pour les notaires. Ce principe a été consacré pour les ventes renvoyées par justice devant les notaires par l'art. 172 du tarif des frais et dépens. Le motif en est évident : le notaire est gardien de sa minute ; il est responsable envers les parties des dommages qu'elles pourraient éprouver par

gré à gré, sinon par les tribunaux, sur simple mémoire, et d'après un tarif qui sera fait par une loi particulière » (art. 9).

Mais cette disposition fut combattue au conseil des Anciens, et par suite écartée. Alors fut proposé par le conseil des Cinq-Cents, le 23 frimaire an VIII, un autre projet dont l'art. 97 portait seulement :

« Les divers honoraires et vacations de notaires sont réglés à l'amiable entre eux et les parties, sinon, en cas de difficultés quelconques, par le tribunal civil de l'arrondissement des notaires, sur simple mémoire et sans frais. »

Cette question d'un tarif général s'est présentée bien souvent depuis cette époque dans nos assemblées législatives. Entre les

---

la perte de cette minute. Or, les dangers de cette responsabilité s'accroissent avec les sommes, et il est de toute justice que la remise qui en est le prix suive la même gradation.

« Par ces motifs la chambre a trouvé le mémoire de M⁰ Cb...., entièrement conforme à l'usage et au tarif.

« *Le secrétaire*, TRIPONÉ. »

Observations sur la proportionnalité des honoraires.

Le principe de la proportionnalité en matière d'honoraires a, en effet, pour base et raison d'être la responsabilité du fonctionnaire. Si les notaires n'étaient pas responsables de leurs actes autrement que les juges ne le sont de leurs jugements, il n'y aurait aucune raison pour leur allouer des honoraires proportionnels; mais garants de leurs faits, ils doivent évidemment trouver dans chacune de leurs opérations un salaire qui, calculé sur les risques auxquels elle les expose, les indemnise des pertes qu'ils peuvent avoir à supporter.

Et cela est si naturel qu'il existe sous les yeux même des magistrats un exemple de l'application du principe de proportionnalité contre laquelle ils n'ont jamais songé à s'élever.

Nous avons dit que les jugements n'étaient pour les juges la source d'aucune responsabilité matérielle; mais au-dessous d'eux il existe un fonctionnaire qui est appelé à garantir les parties tout au moins de la conservation des pièces qui les intéressent; or, bien que la responsabilité qui pèse sur lui soit loin d'être aussi féconde en risques de toute nature que celle du notaire, il ne lui en est pas moins alloué, parmi les diverses sortes de salaires qu'il perçoit, des honoraires proportionnels.

La proportionnalité en matière de salaire est donc la conséquence nécessaire, forcée de la responsabilité attachée à certaines fonc-

divers rapports auxquels elle a donné lieu, nous citerons celui de l'honorable M. Dupin, parlant au nom de la commission des pétitions, dans la séance de la chambre des députés du 24 avril 1829. M. Dupin disait qu'avec un prix invariable pour telle ou telle nature d'acte, on ferait alternativement injustice au notaire et à la partie; il repoussait l'uniformité des honoraires, et il affir-

---

tions. L'honoraire proportionnel est la prime d'assurance que chaque partie paie pour être garantie contre des éventualités préjudiciables. Détruisez-le, et vous êtes conduits par les régles de l'équité à détruire en même temps le principe de responsabilité; cela pourra satisfaire quelques esprits ombrageux, mais ne satisfera pas les parties au même degré. Et, d'ailleurs, ce ne sera pas seulement le principe de la responsabilité que l'on aura détruit, on aura du même coup frappé les fonctions à salaires proportionnels. En effet, ce n'est pas arbitrairement que ceux qui exercent ces fonctions ont été assujettis à la responsabilité de leurs actes. Si cette responsabilité a été proclamée, c'est qu'elle est nécessaire, indispensable pour protéger les intérêts des parties; c'est qu'elle est une des conditions essentielles de l'exercice de la fonction; qu'elle disparaisse, et la fonction ne remplit plus le but qui lui a été assigné, et bientôt, comme tout ce qui est atteint dans son essence, dans sa constitution, cette fonction périra.

Ainsi, pour ceux qui pensent que l'exercice des fonctions de notaire doive être garanti par la responsabilité des fonctionnaires, il faut choisir entre l'abolition de cette fonction et le maintien de la proportionnalité des honoraires. Car voudrait-on obliger les notaires à demeurer garants de leurs actes, en leur enlevant la perception de la prime qui leur permet de supporter les chances aléatoires de leur responsabilité, que la fonction n'en périrait pas moins. Seulement, cette fois ce ne serait pas parce qu'elle serait privée de l'une des conditions essentielles à son exercice, mais parce qu'il ne se trouverait pas un homme assez fou pour consentir à remplir une fonction aussi difficile et aussi dangereuse, sans compensation d'aucune sorte. Et, en effet, ce serait de gaîté de cœur s'exposer à user sa fortune et sa vie, sans l'espoir d'aucune récompense même honorifique pour un si rude sacrifice; car si les fonctions de notaire sont dignes et entourent celui qui les exerce d'une certaine considération, ce n'en sont pas moins de ces fonctions modestes dans l'exercice desquelles on chercherait vainement pour compensation d'un labeur ingrat et périlleux autre chose qu'une honorable obscurité (*Journal du notariat* des 28 et 30 octobre 1850. Voir aussi ci-dessus la lettre ministérielle du 10 juin 1822, p. 118).

mait la sagesse du principe posé dans l'art. 51 de la loi du 25 ventôse an XI.

Des objections sérieuses, il faut le reconnaître, peuvent donc
être faites contre l'établissement d'un tarif; mais ces objections
sont-elles sans réponse? Nous ne le pensons pas. Il y a même
un fait qui les réfute de la manière la plus décisive; ce fait, c'est
qu'il existe, dans presque tous les arrondissements, des tarifs
qui sont délibérés, écrits ou imprimés, et appliqués par les
corporations des notaires. Sans aucun doute, ces tarifs sont
dépourvus de sanction légale; mais le fait de leur existence
démontre évidemment qu'il y a possibilité de réglementer la matière. Que l'on compare entre eux tous ces tarifs; que l'on in-
terroge les traditions du notariat; que l'on consulte les taxes
ordonnées par les magistrats; que l'on tienne compte enfin de
tous les renseignements fournis à cet égard par l'expérience, et
l'on fera pour les actes notariés qui procèdent de la juridiction
volontaire ce qui a été fait par le décret du 16 février 1807 pour
les actes qui appartiennent à la juridiction contentieuse. Il ne
s'agit, après tout, que d'étendre l'application d'un principe reconnu utile depuis longtemps, application à laquelle résisteraient
seulement quelques actes en petit nombre.

Dans ces dernières années, la question de l'établissement d'un
tarif est revenue bien souvent, par voie de pétitions, à l'examen
des chambres des pairs et des députés. Nous pourrions citer,
pour les seules années 1844, 1845, 1846 et 1847, au moins
dix rapports présentés à ces chambres, dont l'un surtout, éma-
nant de l'honorable M. de Flavigny; tous ces rapports étaient
favorables à la création d'un tarif et concluaient au renvoi des
pétitions à M. le garde des sceaux. Ces conclusions furent inva-
riablement adoptées par les chambres.

Tout récemment encore, notre collègue, M. de Crouseilhes,
en vous présentant, dans la séance du 18 avril dernier, son rapport au nom de la commission chargée d'examiner le projet de
loi sur l'organisation judiciaire, vous disait:

« Une lacune immense se fait aussi sentir en ce qui regarde
le notariat.

« Depuis plusieurs années de nombreuses pétitions ont été adressées aux assemblées législatives, et par les chambres des notaires elles-mêmes, et par de simples citoyens. N'avez-vous pas entrevu déjà, Messieurs, les puissantes considérations qui appellent ce tarif? Protection nécessaire aux parties contre les dures exigences qui pourraient se produire de la part de ceux qui seraient tentés d'abuser ;

« Appui nécessaire aux notaires eux-mêmes contre les résistances injustes ;

« Et surtout nécessité pour l'État de ne pas laisser dans un dangereux arbitraire cette foule innombrable de transactions que la loi, plus encore que l'usage, impose à tous les citoyens dans tous les actes de leur vie civile. Le tarif de 1807 n'a pas tout prévu, il s'en faut ; votre commission ne s'est pas dissimulé que tous les faits de charge du notariat ne sauraient être prévus et tarifés ; mais dans une foule de cas où les notaires sont à peu près officiers juridictionnels, nos mœurs judiciaires exigent que les citoyens puissent connaître le coût de certains actes devenus indispensables pour la consolidation de leurs intérêts.

« Votre commission, continuait M. de Crouseilhes, pense donc qu'il y aurait urgence à faire pour les greffiers et les notaires des règlements depuis si longtemps attendus. »

En présence de ces autorités, nous pouvons dire sans témérité que la question du tarif est mûre, et que sa solution est d'autant plus désirable qu'elle se présente aujourd'hui avec un caractère d'incontestable opportunité. Nous allons, en effet, nous occuper très-prochainement de l'organisation judiciaire, de projets de loi concernant les priviléges et hypothèques, la saisie immobilière, les ventes de fruits et récoltes, et d'autres matières qui se rattachent à la mutation de la propriété, soit mobilière, soit immobilière ; toutes ces œuvres seraient en quelque sorte imparfaites, et le bienfait qu'en attend le pays, incomplet, si des règlements ne viennent pas entourer de sages garanties l'exercice des offices.

Toutefois votre commission d'initiative n'approuve pas le mode proposé par l'honorable M. Chouvy pour arriver à l'établissement d'un tarif des actes notariés. Notre collègue voudrait que ce tarif fût discuté et créé par l'Assemblée. Il nous paraît impossible que nous nous chargions utilement d'un semblable travail; c'est plutôt par voie de règlements d'administration publique que l'on doit arriver à la création d'un tarif.

Ce tarif, d'ailleurs, ne saurait être uniforme pour toute la France; autrement l'on s'exposerait à commettre de criantes injustices. Il faut, en cette matière, tenir compte de la diversité des usages et des intérêts locaux, et il n'y a guère que le gouvernement qui puisse, avec le concours du conseil d'État, conduire à fin l'œuvre délicate de la fixation des honoraires dus pour les actes et les vacations des notaires, le principe de la loi de ventôse devant, au surplus, conserver son effet pour tous les cas qui n'auraient pas été prévus et pour les actes qu'on reconnaîtrait ne pas pouvoir tarifer.

Votre commission s'est déterminée, par ces motifs, à vous demander de ne pas prendre en considération la proposition de l'honorable M. Chouvy.

Mais, en émettant ces conclusions, elle croit devoir vous dire qu'elle a reçu de M. le garde des sceaux l'assurance que le gouvernement a préparé un projet de loi relatif au notariat, et que l'une des dispositions de ce projet, dont vous serez saisis, prescrit que les actes notariés seront soumis, pour la fixation des honoraires qu'ils comportent, à des règlements d'administration publique.

CONTRAVENTIONS NOTARIALES.

AMENDES AUXQUELLES ELLES SONT ASSUJETTIES, NULLITÉS QU'ELLES ENTRAINENT.

AMENDES[1].

RÉPERTOIRE (*dépôt annuel*).

Retard d'effectuer au greffe le dépôt annuel de la copie du répertoire, 10 fr. (Loi du 16 floréal an IV, art. 1er).

TIMBRE.

Acte public sur papier libre, ou à la suite d'un autre acte sur la même feuille de papier timbré, ou sur papier ayant servi à un autre acte inachevé, ou en conséquence d'un acte non timbré, 20 fr. (Loi du 13 brumaire an VII, art. 26).

Altération de l'empreinte du timbre, 5 fr. (Idem).

Expédition contenant plus de 25 lignes à la page de papier à 1 fr. 25 c., 5 fr. (Idem).

Expédition sur papier d'un timbre inférieur à un 1 fr. 25 c., 5 fr. (Idem).

Apposition d'affiches non timbrées, 20 fr. (Loi du 28 avril 1816, art. 69).

Apposition d'affiches sur papier blanc, 20 fr. (Loi du 25 mars 1817, art. 77).

Protêt d'effets négociables ou de commerce non écrit sur papier du timbre prescrit ou non visé pour timbre, 20 fr. (Loi du 24 mai 1834, art. 23).

Défaut de déclaration qu'un titre, registre, effet de commerce ou tout autre acte sujet au timbre et cité dans un acte public est

---

[1] La loi du 16 juin 1824, art. 10, a réduit toutes les amendes prononcées par les lois antérieures sur le timbre, l'enregistremen t et le notariat aux sommes énoncées dans cette récapitulation.

ou n'est pas revêtu du timbre prescrit, 10 fr. par chaque contravention (Loi du 13 brumaire an VII, art. 21 ; Loi du 5 juin 1850).

PUBLICITÉ DES CONTRATS DE MARIAGE.

Défaut de mention dans les contrats de mariage de la lecture aux parties du dernier alinéa des art. 1391 et 1394 du Code civil, 10 fr. (Loi du 10 juillet 1850).

CONTRAT DE MARIAGE DE COMMERÇANTS.

Défaut de dépôt dans le mois de leur date des extraits des contrats de mariage de commerçants, 20 fr. (Code de commerce, art. 68).

ENREGISTREMENT.

Omission ou intercalation sur les répertoires, 5 fr. pour chaque contravention (Loi du 22 frimaire an VII, art. 49).

Défaut de mention sur les expéditions et dans les actes de la quittance littérale des droits d'enregistrement, 5 fr. (Id., art. 44).

Défaut d'enregistrement dans le délai prescrit, de chaque acte notarié sujet au droit fixe, ou dont le droit proportionnel ne s'élève pas à 10 fr., 10 fr. (Idem, art. 33). Les actes assujettis à un droit proportionnel excédant 10 fr. sont passibles du double droit.

Délivrance, sans enregistrement préalable, de tout brevet, copie ou expédition d'acte assujetti à cette formalité, 10 fr. (Idem, art. 41).

Acte fait en vertu d'un acte sous signature privée, ou passé en pays étranger, s'il n'a été préalablement enregistré, 10 fr. (Idem, art. 42).

Les *notaires* peuvent cependant instrumenter en vertu et par suite d'actes sous seing-privé non enregistrés et les énoncer dans leurs actes, mais sous la condition que chacun de ces actes sous seing-privé demeurera annexé à celui dans lequel il se trouvera mentionné, qu'il sera soumis *avant lui* à la formalité de l'enregistrement et que les notaires seront personnellement responsables non-seulement des droits d'enregistrement et de timbre, mais encore des amendes auxquelles les actes sous seing-privé se trouveront assujettis (Loi du 16 juin 1824, art. 13).

Acte reçu en dépôt sans qu'il ait été dressé un acte pour constater ce dépôt, 10 fr. (Loi du 22 frimaire an VII, art. 43[1]).

Refus de communiquer aux préposés de l'enregistrement les répertoires et titres publics dont ils sont chargés, 10 fr. (Idem, art. 52 et 54).

Retard de présentation des répertoires au visa trimestriel du receveur de l'enregistrement, 10 fr. (Idem, art. 54.)

VENTES DE MEUBLES.

Défaut de déclaration préalable à une vente de meubles aux enchères, 20 fr. (Loi du 22 pluviôse an VII, art. 7).

Défaut de transcription en tête du procès-verbal de la déclaration préalable, 5 fr. (Idem).

Pour chaque article non écrit en toutes lettres dans le procès-verbal de vente aux enchères, 5 fr. (Idem).

Pour chaque altération de prix des articles adjugés, 20 fr. (Id.).

Pour chaque article adjugé et non porté au procès-verbal, 20 fr. (Idem).

POIDS ET MESURES.

Toute contravention aux lois et règlements sur les poids et mesures métriques est passible d'une amende de 20 fr. (Loi du 4 juillet 1837, art. 5).

NOTARIAT.

Défaut d'indication des nom et résidence du notaire, 20 fr. (Loi du 25 ventôse an XI, art. 12).

Abréviations, blancs, lacunes, défaut d'énonciation des noms, qualités et demeures des parties et des témoins, 20 fr. (Id., art. 13).

Sommes et dates mises en chiffres, défaut de mention de la lecture des actes aux parties, procurations non annexées, 20 fr. (Idem, art. 13).

---

[1] Font exception les testaments olographes déposés aux notaires par ordonnance du président du tribunal civil. Voir *Dictionnaire du notariat* et supplément, v° Dépôt de testament, art. 21.

Additions, interlignes, ratures et renvois non approuvés, surcharges, 10 fr. (Idem, art. 16).

Contravention aux lois et arrêtés concernant les clauses et expressions abolies, les mesures métriques et la numération décimale, 20 fr. (Idem, art. 17).

Expédition délivrée ou communication donnée à d'autres qu'aux parties intéressées, 20 fr. (Idem, art. 23).

En cas de retard de la remise des minutes et répertoires d'un notaire remplacé, 20 fr. (Idem, art. 57).

NULLITÉS.

Nullités résultant des contraventions à la loi du 25 ventôse an XI.

Les actes des notaires sont nuls :

S'ils ne sont pas reçus par deux notaires ou par un notaire, assisté de deux témoins (art. 9).

Si les notaires ou les témoins instrumentaires sont parents ou alliés avec les parties, en ligne directe à tous les degrés, et en ligne collatérale jusqu'au degré d'oncle et de neveu inclusivement (art. 8, 10 et 68).

Si les deux notaires qui reçoivent un acte sont parents ou alliés entre eux aux mêmes degrés (art. 10 et 68).

Si les témoins d'un acte reçu par un notaire seul sont parents avec lui aussi aux mêmes degrés (mêmes articles).

Si le notaire a employé comme témoin ses clercs ou ses serviteurs (idem).

Quand les témoins ne sont pas citoyens français et domiciliés dans l'arrondissement communal où l'acte est passé.

Lorsque l'acte n'est pas signé par les parties qui savent signer, par les deux notaires, ou par le notaire et les témoins instrumentaires (art. 14 et 68).

Si, dans les actes déterminés par la loi du 21 juin 1843 sur la forme des actes notariés, il n'est pas fait mention expresse que la lecture de l'acte et la signature des parties ont eu lieu en présence du notaire en second ou des deux témoins instrumentaires.

Par défaut de mention, à la fin de l'acte, que les parties ne savent ou ne peuvent signer, le cas échéant, et de leur déclaration à cet égard (art. 14 et 68).

Pour omission, 1° des noms et demeures des témoins instrumentaires (art. 12 et 68).

2° Du lieu, de l'année et du jour où les actes sont passés.

S'ils sont délivrés en brevet quand ils doivent être retenus en minute (art. 20 et 68).

S'ils ont été reçus par un notaire suspendu, destitué ou remplacé, après la notification de sa suspension, de sa destitution ou de son remplacement (art. 52 et 68).

Il est observé néanmoins que l'acte notarié, nul pour défaut de forme, vaut comme écriture privée, s'il a été signé par les parties, sauf, s'il y a lieu, les dommages-intérêts contre le notaire qui l'a reçu (art. 68).

Nullités concernant les testaments.

La loi prononce la nullité des testaments à l'égard desquels les formalités prescrites par les art. 967 à 1000 dn Code civil n'ont pas été observées (art. 1001 du Code).

SUSPENSION ET DESTITUTION.

Des cas donnant lieu à la suspension ou à la destitution d'un notaire.

SUSPENSION.

Il y a lieu de suspendre un notaire :

1° Lorsqu'il instrumente hors de son ressort (Loi du 25 ventôse an XI, art. 6) : *Suspension* de trois mois; *destitution* en cas de récidive.

2° S'il délivre expédition ou donne connaissance, sans y être autorisé par ordonnance du président du tribunal de première instance, d'un acte à d'autres personnes qu'aux intéressés en nom direct, héritiers ou ayants-droit (Idem, art. 23) : Amende de 20 fr.; *suspension* de trois mois en cas de récidive.

3° S'il ne rétablit pas son cautionnement employé, en tout ou en partie, au paiement des condamnations prononcées contre lui par suite de l'exercice de ses fonctions (Id., art. 32) : *Suspension* jusqu'à ce que le cautionnement ait été entièrement rétabli.

DESTITUTION.

Un notaire peut être destitué :

S'il instrumente hors de son ressort après avoir encouru la peine de la suspension pour une première infraction à l'art. 6 de la loi du 25 ventôse an XI.

2° En cas de surcharge, interligne ou addition dans le corps d'un acte, s'il est reconnu qu'il y a eu fraude de sa part (Idem, art. 16).

3° S'il a délivré, même à la partie intéressée, une seconde grosse, sans une ordonnance du président du tribunal de première instance (Idem, art. 26).

4° Dans le cas où, soit ouvertement, soit par actes simulés, soit par interposition de personnes, il aura pris ou reçu quelqu'intérêt que ce soit dans les adjudications, entreprises ou régies dont il avait l'administration ou la surveillance, en tout ou en partie, au temps de l'acte (Code pénal, art. 175).

5° S'il a omis de faire le dépôt, par extrait, dans le mois de sa date, d'un contrat de mariage entre époux, dont l'un est commerçant, aux greffes et chambres désignés (art. 872 du Code de procédure) pour être exposé au tableau conformément au même article.

La destitution est prononcée s'il est prouvé que l'omission soit la suite d'une collusion (Code de commerce, art. 68).

6° Pour avoir omis de laisser copie exacte des protêts, et de les inscrire en entier, jour par jour et par ordre de dates, dans un registre particulier, coté et paraphé, et tenu dans les formes prescrites pour les répertoires (Idem, art. 176).

D'après la généralité des termes de l'art. 53 de la loi de ventôse il appartient aux tribunaux de prononcer encore soit la suspension, soit la destitution, toutes les fois que les fautes commises par les notaires sont jugées assez graves pour que l'intérêt de la société exige l'application de l'une ou l'autre de ces peines (arrêt de la cour suprême du 24 juin 1828).

Toutes suspensions et destitutions sont prononcées contre les notaires par le tribunal civil de leur résidence, à la poursuite des parties intéressées ou d'office à la poursuite et diligence du procureur du roi.

Ces jugements sont sujets à l'appel et exécutoires par provision, excepté quant aux condamnations pécuniaires (même article).

APPENDICE.

LOI DU 10 DÉCEMBRE 1850

AYANT POUR OBJET DE FACILITER LE MARIAGE DES INDIGENTS, LA LÉGITIMATION DE LEURS ENFANTS NATURELS ET LE RETRAIT DE CES ENFANTS DÉPOSÉS DANS LES HOSPICES.

(*Bulletin des lois*, n° 334; 10° Série, n° 2592.)

L'Assemblée nationale a adopté LA LOI dont la teneur suit :

ART. 1er. Les pièces nécessaires au mariage des indigents, à la légitimation de leurs enfants naturels et au retrait de ces enfants déposés dans les hospices, seront réclamées et réunies par les soins de l'officier de l'état civil de la commune dans laquelle les parties auront déclaré vouloir se marier.

Les expéditions de ces pièces pourront, sur la demande du maire, être réclamées et transmises par les procureurs de la République.

2. Les procureurs de la République pourront, dans les mêmes cas, agir d'office et procéder à tous actes d'instruction préalables à la célébration du mariage.

3. Tous jugements de rectification ou d'inscription des actes de l'état civil, toutes homologations d'actes de notoriété et généralement tous actes judiciaires ou procédures nécessaires au mariage des indigents seront poursuivis et exécutés d'office par le ministère public.

4. Les extraits des registres de l'état civil, les actes de notoriété, de consentement, de publications; les délibérations de conseil de famille, les certificats de libération du service militaire, les dispenses pour cause de parenté, d'alliance ou d'âge, les actes de reconnaissance des enfants naturels, les actes de procédure, les jugements et arrêts dont la production sera nécessaire dans les cas prévus par l'art. 1er, seront visés pour

timbre et enregistrés gratis, lorsqu'il y aura lieu à enregistrement. Il ne sera perçu aucun droit de greffe ni aucun droit de sceau au profit du trésor sur les minutes et originaux, ainsi que sur les copies ou expéditions qui en seraient passibles.

L'obligation du visa pour timbre n'est pas applicable aux publications civiles ni au certificat constatant la célébration civile du mariage.

5. La taxe des expéditions des actes de l'état civil requises pour le mariage des indigents est réduite, quels que soient les détenteurs de ces pièces, à 30 c, lorsqu'il n'y aura pas lieu à légalisation, à 50 c. lorsque cette dernière formalité devra être accomplie.

Le droit de recherche alloué aux greffiers par l'art. 14 de la loi du 21 ventôse an VII, les droits de légalisation perçus au ministère des affaires étrangères ou dans les chancelleries de France à l'étranger, sont supprimés en ce qui concerne l'application de la présente loi.

6. Seront admises au bénéfice de la loi les personnes qui justifieront d'un certificat d'indigence, à elles délivré par le commissaire de police, ou par le maire dans les communes où il n'existe pas de commissaire de police, sur le vu d'un extrait du rôle des contributions constatant que les parties intéressées paient moins de 10 fr., ou d'un certificat du percepteur de leur commune portant qu'elles ne sont pas imposées.

Le certificat d'indigence sera visé et approuvé par le juge de paix du canton. Il sera fait mention dans le visa de l'extrait des rôles ou du certificat négatif du percepteur.

7. Les actes, extraits, copies ou expéditions ainsi délivrés, mentionneront expressément qu'ils sont destinés à servir à la célébration d'un mariage entre indigents, à la légitimation ou au retrait de leurs enfants naturels déposés dans les hospices.

Ils ne pourront servir à autres fins sous peine de 25 fr. d'amende, outre le paiement des droits, contre ceux qui en auront fait usage, ou qui les auront indûment délivrés ou reçus.

Le recouvrement des droits et des amendes de contravention sera poursuivi par voie de contrainte, comme en matière d'enregistrement.

8. Le certificat prescrit par l'art. 6 sera délivré en plusieurs originaux lorsqu'il devra être produit à divers bureaux d'enregistrement. Il sera remis au bureau de l'enregistrement où les actes, extraits, copies ou expéditions devront être visés pour timbre et enregistrés gratis. Le receveur en fera mention dans le visa pour timbre et dans la relation de l'enregistrement.

Néanmoins les réquisitions des procureurs de la République tiendront lieu des originaux ci-dessus prescrits, pourvu qu'elles mentionnent le dépôt du certificat d'indigence à leur parquet.

L'extrait du rôle ou le certificat négatif du percepteur sera annexé aux pièces déposées pour la célébration du mariage.

9. La présente loi est applicable au mariage entre Français et étrangers.

Elle sera exécutoire aux colonies.

10. L'art. 8 de la loi du 3 juillet 1846, l'ordonnance du 30 décembre 1846[1] et toutes dispositions contraires à la présente loi sont abrogés.

Délibéré en séance publique, à Paris, les 18, 27 novembre et 10 décembre 1850.

Le président et les secrétaires,
DUPIN; ARNAUD (de l'Ariége), CHAPOT, BÉRARD,
DE HECKEREN, PEUPIN.

La présente loi sera promulguée et scellée du sceau de l'État.

Le président de la République,
LOUIS-NAPOLÉON BONAPARTE.

Le garde des sceaux, ministre de la justice,
E. ROUHER.

---

[1] Voir ces dispositions, p. 81, où elles se trouvaient déjà imprimées lors de la promulgation de la présente loi qui les abroge.

LOI DU 19 DÉCEMBRE 1850

RELATIVE AU DÉLIT D'USURE.

(Bulletin des lois, n° 338; 10° Série, n° 2604.)

L'Assemblée nationale a adopté LA LOI dont la teneur suit :

Les art. 3 et 4 de la loi du 3 septembre 1807[1] sont modifiés ainsi qu'il suit :

---

[1] *Loi du 3 septembre 1807.*

ART. 1er. L'intérêt conventionnel ne pourra excéder, en matière civile, 5 p. °/°, ni, en matière commerciale, 6 p. °/°; le tout sans retenue.

2. L'intérêt légal sera, en matière civile, de 5 p. °/°, et, en matière de commerce, de 6 p. °/°; aussi sans retenue.

3. Lorsqu'il sera prouvé que le prêt conventionnel a été fixé à un taux excédant celui qui est fixé par l'art. 1er, le prêteur sera condamné par le tribunal saisi de la contestation à restituer cet excédant, s'il l'a reçu, et pourra même être envoyé, s'il y a lieu, devant le tribunal correctionnel, pour y être jugé conformément à l'article suivant.

4. Tout individu qui sera prévenu de se livrer habituellement à l'usure, sera traduit devant le tribunal correctionnel et, en ce cas, condamné à une amende qui ne pourra excéder la moitié des capitaux qu'il aura prêtés à usure.

S'il résulte de la procédure qu'il y a eu escroquerie de la part du prêteur, il sera condamné, outre l'amende ci-dessus, à un emprisonnement qui ne pourra excéder deux ans.

5. Il n'est rien innové aux stipulations d'intérêt par contrat ou autres actes faits jusqu'au jour de la publication de la présente loi.

En rapprochant cette loi de la nouvelle, on voit que la pénalité a été aggravée par celle-ci, et que toutes les fois qu'il sera établi désormais dans une instance civile ou commerciale qu'un prêt a été fait à un taux supérieur à celui fixé par la loi, les sommes excessives seront imputées de plein droit sur la créance ou restituées avec intérêts si la créance est éteinte, alors même qu'il n'y aurait pas habitude d'usure de la part du créancier.

Le transport de termes ou d'annuités, pour un prix moindre que le capital, présente-t-il une négociation usuraire? Beaucoup de

ART. 1er. Lorsque dans une instance civile ou commerciale il sera prouvé que le prêt conventionnel a été fait à un taux supérieur à celui fixé par la loi, les perceptions excessives seront imputées de plein droit, aux époques où elles auront eu lieu, sur les intérêts légaux alors échus, et subsidiairement sur le capital de la créance.

Si la créance est éteinte en capital et intérêts, le prêteur sera condamné à la restitution des sommes indûment perçues, avec intérêt du jour où elles lui auront été payées.

Tout jugement civil ou commercial constatant un fait de cette nature sera transmis par le greffier au ministère public dans le délai d'un mois, sous peine d'une amende qui ne pourra être moindre de 16 fr. ni excéder 100 fr.

2. Le délit d'habitude d'usure sera puni d'une amende qui pourra s'élever à la moitié des capitaux prêtés à usure, et d'un emprisonnement de six jours à six mois.

3. En cas de nouveau délit d'usure, le coupable sera condamné au maximum des peines prononcées par l'article précé-

---

transports se font de la sorte et eu égard aux chances à courir par le cessionnaire; sous l'empire de la loi du 3 septembre 1807 on les considérait comme des actes d'*escompte* qui n'ont rien de commun avec le *prêt conventionnel*, et la cour de cassation a constamment décidé que l'escompte au-dessus du taux de l'intérêt légal ne constituait pas un fait d'usure. Le dernier arrêt qui ait été rendu est du 16 août 1828. En est-il autrement sous la nouvelle loi? La discussion à laquelle cette loi a donné lieu ne le fait pas supposer, et ce qui semble confirmer que la même interprétation doive être admise, c'est le rejet de l'art. 1er proposé par la commission et qui était ainsi conçu :

« Toute stipulation qui, dans le prêt à intérêt, a pour but d'excéder le taux fixé par la loi, constitue le délit d'usure, quelles que soient les combinaisons employées pour le déguiser. »

Les observations de M. de Saint-Priest après le rejet de cette disposition, prouvent également que l'objet de sa proposition n'était plus que d'établir une pénalité plus sévère contre les usuriers de profession.

Néanmoins il pourrait y avoir opération usuraire si le cédant garantissait personnellement l'acquittement des termes, parce que alors il constituerait en quelque sorte la créance sur lui-même.

dent, et elles pourront être élevées jusqu'au double, sans préjudice des cas généraux de récidive prévus par les art. 57 et 58 du Code pénal.

Après une première condamnation pour habitude d'usure, le nouveau délit résultera d'un fait postérieur, même unique, s'il s'est accompli dans les cinq ans à partir du jugement ou de l'arrêt de condamnation.

4. S'il y a eu escroquerie de la part du prêteur, il sera passible des peines prononcées par l'art. 405 du Code pénal, sauf l'amende, qui demeurera réglée par l'art. 2 de la présente loi.

5. Dans tous les cas, et suivant la gravité des circonstances, les tribunaux pourront ordonner, aux frais du délinquant, l'affiche du jugement et son insertion par extrait dans un ou plusieurs journaux du département.

6. Ils pourront également appliquer, dans tous les cas, l'art. 463 du Code pénal.

7. L'amende prévue par le dernier paragraphe de l'art. 1er sera prononcée, à la requête du ministère public, par le tribunal civil.

Délibéré en séance publique, à Paris, les 15 juin, 1er juillet et 19 décembre 1850.

Le président et les secrétaires,
BENOIST D'AZY, vice-président; ARNAUD (de l'Ariége),
CHAPOT, BÉRARD, DE HECKEREN, PEUPIN.

La présente loi sera promulguée et scellée du sceau de l'État.

Le président de la République,
LOUIS-NAPOLÉON BONAPARTE.
Le garde des sceaux, ministre de la justice,
E. ROUHER.

RÈGLEMENTS

DE LA

COMPAGNIE DES NOTAIRES

DE L'ARRONDISSEMENT DE STRASBOURG.

RÈGLEMENT OFFICIEL.

Nous garde des sceaux, ministre secrétaire d'État au département de la justice et des cultes,

Vu l'art. 23 de l'ordonnance du roi, du 4 janvier 1843, sur l'organisation des chambres des notaires et la discipline du notariat;

Vu le règlement particulier des notaires de l'arrondissement de Strasbourg, résultant d'une délibération prise le 2 mai 1844 par l'assemblée générale des notaires de l'arrondissement;

Considérant que les articles ci-dessous énoncés de ce règlement ne contiennent rien de contraire aux lois et règlements généraux sur le notariat,

Avons arrêté et arrêtons ce qui suit :

ART. 1er. Les articles *transcrits ci-après* sont approuvés et formeront le règlement particulier des notaires de l'arrondissement de Strasbourg.

ART. 2. Le présent arrêté sera, à la diligence du procureur général près la cour royale de Colmar, transcrit sur le registre des délibérations de la chambre des notaires.

Donné à Paris, à l'hôtel de la chancellerie, le 6 mai 1847.

Le garde des sceaux, ministre de la justice et des cultes,

HÉBERT.

Pour copie conforme :

Le conseiller d'État, secrétaire général du ministre de la justice,

DECLOZAUX.

Pour copie conforme délivrée à M. le président de la chambre des notaires :

Pour le procureur du roi,

VÉRAN, substitut.

11.

CHAPITRE PREMIER.

DEVOIRS GÉNÉRAUX DES NOTAIRES.

§ 1er.

Devoirs dérivant de la confraternité et des fonctions notariales.

Art. 1er. Il est défendu aux notaires de passer ou rédiger des actes dans les locaux servant à auberges, cafés ou cabarets, à moins que les personnes qui les habitent ne soient parties intéressées, et dans ce cas le notaire évitera de se placer dans les locaux où se fait le débit des boissons.

Les procès-verbaux d'adjudication qui ne seraient pas reçus, soit dans l'étude du notaire, soit au domicile des parties, devront autant que possible être passés dans les salles de mairie, de justice de paix ou d'écoles communales.

Art. 2. Tous arrangements entre les notaires et les officiers ministériels judiciaires, les agents et solliciteurs d'affaires ou toutes autres personnes étrangères au notariat, à raison du partage des honoraires, sont prohibés.

Art. 3. Le notaire ne pourra, à raison de ses fonctions, se transporter hors de sa résidence à des époques périodiques, ni établir un cabinet autre que celui qui forme le siège de son étude.

Art. 4. Il est interdit aux notaires de procéder, hors de leur ressort, à une vente publique d'immeubles par actes sous signatures privées, ou même sur de simples notes, et de la réaliser ensuite, soit dans leurs études, soit dans un lieu quelconque du ressort de leurs résidences.

Art. 5. Lorsqu'un notaire sera absent, malade ou momentanément empêché, il sera remplacé par l'un de ses confrères qui n'agira que comme le substituant, et ne pourra rien prétendre dans les vacations et honoraires; la minute restera dans l'étude du notaire substitué et l'acte sera porté sur les deux répertoires[1].

---

[1] Voir p. 116.

Art. 6. Il est du devoir des notaires d'aider de leurs conseils et de tous leurs moyens la veuve et les enfants d'un notaire décédé.

La chambre de discipline nommera trois notaires parmi ceux en exercice, ou parmi les notaires honoraires, pour servir de conseils aux veuve et enfants du notaire décédé, dans le cas où ces veuve et enfants croiraient devoir recourir aux lumières et au dévouement de ce conseil officieux.

Art. 7. En cas de décès d'un notaire, les honoraires des actes reçus par le notaire commis en conformité de l'art. 61 de la loi du 25 ventôse an XI, appartiendront à la veuve et aux représentants du notaire décédé.

§ 2.

Des devoirs des notaires en ce qui concerne à la fois leurs collègues et les tiers.

Art. 8. Les études des notaires ne seront indiquées à l'avenir que par des panonceaux aux armes de France, sans aucune légende. Ces panonceaux seront au nombre de deux au moins et de quatre au plus. Toutes autres indications seront supprimées dans le délai de trois mois de l'approbation du présent règlement.

Art. 9. Dans le délai de trois mois de l'approbation du présent règlement, les notaires qui jusqu'alors s'en seraient abstenus, seront invités à ouvrir et à tenir à jour des livres de comptabilité propres à justifier leur position vis-à-vis de leurs clients, ainsi que les recettes et les dépenses journalières de l'étude.

Art. 10. Il est interdit aux notaires de multiplier les actes, en les divisant sans utilité ou sans nécessité.

§ 3.

Des devoirs des notaires à l'égard des tiers[1].

Art. 11. Les notaires doivent expliquer aux parties les conséquences, pour chacune d'elles, des actes qu'elles consentent,

---

[1] Nous ne pouvons résister au plaisir de transcrire ici le passage suivant d'un discours de M. de Vatimesnil, représentant du peuple,

afin qu'elles apprécient exactement leurs obligations et ne puissent jamais penser que leurs conventions ont été infidèlement reproduites par la rédaction.

ART. 12. Lorsque le notaire ne veut pas faire l'avance des

à l'Assemblée législative, dans la discussion récente du projet de loi sur la réforme hypothécaire et à l'occasion des contrats passés à l'étranger qui renferment une constitution d'hypothèque (séance du 26 décembre 1850). Cette esquisse du ministère et des devoirs du notaire est d'une rare perfection.

« La constitution d'hypothèque, le prêt sur hypothèque, ce n'est pas un acte qu'on puisse comparer à tous les autres ; c'est un acte d'une nature particulière ; c'est un acte dans lequel les deux parties ont également besoin d'un conseil impartial, éclairé et désintéressé ; la loi le leur donne : ce conseil, c'est le notaire ; le notaire est là non pas pour écrire l'acte sous la dictée des parties, comme un scribe, et pour donner authenticité à la signature des parties ; non, il a une mission plus honorable et plus élevée : il est là pour diriger les parties et, si j'ose le dire, pour les protéger, car, toutes les deux, elles ont besoin de protection ; l'emprunteur, lui, a besoin de protection, parce que le prêteur peut, dans beaucoup de cas, profiter de la situation pour lui faire la loi ; le prêteur a aussi besoin de protection : il est le plus fort, c'est vrai ; mais l'emprunteur, qui est le faible, fait souvent ce que font les faibles ; il emploie la ruse, il présente au prêteur comme bon un gage qui ne vaut rien en réalité. Maintenant qu'est-ce qui peut déterminer si le gage est bon ou s'il est mauvais ? C'est l'examen des titres de propriété. La propriété est-elle bien constituée, est-elle bien purgée ? Voilà pourquoi il faut qu'il y ait un notaire, c'est-à-dire un homme habitué à faire ces sortes de vérifications. Il y a même, en général, dans les actes notariés, contenant prêt par hypothèque, une partie fort importante, c'est ce qu'on appelle l'établissement de la propriété ; je sais bien qu'il y a des pays où on ne fait pas d'établissement de propriété : on a tort de ne pas le faire ; mais si on ne fait pas d'établissement de propriété, on fait quelque chose d'équivalent : on examine les actes pour voir si la propriété est bien établie et si elle est bien purgée, et c'est le notaire qui fait cet examen ; et quand il l'a fait d'une manière infidèle ou superficielle, et qui ait placé le créancier dans une mauvaise position, qui lui ait fait perdre les garanties qui devaient lui être assurées, toujours le notaire est déclaré responsable par les tribunaux.

« Voilà pourquoi, dans les conventions passées entre les parties, on exige la présence d'un notaire. Voilà notre droit intérieur. »

droits d'enregistrement d'un acte, il doit en prévenir les parties avant la rédaction ou s'abstenir de recevoir cet acte.

ART. 13. Le notaire qui reçoit un acte portant cession d'une partie de créance, doit autant que possible se faire représenter la grosse du titre constitutif et y annoter cette cession partielle.

Dans les cas analogues, notamment pour la révocation de testament, il doit faire pareille annotation sur toutes pièces où cette précaution lui paraîtra propre à empêcher la fraude, l'erreur et les doubles emplois.

ART. 14. La remise des grosses exécutoires sera constatée sur la marge de la première page de la minute par une mention sommaire paraphée par le notaire[1].

CHAPITRE II.

TENUE DES SÉANCES. — ASSEMBLÉES GÉNÉRALES. — RÉUNIONS DE LA CHAMBRE. — ATTRIBUTIONS. — BOURSE COMMUNE.

§ 1er.

Dispositions générales sur la tenue des séances des assemblées générales et de la chambre.

ART. 15. La police des assemblées appartient au président qui accorde la parole et maintient l'ordre dans les discussions.

ART. 16. A l'ouverture de chaque séance, il est donné lecture du procès-verbal de la séance précédente. S'il s'élève des réclamations sur la rédaction, l'assemblée statue, et il est fait mention de la résolution au procès-verbal du jour.

Il est ensuite passé aux travaux qui ont motivé la convocation.

ART. 17. Pendant les séances, les notaires ne peuvent parler qu'après avoir obtenu la parole du président.

Ils ne peuvent réclamer une seconde fois la parole sur le même sujet qu'autant que ceux qui n'auront pas parlé sur la question ne la demanderont pas.

ART. 18. Les demandes, propositions, amendements et sous-amendements doivent être déposés par écrit sur le bureau et ne

---

[1] Voir p. 10, note 3.

peuvent être mis en délibération que lorsqu'ils sont appuyés par deux membres.

Sauf le cas d'urgence, aucune proposition ne peut être faite, discutée ni adoptée, si elle n'a été communiquée quinze jours à l'avance à chacun des membres.

ART. 19. Le membre qui, dans le cours d'une discussion, s'écarte de la question ou de l'ordre, y sera rappelé par le président. Si, après y avoir été rappelé une seconde fois, il s'en écarte encore, l'assemblée décide si la parole doit lui être interdite pendant la séance, ou seulement jusqu'à la fin de la discussion, et s'il doit être fait mention au procès-verbal des causes qui ont donné lieu à cette mesure.

ART. 20. Toute personnalité offensante est formellement interdite. Si dans la chaleur de la discussion un membre s'écartait de cette règle, il y serait ramené par le président. Dans le cas de récidive, la parole lui serait retirée, et mention en serait faite au procès-verbal.

ART. 21. La majorité des votes des membres prenant part à la délibération forme la décision; s'il y a égalité de voix, celle du président est prépondérante.

ART. 22. Lorsqu'on procède en assemblée générale à la nomination des membres de la chambre et dans les réunions des chambres à l'élection des officiers, si le dépouillement du premier scrutin ne donne pas de résultat, il est procédé à un second scrutin, et lorsque la majorité absolue n'est pas encore obtenue, il est passé à un scrutin de ballottage entre les deux membres qui ont obtenu le plus grand nombre de voix; à égalité de suffrages, le plus ancien d'âge a la préférence.

ART. 23. Avant que la séance soit levée, le secrétaire donne lecture des notes par lui tenues pour la rédaction du procès-verbal; il est fait sur ces notes les observations jugées nécessaires; elles sont ensuite signées, dans les assemblées générales, par les membres du bureau, et dans les réunions de la chambre, par le président, et elles restent jointes au procès-verbal jusqu'à son adoption dans la séance suivante.

ART. 24. Le procès-verbal contient l'analyse exacte des discussions et opérations de la séance. Il n'indique les noms des auteurs des propositions ou observations qu'à leur demande ou de leur consentement.

ART. 25. Les notaires ne pourront se dispenser de se rendre aux assemblées générales et aux séances de la chambre que pour des motifs graves dont ils donneront connaissance au président avant les réunions.

§ 2.

Des assemblées générales.

ART. 26. Il y aura chaque année deux assemblées générales des notaires de l'arrondissement, conformément à l'art. 22 de l'ordonnance royale du 4 janvier 1843.

La première est fixée au 1er mai et la seconde au 30 octobre[1].

Si l'un de ces jours est un jour férié, la réunion est remise de droit au lendemain ou au surlendemain.

Aucune convocation spéciale et particulière ne sera adressée aux notaires à ce sujet, attendu que ces réunions sont obligatoires.

ART. 27. Des assemblées générales autres que celles ci-dessus pourront avoir lieu aux époques qui seront déterminées par le président ou le syndic de la chambre, lorsque l'un ou l'autre le jugera convenable.

ART. 28. Aucune convocation, soit de l'assemblée générale, soit de la chambre, ne pourra être faite par d'autres; néanmoins le secrétaire pourra signer les lettres de convocation par autorisation du président ou du syndic; ces lettres, pour des assemblées autres que celles obligatoires, en énonceront l'objet et précéderont au moins de quinze jours celui de l'assemblée.

§ 3.

Constitution et réunions de la chambre de discipline.

ART. 29. Immédiatement après la séance de l'assemblée générale du mois de mai, les membres composant la nouvelle chambre se réunissent pour la constituer.

---

[1] Voir ci-après, p. 130, art. 37.

Le plus ancien dans l'ordre du tableau occupe le fauteuil, le plus jeune remplit les fonctions de secrétaire. Les officiers de la chambre sont ensuite nommés conformément aux dispositions de l'ordonnance du 4 janvier 1843.

Le président proclame le résultat du scrutin et immédiatement après les officiers entrent en fonctions.

La chambre ainsi constituée reçoit des mains du trésorier sortant avec le compte de sa gestion qu'elle arrête, s'il y a lieu, les pièces justificatives et le reliquat de la bourse commune; et des mains de l'ancien secrétaire, les titres, pièces et archives de la chambre. Elle en saisit immédiatement, chacun en ce qui le concerne, le nouveau trésorier et le nouveau secrétaire.

Art. 30. La chambre est convoquée par le président ou le syndic, lorsqu'ils le jugent utile.

Art. 31. Le but des assemblées générales est de délibérer sur tout ce qui peut concerner le notariat et l'intérêt de la corporation; néanmoins l'assemblée du 1er mai est particulièrement destinée au renouvellement partiel de la chambre.

§ 4.

Obligations particulières du secrétaire et du trésorier.

Art. 32. Dans la quinzaine de l'installation de la chambre, le secrétaire fait connaître à tous les notaires du ressort la composition de cette chambre et leur adresse les additions survenues dans le courant de l'année au tableau des interdits et des personnes assistées d'un conseil judiciaire.

Art. 33. Le secrétaire est chargé de la conservation des archives, de la bibliothèque et du matériel appartenant à la compagnie.

Art. 34. Le trésorier est chargé de faire le recouvrement :

1° De la contribution de chaque notaire du ressort à la bourse commune;

2° Et de toutes autres sommes qui seraient votées par l'assemblée générale.

Il acquitte les dépenses arrêtées par la chambre ou par l'assemblée générale.

Il inscrit en détail toutes les recettes et dépenses sur un registre particulier coté et paraphé par le président de la chambre.

Il est chargé de faire entretenir et, au besoin, de compléter l'ameublement des locaux appartenant à la compagnie.

§ 5.

Du mode de procéder sur les points de discipline.

ART. 35. En cas de plainte contre un notaire, elle sera d'abord remise au président, qui emploiera, s'il le juge convenable, toutes les voies de conciliation que la prudence pourra lui suggérer.

A défaut de conciliation, la plainte, dans la quinzaine de la remise qui en aura été faite au président, sera adressée au syndic, qui en remettra copie certifiée au notaire inculpé, avec invitation d'y répondre dans un délai fixé.

ART. 36. La plainte, ainsi que la réponse, sont communiquées dans la huitaine par le syndic au rapporteur, qui prend toutes les informations nécessaires.

ART. 37. Lorsque l'affaire est en état, le syndic, après s'être concerté avec le président et le rapporteur, convoque la chambre pour faire statuer sur la plainte. Il appelle les parties et les témoins, s'il en est produit.

ART. 38. En cas de poursuite dirigée d'office par le syndic, celui-ci dresse acte des faits qui ont motivé la poursuite et le dépose au secrétariat.

Une copie certifiée en est par lui adressée au notaire inculpé avec invitation à ce dernier de fournir ses moyens de défense, dans un délai que le syndic déterminera, et qui, dans tous les cas, ne pourra être moindre de quinze jours.

A l'expiration du délai fixé par le syndic, une autre copie de l'acte, contenant l'objet de la poursuite, sera adressée par lui, avec la réponse du notaire inculpé, s'il en a fait une, et toutes les pièces relatives à l'affaire, au rapporteur, qui procède de suite à une enquête sur les faits reprochés.

L'enquête terminée, le syndic convoque la chambre et y appelle le notaire inculpé et les témoins, s'il en a à produire.

ART. 39. A l'ouverture de la séance, le syndic expose d'abord l'affaire et donne lecture des pièces.

La chambre entend successivement :

Le rapporteur,

La partie plaignante,

Les témoins,

Le notaire inculpé

Et les conclusions du syndic.

Le notaire inculpé est ensuite admis à compléter sa défense, s'il en manifeste la volonté.

ART. 40. Après que le syndic a pris ses conclusions et que le notaire inculpé a produit ses dernières observations, le président prononce la clôture des débats, et le notaire inculpé, la partie plaignante et les témoins se retirent.

ART. 41. La délibération est prise à la majorité des voix. En cas de partage, la voix du président est prépondérante. Le syndic, s'il est partie poursuivante, s'abstient de voter.

ART. 42. Si la culpabilité est reconnue, la chambre, sur la réquisition du syndic, applique, selon la gravité du cas, les peines disciplinaires de sa compétence.

ART. 43. Les délibérations de la chambre, en matière disciplinaire, sont notifiées, s'il y a lieu, et exécutées à la diligence du syndic.

§ 6.

Bourse commune.

ART. 44. Les dépenses ordinaires de la compagnie consistent :

1° Dans le loyer des locaux servant à la tenue des séances et à la conservation des archives et de la bibliothèque ;

2° Dans l'achat et l'entretien du mobilier garnissant ces locaux ;

3° Dans les frais de bureau, d'impression de tableaux, lettres, règlements et autres documents ;

4° Dans les frais et faux frais de justice, de conseils et autres à faire dans tous les cas où la chambre aurait à faire valoir et à défendre les intérêts communs de la compagnie ;

5° Dans la création ou l'augmentation de la bibliothèque de la compagnie;

6° Et dans le secours à accorder aux anciens notaires, à leurs veuves et enfants qui pourraient se trouver dans le besoin.

ART. 45. La bourse commune, destinée à subvenir aux dépenses de la compagnie, est formée et alimentée:

1° Par une cotisation annuelle à la charge de chaque notaire. Cette cotisation sera déterminée tous les ans à l'assemblée générale du mois de mai. Les notaires du chef-lieu d'arrondissement paieront le double de ceux des cantons;

2° Par le versement que chaque notaire, nouvellement nommé, sera tenu de faire, aussitôt après sa prestation de serment, et qui est fixé pour les notaires de Strasbourg à la somme de 150 fr. et pour ceux des cantons à 75 fr.

3° Par le produit des dépôts à la chambre des extraits de contrats de mariage des commerçants et de tous autres dépôts ordonnés par la loi;

4° Et par des appels de fonds qui seront faits extraordinairement lorsque les circonstances l'exigeront, en vertu d'une délibération spéciale de l'assemblée générale, et conformément à l'art. 30 de l'ordonnance du 4 janvier 1843.

ART. 46. Le trésorier, en rendant son compte, signalera les notaires en retard de se libérer et indiquera les sommes dues par chacun d'eux.

CHAPITRE III.

STAGE. — DISCIPLINE. — ASPIRANTS. — DEVOIRS A REMPLIR APRÈS L'INVESTITURE.

§ 1er.

Stage.

ART. 47. Il est défendu aux notaires de délivrer des certificats dans le but de faciliter l'inscription au registre de stage des jeunes gens qui ne travailleraient pas continuellement dans leurs études.

ART. 48. Le certificat du père à son fils, travaillant ou ayant travaillé dans son étude, devra porter le visa du syndic de la chambre.

ART. 49. Quand un clerc inscrit quitte une étude, le notaire doit en prévenir le secrétaire de la chambre, qui en fait mention sur le registre d'inscription[1].

Il sera fait, pour chacun des clercs inscrits, une liasse numérotée des certificats et des autres documents qui le concernent, liasse qui restera déposée aux archives.

ART. 50. Les notaires sont tenus de remettre au secrétaire de la chambre, lors de l'assemblée générale du mois de mai, un état annuel des clercs travaillant dans leurs études. Cet état doit contenir les prénoms, noms, date et lieu de naissance, grade et époque d'entrée en l'étude, de chaque clerc, ainsi que le nom du notaire chez lequel il aura travaillé précédemment.

§ 2.

Discipline des clercs.

ART. 51. Dans le cas où il y aura lieu à l'application des peines disciplinaires contre les clercs, les décisions qui les prononceront seront notifiées par le syndic aux notaires chez lesquels travaillent les clercs qu'elles concerneront.

Les notaires rendront compte à la chambre des mesures qu'ils auront dû prendre par suite de cette notification.

§ 3.

Examen des aspirants. — Certificat de moralité et de capacité. — Investigations.

ART. 52. L'aspirant qui se présente pour succéder à un autre notaire, adresse au président de la chambre une demande énonçant ses noms, prénoms, âge, domicile, le lieu où il se propose d'exercer les fonctions de notaire et le nom du notaire auquel il doit succéder.

Il joint à sa demande :

1° La démission du notaire titulaire ou son acte de décès avec

---

[1] Voir p. 41, note.

une pièce constatant l'agrément des héritiers ou ayants-droit;

2° Le traité de l'office;

3° Les certificats établissant le stage, délivrés dans la forme voulue;

4° Et les autres pièces justifiant de l'accomplissement des conditions énumérées dans l'art. 35 de la loi du 25 ventôse an XI.

ART. 53. Après la remise de la demande, le président en adresse une copie au syndic, qui doit immédiatement en donner avis aux notaires de l'arrondissement et aux notaires chez lesquels l'aspirant a travaillé, avec invitation de lui transmettre les renseignements à leur connaissance sur la moralité de l'aspirant.

Le syndic doit, en outre, prendre les mêmes informations près des autorités dans les divers lieux habités par l'aspirant depuis le commencement de son stage.

ART. 54. Dans la quinzaine de la réception de la demande, le président réunit la chambre. Dans cette première séance, à laquelle l'aspirant se présentera, la chambre délibère sur la demande, et si elle ne décide pas qu'il y a lieu de procéder de suite à l'examen, elle remet les pièces au rapporteur et s'ajourne à quinzaine pour entendre le rapport et délibérer.

ART. 55. La chambre apprécie les conditions de la transmission et les diverses garanties qu'offre l'aspirant pour faire honneur à ses engagements et exercer dignement ses fonctions.

Elle se livre à toutes les investigations propres à former sa conviction sur la valeur de l'étude.

Elle donne sur le tout son avis motivé, qui est inscrit sur les registres de la chambre.

ART. 56. L'examen consiste dans les épreuves théoriques et pratiques dont le programme est arrêté par la chambre, hors la présence de l'aspirant. Chacun des membres de la chambre pourra, en outre, après épuisement du programme et avec l'assentiment de la chambre, proposer les questions qui lui paraîtront devoir être résolues pour former entièrement sa conviction sur la capacité de l'aspirant.

Les questions sont présentées par le président.

L'aspirant y répond, séance tenante, soit de vive voix, soit par écrit, au choix de la chambre.

Si le programme comprend la rédaction d'un acte, l'aspirant peut demander à se retirer, pour cette rédaction, dans une pièce particulière.

ART. 57. Le président propose la clôture de l'examen et la prononce, s'il n'y a pas d'opposition. En cas de réclamation, la chambre décide.

Immédiatement après la clôture de l'examen, l'aspirant se retire et la chambre délibère sur le résultat de l'examen.

§ 4.

Devoirs des notaires nouvellement nommés.

ART. 58. Aussitôt que l'aspirant a obtenu sa nomination aux fonctions de notaire, il en donne communication au président de la chambre.

ART. 59. Chaque notaire nouvellement reçu dépose, dans le mois de sa prestation de serment, au secrétariat de la chambre :

1° Une copie collationnée de sa prestation de serment;

2° Et la liste des notaires, ses prédécesseurs, dont il possède les minutes.

Il fait inscrire et signe, dans le même délai, son immatricule sur le registre ouvert à cet effet.

Cette immatricule contient les noms, prénoms et résidence du nouveau notaire, les dates de sa nomination et prestation de serment, les noms, prénoms et résidence de son prédécesseur immédiat et la date de la cessation de ses fonctions [1].

---

[1] Voici une circulaire de M. le garde des sceaux du 6 novembre 1821 que nous avions omis de transcrire plus haut et qui trace la marche à suivre pour faire *le dépôt des signature et paraphe* aux divers greffes :

« L'art. 49 de la loi du 25 ventôse an XI a prescrit : 1° qu'avant *d'entrer en fonctions*, les notaires devraient déposer au greffe du tribunal de première instance de leur département et au secrétariat de la municipalité de leur résidence, leurs signature et paraphe; 2° que les notaires à la résidence des tribunaux d'appel feraient en

CHAPITRE IV.

DES NOTAIRES HONORAIRES.

ART. 60. Les notaires honoraires auront place immédiatement après la chambre aux assemblées générales et aux cérémonies publiques ; et en général à toutes les réunions des notaires, sauf celles de la chambre, ils auront voix consultative.

CHAPITRE V.

MESURES A PRENDRE APRÈS LE DÉCÈS D'UN TITULAIRE.

ART. 61. Lorsqu'un notaire décédera, le doyen de sa résidence ou de son canton, averti de son décès, en préviendra M. le juge de paix ; si celui-ci n'en est pas déjà informé ; le doyen accompagnera le juge de paix ou désignera un autre notaire pour l'accompagner, afin que tout ce qui est relatif au notariat soit mis sous les scellés et soustrait aux regards indiscrets, et que les papiers personnels du notaire n'y soient pas placés.

---

outre ce dépôt aux greffes des autres tribunaux de première instance de leur ressort.

« Cependant, je suis informé que l'on est dans l'usage de n'effectuer le dépôt prescrit par le second paragraphe de cet article que longtemps après la réception des notaires, parce que les chambres de discipline attendent qu'il y ait un certain nombre de signatures sur le même tableau ou sur la même feuille pour en faire la transmission aux greffes des différents tribunaux du ressort.

« Sans tenir strictement à ce que ce dépôt prescrit par le deuxième paragraphe soit effectué avant l'entrée en fonctions, il est bon cependant de veiller à ce qu'il se fasse dans le plus court délai possible, et surtout à ce qu'un notaire n'instrumente pas dans le ressort d'un tribunal où ses signature et paraphe n'auraient pas encore été déposés.

« En donnant des instructions analogues aux chambres des notaires, vous voudrez bien leur faire observer que chaque signature doit être sur une feuille distincte de papier timbré ; que, pour éviter aux notaires nouvellement reçus des déplacements dispendieux, la transmission de leurs signature et paraphe peut être faite par la chambre de discipline après que la fidélité de ces signature et paraphe aura été attestée par le doyen et les syndics de la commu-

CHAPITRE VI ET DERNIER.

DISPOSITIONS GÉNÉRALES.

Art. 62. Le présent règlement sera exécutoire pour tous les notaires de l'arrondissement à l'expiration des quarante-huit heures qui suivront la notification de l'approbation de M. le garde des sceaux.

Cette notification sera faite par le syndic au moyen de lettres d'avis transmises par le secrétaire qui en tiendra note.

Elle aura lieu au plus tard dans la quinzaine du jour où M. le procureur de la République aura fait connaître cette approbation.

Ce règlement sera transcrit en entier sur le registre des délibérations des assemblées générales et ensuite imprimé et distribué à tous les notaires en exercice et aux notaires honoraires.

Art. 63. Les notaires ne pourront se prévaloir de la volonté contraire de leurs clients pour se refuser à l'exécution du présent règlement.

Cette exécution est confiée à la chambre, et tous pouvoirs et

---

nauté, et que celles de ces derniers auront été légalisées par le président du tribunal civil ; que les actes qui seront reçus aux greffes de ces dépôts de pièces doivent être exempts de la formalité de l'enregistrement, mais soumis à la perception des droits de greffe, et qu'en conséquence les chambres devront pourvoir à l'acquittement de ces droits[1].

« Cette circulaire a été concertée avec le ministre des finances quant aux points qui rentrent dans ses attributions. »

[1] Cet alinéa est commun aux trois classes de notaires et c'est quand le nouveau notaire ne fait pas en personne le dépôt de ses signature et paraphe que la transmission peut en avoir lieu par la chambre de discipline. Mais il semble que la légalisation par le président du tribunal doit être restreinte au cas où le nouveau notaire appartient à la première classe, et que l'attestation est donnée par des notaires d'une classe inférieure. En effet, s'ils sont d'une classe égale à la sienne, les signatures et paraphes des doyens et syndics ont dû être déposés précédemment par eux aux mêmes greffes où ils sont connus, et les actes des notaires n'ont besoin d'être légalisés que lorsqu'on s'en sert hors de leur ressort s'ils sont de première classe, et hors de leur département s'ils sont de seconde ou de troisième classe. Voir Rolland de Villargues, 2e édition.

autorisations sont donnés à chacun de ses membres, et spécialement aux syndic et rapporteur, chacun en ce qui le concerne, pour rechercher et poursuivre toute contravention qui pourrait être commise.

ART. 64 et dernier. Les notaires qui auront connaissance des contraventions et infractions aux lois sur le notariat et au présent règlement, sont invités et, au besoin, requis d'en avertir le syndic de la chambre, soit verbalement, soit de toute autre manière. Le syndic devra alors prendre les renseignements qu'il jugera nécessaire et, s'il y a lieu, saisir la chambre, soit immédiatement, soit lors de sa prochaine réunion.

RÈGLEMENT INTÉRIEUR.

L'an 1850, le 16 mai,

La compagnie des notaires de l'arrondissement de Strasbourg, réunie en assemblée générale,

Vu le projet de règlement de discipline voté par la compagnie le 2 mai 1844,

Vu le règlement homologué par un arrêté ministériel du 6 mai 1847,

Vu la délibération de l'assemblée générale du 1er mai 1849, portant que les articles retranchés du projet de règlement du 2 mai 1844 par l'arrêté ministériel du 6 mai 1847, ne seront point abandonnés par la compagnie ; — que les notaires ayant le droit de se concerter sur ce qui intéresse l'exercice de leurs fonctions, la compagnie est d'avis de suivre l'exemple des notaires de Paris, qui, par une délibération du 27 avril 1847, ont arrêté entre eux un règlement intérieur, pour faire suite à titre d'appendice au règlement approuvé par M. le garde des sceaux ; — et qu'elle a en conséquence chargé la chambre de réunir, coordonner et classer les articles écartés de son projet de règlement primitif, de les soumettre à un nouvel examen, d'y faire tous retranchements, additions ou modifications qu'elle jugerait convenables, en tenant compte, dans cette révision, des observations contenues dans la lettre de M. le procureur du roi du 14 juin 1847, et de présenter le recueil qu'elle en fera à la discussion et à l'approbation de la compagnie, pour être ensuite placé dans ses statuts non officiels et lui servir de règlement supplémentaire et intérieur ;

Ayant entendu le rapport de la chambre,

Et après en avoir délibéré,

A arrêté le présent règlement intérieur pour faire suite au règlement officiel et recevoir, comme celui-ci, sa pleine et entière exécution.

CHAPITRE PREMIER.

DES DEVOIRS ET RAPPORTS DES NOTAIRES.

§ 1er.

Devoirs généraux des notaires.

Art. 1er. Les notaires ne doivent prendre, dans les actes qu'ils reçoivent, aucun autre titre que celui de notaire[1].

Art. 2. Même appelés en témoignage, ils garderont un secret inviolable sur tout ce qui a pu leur être confié dans l'exercice de leurs fonctions[2].

Art. 3. Ils refuseront leur ministère aux personnes qui se trouveront en état d'ivresse, et ils useront de la plus grande circonspection à l'égard de celles qui, sans être interdites, ne leur paraîtraient pas jouir de toutes leurs facultés intellectuelles, par suite de maladie, faiblesse ou aliénation d'esprit.

Art. 4. Le notaire qui reçoit au delà de ce qui lui est dû, nuit à ses clients, celui qui reçoit moins qu'il ne lui appartient légitimement, nuit à sa profession et à ses confrères; dans l'un et l'autre cas, il manque également à la probité et à la délicatesse.

Par respect pour leur considération, les notaires doivent s'abstenir de toute transaction en cette matière, mais ils peuvent faire remise de la totalité de leurs vacations ou honoraires, ou soumettre à la chambre leurs observations sur les allocations du tarif qui, dans certains cas, leur paraîtraient trop élevées, et en demander la réduction que la chambre autorisera suivant qu'elle le jugera convenable.

Art. 5. Ils s'abstiendront, autant que possible, de faire, soit directement, soit par l'entremise de prête-noms, des avances de fonds à leurs clients; ils s'efforceront aussi de restreindre les avances ayant pour objet les déboursés des actes qu'ils passeront, et de limiter à une année les délais de recouvrement de ces avances.

---

[1] Voir p. 124.
[2] Voir le *Dictionnaire du notariat*, vo Secret.

Les abus auxquels l'inexécution de cette disposition pourra donner naissance, seront réprimés par la chambre.

ART. 6. Tout notaire inculpé ou dans le cas de subir une action quelconque à raison de ses fonctions, devra, avant toutes poursuites ou immédiatement après le premier acte de poursuite, s'il n'a pu le prévoir, faire connaître à la chambre l'objet de l'inculpation ou de l'action.

Si la contestation est de nature à intéresser la compagnie, la chambre pourra intervenir au procès ou autoriser le notaire à plaider aux frais de la compagnie.

§ 2.

Des devoirs et rapports des notaires entre eux.

ART. 7. Les notaires doivent s'abstenir de solliciter ou de détourner directement ou indirectement les clients de leurs confrères, et de priver ceux-ci en totalité ou en partie des actes et des affaires qui leur appartiennent, soit en faisant faire, soit en faisant eux-mêmes des démarches, soit en offrant leurs services au rabais, soit en employant tous autres moyens réprouvés par la délicatesse ou la loyauté.

Il leur est formellement interdit de suggérer à leurs clients des conditions tendant à intervertir l'ordre qui sera ci-après établi pour la garde des minutes.

Toute transgression de ces dispositions sera jugée souverainement par la chambre, qui appréciera les éléments propres à former sa conviction, sans avoir besoin d'appuyer sa décision sur un commencement de preuve par écrit.

ART. 8. Ils sont tenus de soumettre à la chambre les difficultés qui pourront s'élever entre eux à l'occasion de leurs fonctions.

Il leur est interdit d'avoir préalablement aucune discussion en présence des parties, relativement au droit de concours et au partage des honoraires dans les affaires qu'ils sont appelés à traiter en commun.

Ils ne pourront, directement, ni indirectement, intenter d'action judiciaire contre leurs confrères qu'après avoir pris l'avis de la chambre.

Art. 9. Ils devront se conformer aux décisions et délibérations de la chambre, sans même que celui en faveur duquel elles sont rendues puisse s'en départir, si ce n'est de l'agrément exprès de la chambre.

Art. 10. Aucun notaire ne pourra, à quelque titre et sous quelque prétexte que ce puisse être, résider dans les maisons et lieux qui auront été occupés par l'un de ses confrères, que trois années après la sortie de ce dernier, à moins que ce ne soit avec son consentement ou celui de son successeur, ou celui de la chambre.

Deux notaires s'abstiendront autant que possible d'établir leurs études dans la même maison.

Art. 11. Aucun notaire du ressort de la chambre, après avoir vendu son office, ne sera admis, sans le consentement de son successeur ou l'autorisation de la chambre, à traiter d'un autre office dans le même ressort.

Art. 12. Pour entretenir entre les notaires du ressort des sentiments de respect et de déférence réciproques, aucun d'eux n'admettra un clerc dans son étude sans le consentement du notaire chez lequel il aura travaillé en dernier lieu, et qu'après avoir pris de celui-ci des renseignements sur la moralité de l'aspirant.

En cas de refus du consentement, il pourra y être suppléé par l'autorisation de la chambre qui l'accordera, s'il y a lieu, après avoir entendu le notaire et le clerc.

Le principal clerc d'un notaire démissionnaire ou décédé ne pourra non plus être admis dans une autre étude qu'avec l'autorisation de la chambre, ou qu'un an après la prestation de serment du successeur.

Art. 13. Il est interdit aux notaires de retenir, par voie de dépôt, les brevets, grosses, expéditions ou extraits d'actes passés devant d'autres notaires du ressort, à moins que ces actes ne soient nécessaires pour la délivrance d'un certificat de propriété, et alors l'acte qui constatera le dépôt devra en exprimer le motif et énoncer le titre de la rente pour laquelle le certificat de propriété est requis.

Il leur est également interdit de retenir, par voie d'annexe, les grosses, expéditions ou extraits d'actes passés devant d'autres notaires du ressort, à l'exception : 1° des procurations, substitutions de pouvoirs, autorisations et consentements ; — 2° des pièces établissant les qualités des parties ; — 3° et de celles nécessaires pour la délivrance des certificats de propriété.

Ils ne pourront délivrer ni expéditions ni extraits des pièces à eux déposées dans le cas prévu par le premier alinéa du présent article, et quant aux pièces qu'ils auront annexées à leurs actes, en vertu du deuxième alinéa, ils n'en pourront non plus délivrer ni expéditions ni extraits, si ce n'est à la suite des grosses, expéditions ou extraits de ces actes. Cette règle n'est point applicable aux brevets d'actes déposés ou annexés dont il pourra toujours être délivré des expéditions et extraits.

Et la chambre aura la faculté, dans les circonstances qu'elle appréciera, d'admettre encore d'autres exceptions spéciales aux prohibitions résultant du présent article.

CHAPITRE II.

DES DROITS RESPECTIFS DES NOTAIRES, LORSQUE PLUSIEURS SONT APPELÉS POUR LA RÉCEPTION DES ACTES.

§ 1er.

Attribution des honoraires et droit de concours.

ART. 14. Le notaire qui conserve la minute a droit à la totalité des honoraires de l'acte.

ART. 15. Le concours de deux notaires avec partage des honoraires, pouvant devenir une cause d'usurpations répréhensibles et de conflits regrettables, ne sera admis que dans les affaires de successions où la nécessité et la convenance en seront reconnues par la chambre, sur la demande formelle et spontanée d'une ou de plusieurs parties qui représenteront un intérêt sérieux et suffisamment important.

ART. 16. En cas de difficultés, soit sur le choix du notaire qui devra recevoir et conserver la minute, soit sur le concours d'un second notaire, la chambre décidera souverainement, en prenant pour base de sa décision, d'abord l'importance des intérêts représentés par chaque notaire, et ensuite ou concurremment les règles tracées par les articles suivants.

ART. 17. Il ne peut jamais y avoir plus de deux notaires pour la réception d'un acte, quel qu'il soit.

Lorsqu'il s'en présente un plus grand nombre, les deux plus anciens excluent les autres, sauf les exceptions déterminées par les art. 18, 19, 20, 21 et 22.

ART. 18. Si deux notaires ou un plus grand nombre sont appelés par plusieurs parties ayant un même intérêt, l'acte est reçu par le plus ancien de ces notaires et le plus ancien de ceux appelés dans un intérêt différent.

ART. 19. Dans les inventaires, récolements, comptes, licitations, liquidations et partages, le choix appartient dans l'ordre suivant:

1° A l'époux survivant;

2° Aux héritiers à réserve;

3° A l'exécuteur testamentaire avec saisine;

4° Aux héritiers non réservataires;

5° Aux légataires universels;

6° Aux légataires à titre universel;

7° Aux enfants naturels;

8° Au notaire dépositaire du testament du défunt;

9° A l'exécuteur testamentaire sans saisine;

10° Aux légataires à titre particulier;

11° Aux créanciers.

ART. 20. Lorsqu'il existe des dispositions universelles et qu'il n'y a pas d'héritiers à réserve, le notaire des héritiers du sang non réservataires est exclu, que le testament ou le titre de la disposition universelle soit authentique, olographe ou mystique, à moins qu'il n'en ait été autrement ordonné par justice, lorsque le testament ou autre titre se trouve attaqué.

Si l'époux survivant assiste à l'inventaire sans être commun en biens ou en société d'acquêts ou sans avoir une part dans l'hérédité, il ne pourra y appeler son notaire.

Quant au notaire des créanciers, il n'a droit de procéder qu'autant que l'inventaire est fait à la seule requête de ces créanciers, sans époux survivant, héritiers ou autres successeurs ni exécuteurs testamentaires.

Art. 21. L'inventaire étant commencé par deux notaires et l'intitulé signé par les parties, d'autres collègues ne pourraient faire valoir leur droit de concours que dans le cas où ils se présenteraient à la requête de nouvelles parties.

Et l'inventaire n'étant commencé que par un notaire, si, postérieurement à la signature de l'intitulé, une partie cointéressée en présente un autre, celui-ci ne pourra y concourir qu'avec l'autorisation de la chambre.

Art. 22. Lorsqu'un notaire commis en justice vient à décéder ou à quitter ses fonctions avant que l'opération ait été terminée ou même commencée, le droit d'être commis pour la même opération, en remplacement de ce notaire, passe à son successeur.

Art. 23. Les notaires dont le concours n'est pas admis pourront néanmoins assister leurs clients comme conseils, mais aux frais de ceux-ci personnellement.

§ 2.

Conservation des minutes.

Art. 24. Les minutes des actes où deux notaires sont appelés concurremment, appartiennent à celui qui sera désigné par la chambre d'après les règles ci-dessus, sauf:

1° Les exceptions portées au tableau suivant, où le concours n'est pas admis;

2° Et celles expliquées aux art. 26, 27, 28 et 29.

TABLEAU pour la désignation des notaires auxquels appartiennent les minutes de certains actes.

DÉNOMINATION DES ACTES.	INDICATION DES NOTAIRES auxquels les minutes appartiennent.
Affectation hypothécaire......	Au notaire du créancier.
Antichrèse	— du créancier.
Bail.......................	
Cession de bail avec le concours du bailleur........	— du bailleur.
Résiliation de bail..........	
Cession de bail sans le concours du bailleur........	— du cédant.
Cautionnement.............	— du créancier.
Cession de biens par un débiteur à ses créanciers.......	— du cédant.
Comptes...................	— du rendant compte.
Concordat	— du failli.
Constitution de rente	— du créancier.
Contrat de mariage..........	— de la future épouse.
Devis et marché, et résiliation de marché................	— de celui qui fait faire les travaux.
Donation..................	— du donateur.
Échange...................	— de celui qui doit ou paie la soulte ou les frais.
Mainlevée	— du débiteur.
Mainlevée partielle	— du créancier.
Obligation	— du prêteur.
Ordre amiable	— du débiteur.
Ouverture de crédit..........	— du bailleur de fonds.
Procès-verbaux de comparution	— du requérant.
Quittance	— du débiteur.
Quittance subrogatoire.......	— du bailleur de fonds.
Ratification...............	— de celui qui ratifie.
Remplacement militaire......	— du remplacé.
Remplacement militaire avec une compagnie.............	— de celui qui traite avec la compagnie.
Réméré ou rachat	— de celui qui l'exerce.
Retrait successoral..........	— de l'héritier.
Titre nouvel	— du créancier.
Transport et cession	— du cessionnaire.
Vente.....................	— de l'acquéreur.

Art. 25. Les minutes des inventaires, récolements, comptes, licitations, liquidations et partages resteront au premier notaire choisi dans l'ordre fixé par l'art. 19, et, en cas de concours de deux ou plusieurs notaires d'une même catégorie, au plus ancien, sauf le cas prévu au second alinéa de l'art. 21, où la minute demeurera au notaire rédacteur de l'intitulé, quoique plus jeune ou d'une catégorie postérieure.

Art. 26. Les minutes des inventaires après déclaration d'absence appartiennent :

1° Au notaire du conjoint présent, commun en biens ou marié sous le régime dotal avec société d'acquêts ;

2° Au notaire des envoyés en possession.

Celles des inventaires après déconfiture : ...

Au notaire de l'administrateur de la masse.

Celles des inventaires après interdiction :

1° Au notaire du conjoint, s'il est commun en biens ou marié sous le régime dotal avec société d'acquêts ;

2° Au notaire du tuteur.

Celles des inventaires après séparation de biens judiciaire :

Au notaire de la femme.

Celles des inventaires après séparation de corps :

Au notaire de l'époux qui a obtenu la séparation.

Art. 27. Les minutes de tous les actes dans lesquels le nu-propriétaire et l'usufruitier agissent conjointement (chacun d'eux ayant son notaire et les autres parties n'en appelant pas) appartiennent au notaire de l'usufruitier.

Art. 28. En cas de concours de deux notaires dans les comptes, licitations, liquidations et partages qui ont été précédés d'un inventaire dressé par un seul notaire, le droit d'en conserver les minutes appartient à ce dernier.

Art. 29. Lorsque M. le président du tribunal veut bien ne pas user de la faculté de désigner d'office le notaire dépositaire d'un testament olographe, le dépôt de ce testament doit être confié au notaire qui le présente à M. le président ; et dans le cas où le testament est trouvé en procédant à l'inventaire, il sera confié au notaire qui conserve la minute de l'inventaire, à moins que ce testament ne déplace l'hérédité, auquel cas le nouvel institué pourra faire choix de son notaire.

§ 3.

Rang d'ancienneté.

ART. 30. Le rang d'ancienneté se détermine par l'époque de la réception définitive dans la compagnie, c'est-à-dire par la prestation de serment devant le tribunal civil.

Si la prestation de serment a lieu par plusieurs notaires le même jour, le rang d'ancienneté est dévolu au plus âgé.

En cas de nomination d'un notaire démissionnaire à une nouvelle résidence, son rang d'ancienneté ne date que du jour de sa nouvelle prestation de serment.

§ 4.

Règles communes aux trois paragraphes ci-dessus.

ART. 31. Lorsqu'un acte contient des stipulations et conventions de diverses natures, le caractère qui y prédomine sert de base pour déterminer les droits du notaire appelé à en conserver la minute.

ART. 32. Le notaire à qui appartient la garde de la minute doit figurer en premier dans l'acte.

ART. 33. En cas de concours, les deux notaires instrumentaires partageront les honoraires dans la proportion des intérêts représentés par chacun, sans que le notaire qui gardera la minute puisse avoir moins de la moitié.

Dans les inventaires et autres actes dans lesquels doit être constaté le temps qui y est employé, chaque notaire a droit à la totalité de ses vacations d'après la classe à laquelle il appartient.

La rétribution pour les grosses, expéditions et extraits revient en entier au notaire dépositaire de la minute.

ART. 34. S'il y a difficulté sur le lieu des réunions, elles devront avoir lieu dans l'étude du notaire qui conservera la minute.

Et si l'un des notaires est d'une classe inférieure à l'autre, l'acte devra être passé dans un lieu où tous deux peuvent instrumenter.

CHAPITRE III.

ATTRIBUTIONS DE LA CHAMBRE. — ÉLECTIONS.

ART. 35. La chambre est chargée de représenter tous les notaires du ressort. Elle intervient, en leur nom collectif, dans toutes les affaires judiciaires ou autres, dans lesquelles elle juge qu'il y a lieu de soutenir les droits et intérêts, soit de la compagnie entière, soit d'un ou de plusieurs notaires. Mais elle ne peut se pourvoir en appel, ni en cassation, sans avoir obtenu une autorisation spéciale de la compagnie réunie en assemblée générale. Les frais de son intervention sont réglés par la bourse commune et alloués dans les comptes du trésorier.

ART. 36. Par dérogation à l'art. 26 du règlement officiel, dont l'exécution présente des inconvénients, la première des deux assemblées générales prescrites par cet article aura lieu au mois de mai et la seconde au mois d'octobre de chaque année. La chambre fixera le jour et le lieu de la réunion, et en fera adresser à chaque notaire, par le secrétaire, une convocation spéciale et particulière.

ART. 37. Lorsque, par suite de vacance, il y a lieu de nommer un officier de la chambre, il est procédé à cette nomination dans la plus prochaine réunion de la chambre.

ART. 38. Le notaire nommé en assemblée générale, en remplacement d'un membre qui aurait cessé de faire partie de la chambre avant l'expiration de la période pour laquelle il était nommé, ne restera en fonctions que jusqu'à l'expiration de cette période.

Il est procédé par scrutin particulier à toute élection de ce genre.

Et, quoique nommé pour moins de trois ans, l'élu n'est rééligible qu'un an après sa sortie.

CHAPITRE IV.

CLERCS.

ART. 39. Le clerc renvoyé d'une étude pour une cause répréhensible, ne pourra entrer dans une autre, à moins d'une autorisation de la chambre.

ART. 40. En cas de refus par un notaire de délivrer à un clerc un certificat de travail, la chambre le délivre, s'il y a lieu, après avoir entendu le notaire et le clerc.

ART. 41. Un notaire ne peut admettre comme clerc, sans l'avis de la chambre, un ancien notaire ayant exercé dans le même canton ou dans un canton limitrophe, ni un titulaire de fonctions incompatibles avec celle de notaire.

Toutefois il pourra conserver comme auxiliaire son prédécesseur.

ART. 42. Lorsqu'un notaire décède sans avoir donné de certificat aux clercs travaillant dans son étude, ces certificats seront délivrés par le président et le secrétaire de la chambre.

ART. 43. Le notaire démissionnaire ne peut assister à la séance à laquelle se présente son futur successeur pour obtenir son certificat de moralité et de capacité.

ART. 44. La chambre déclare qu'il n'y a pas lieu d'examiner, lorsque les conditions du traité ne lui paraissent pas admissibles ou que le successeur proposé ne présente pas les garanties morales et pécuniaires convenables. Dans ce cas elle motive sa délibération et en donne connaissance au candidat qui peut en demander expédition et retirer ses pièces[1].

ART. 45. Si un aspirant, après avoir traité d'un office de notaire, refuse sans cause légitime de poursuivre sa nomination et de remplir ses engagements, il ne pourra plus être admis à traiter de la même charge, ni d'une autre dans le même ressort.

ART. 46. Il est interdit aux clercs, soit par eux-mêmes, soit par personnes interposées directement ou indirectement:

1° De se livrer à aucune opération de commerce;

---

[1] Voir p. 93.

2° De s'immiscer dans l'administration d'aucune société ou entreprise de commerce ou d'industrie;

3° De faire des spéculations relatives à l'acquisition et à la revente des immeubles, à la cession de créances, droits successifs et autres droits incorporels;

4° Et de se rendre agents ou intermédiaires dans aucune affaire étrangère à l'étude dans laquelle ils travaillent ou contraire aux usages du notariat.

Ils ne peuvent non plus recevoir des dépôts de fonds de la part des clients de l'étude.

CHAPITRE V.

DES NOTAIRES HONORAIRES.

ART. 47. Les demandes faites par les notaires qui se retirent après vingt années d'exercice, à l'effet d'obtenir la qualité de notaires honoraires, doivent être adressées à la chambre.

Lorsque la chambre sera d'avis de la prise en considération, une circulaire fera connaître la demande à tous les notaires du ressort.

Si l'avis de la chambre est contraire à la prise en considération, l'envoi de la circulaire n'aura pas lieu.

Pendant le mois qui suivra l'envoi de la circulaire, tous les membres de la compagnie devront communiquer à la chambre les motifs qui pourraient faire rejeter la demande.

Le mois expiré, la chambre délibèrera :

Si le résultat de la délibération est favorable, la proposition d'honorariat sera adressée par l'intermédiaire de M. le procureur de la République et de M. le procureur général à M. le ministre de la justice, pour y être statué conformément à l'art. 29 de l'ordonnance du 4 janvier 1843.

Le scrutin secret pourra être réclamé pour les délibérations dont il est question dans cet article.

ART. 48. La chambre de discipline connaitra de toutes les plaintes qui pourraient être formées contre un notaire honoraire et suivra à son égard les règles prescrites pour les notaires en exercice.

Si l'inculpation paraît assez grave pour entraîner sa radiation, la chambre s'adjoindra, par la voie du sort, trois notaires en exercice et deux notaires honoraires, qui auront tous voix délibérative; et si l'avis émis par la majorité des membres de l'assemblée ainsi composée sera pour la radiation, l'expédition de la délibération qui contiendra cet avis sera adressée à M. le ministre de la Justice par l'intermédiaire de M. le procureur de la République et de M. le procureur général.

CHAPITRE VI ET DERNIER.

DISPOSITIONS DIVERSES.

Art. 49. Les minutes d'un notaire ne peuvent être remises à son successeur qu'après l'installation de ce dernier[1].

Art. 50. Tout titulaire nouveau est tenu, dans l'année de sa

---

[1] Il nous semble intéressant de consigner dans ce recueil le fait suivant que nous trouvons dans le *Journal du notariat* du 19 février 1851 :

«Un notaire, après un exercice des plus honorables, venait de résigner son titre entre les mains de son successeur, lorsqu'ayant à soumettre au président du tribunal l'expédition d'un acte pour les honoraires duquel la partie avait requis la taxe, il s'aperçut que cette expédition n'était pas signée. Il crut pouvoir, sans commettre une faute répréhensible, réparer cette omission, et il apposa sur cette pièce sa signature, comme s'il avait encore été en possession de son titre.

«Le président ayant reconnu que les traits de la signature étaient encore d'une écriture fraîche au moment où l'expédition qui les portait lui fut remise, et en ayant d'ailleurs acquis la certitude par l'aveu de l'ancien notaire, regarda comme un devoir rigoureux, sans doute, mais comme un devoir de ses sévères fonctions, de dénoncer le fait au procureur de la République.

«Ce magistrat vit tout d'abord dans cet acte un crime et un délit, et il fit instruire contre l'ancien notaire qui, heureusement pour lui, trouva dans la chambre du conseil du tribunal des appréciateurs moins rigoureux de sa conduite; il ne fut donc pas renvoyé en cour d'assises sous l'accusation de faux en écriture authentique; mais il dut comparaître devant le tribunal correctionnel qui, contrairement au réquisitoire du ministère public, se déclara compétent, et le condamna, pour usurpation de titres, à un mois de

prestation de serment, de déposer au secrétariat de la chambre un triple de l'état sommaire, dressé entre lui et son prédécesseur, des minutes, actes et répertoires dépendant de l'étude transmise.

Il en sera fait mention dans la plus prochaine délibération de la chambre.

Si ce dépôt n'est point effectué dans le délai d'un an, il est pris par la chambre, à la diligence du syndic, toutes les informations nécessaires, tant sur les motifs du retard et les empêchements qui pourraient exister, que sur les moyens de les faire cesser.

ART. 51. Lorsqu'un notaire honoraire ou en exercice décède, tous les collègues de la même résidence sont invités à assister à son convoi.

ART. 52. Toutes questions ou matières non prévues par le présent règlement, ni par le règlement officiel, recevront leur solution par des délibérations de la chambre, laquelle pourra prendre pour guide de ses appréciations les deux règlements de la compagnie des notaires de Paris [1].

ART. 53. L'exécution du présent règlement est confiée à la chambre, comme celle du règlement officiel, et toute infraction donnera lieu, suivant la gravité des cas, à l'application par la chambre des peines disciplinaires déterminées par la loi, sans préjudice des amendes pécuniaires et versements qui pourraient être ordonnés par la chambre ou l'assemblée générale.

ART. 54. Et tous reglements arrêtés antérieurement par la compagnie sont et demeureront abrogés.

Le président, ZIMMER.   Le secrétaire, BURTZ.

---

prison, en lui accordant le bénéfice des circonstances atténuantes.

« D'après l'art. 258 du Code pénal, la peine du délit d'usurpation de titres est fixée à un emprisonnement de deux ans à cinq ans, sans préjudice de la peine de faux, si l'acte porte le caractère de ce crime. On voit à quel rude châtiment était exposé ce notaire et quelle peine rigoureuse il eût eu à subir, s'il n'avait trouvé sur les siéges du tribunal des juges mieux disposés à lui tenir compte de ses antécédents et plus indulgents pour son erreur que ne s'était montré le président de ce même tribunal dans le silence de son cabinet. »

[1] *J. N.*, art. 12892, et *Archives du notariat*, nos 919 et 1045.

RECOUVREMENT DE FRAIS.

I.

SOLIDARITÉ.

Lorsque le mandataire a été constitué par plusieurs personnes pour une affaire commune, chacune d'elles est tenue solidairement envers lui de tous les effets du mandat (Code civ., art. 2002).

Les notaires sont les mandataires des parties contractantes; ces dernières sont en conséquence toutes solidaires envers lui pour le paiement des frais, quand même l'acte indiquerait celle qui doit les supporter (Cour de cassation, arrêts des 26 juin 1820, 15 novembre 1820, 19 avril 1826, 10 novembre 1828).

II.

REFUS D'EXPÉDITION.

Si les frais et déboursés de la minute de l'acte sont dus au dépositaire, il pourra refuser expédition tant qu'il ne sera pas payé desdits frais, outre ceux d'expédition (Code de procédure, art. 851).

Ce droit appartient aux notaires (Contrôleur, 8015. *J. N.*, art. 10225 et 12331).

III.

EXÉCUTOIRE.

Les officiers publics qui auraient fait, pour les parties, l'avance des droits d'enregistrement, pourront prendre exécutoire du juge de paix de leur canton pour leur remboursement.

L'opposition qui serait formée contre cet exécutoire, ainsi que toutes les contestations qui s'élèveraient à cet égard, seront jugées conformément aux dispositions portées par l'art. 65 de la présente, relatif aux instances poursuivies au nom de la nation[1] (Loi du 22 frimaire an VII, art. 30).

---

[1] Devant le tribunal civil, sur simples mémoires et sans frais,

CALENDRIER.

Le calendrier grégorien, suivi en France depuis le seizième siècle, avait été remplacé à l'époque de la première révolution par une nouvelle distribution de l'année en douze mois de trente jours chacun, suivis de cinq jours complémentaires pour les années ordinaires, et de six pour les années bissextiles (Loi du 4 frimaire an II).

L'année commençait le 22 septembre; l'an Ier de la République a commencé le 22 *septembre* 1792, mais, de fait, le nouveau calendrier ne fut mis en usage qu'en l'an II, c'est-à-dire le 22 septembre 1793, parce que pendant la première année on avait continué à se servir du calendrier grégorien.

Les noms des mois étaient, pour l'*automne :* vendémiaire, brumaire, frimaire; pour l'*hiver :* nivôse, pluviôse, ventôse; pour le *printemps :* germinal, floréal, prairial; pour l'*été :* messidor, thermidor, fructidor.

Le calendrier grégorien a été remis en usage à compter du 11 nivôse an XIV (1er janvier 1806) (Sénat. cons. du 22 fructidor an XIII).

Comme on éprouve tous les jours le besoin de convertir une date républicaine en une date grégorienne, nous plaçons ici une concordance des deux styles pendant le temps du calendrier républicain.

CONCORDANCE DES DEUX CALENDRIERS.

AN 1er DE L'ÈRE RÉPUBLICAINE.

Correspondance grégorienne de chaque mois républicain : VENDÉM. (Sam.) Septembre–Octobre 1792 · BRUMAIRE (Lund.) Octobre–Novembre 1792 · FRIMAIRE (Merc.) Novembre–Décembre 1792 · NIVÔSE (Vend.) Décembre 1792–Janvier 1793 · PLUVIÔSE (Dim.) Janvier–Février 1793 · VENTÔSE (Mard.) Février–Mars 1793 · GERMINAL (Jeud.) Mars–Avril 1793 · FLORÉAL (Sam.) Avril–Mai 1793 · PRAIRIAL (Lund.) Mai–Juin 1793 · MESSIDOR (Merc.) Juin–Juillet 1793 · THERMID. (Vend.) Juillet–Août 1793 · FRUCTIDOR (Dim.) Août–Septembre 1793.

JOURS DU MOIS	VENDÉM.	BRUMAIRE	FRIMAIRE	NIVÔSE	PLUVIÔSE	VENTÔSE	GERMINAL	FLORÉAL	PRAIRIAL	MESSIDOR	THERMID.	FRUCTIDOR
1	22	22	21	21	20	19	21	20	20	19	19	18
2	23	23	22	22	21	20	22	21	21	20	20	19
3	24	24	23	23	22	21	23	22	22	21	21	20
4	25	25	24	24	23	22	24	23	23	22	22	21
5	26	26	25	25	24	23	25	24	24	23	23	22
6	27	27	26	26	25	24	26	25	25	24	24	23
7	28	28	27	27	26	25	27	26	26	25	25	24
8	29	29	28	28	27	26	28	27	27	26	26	25
9	30	30	29	29	28	27	29	28	28	27	27	26
10	1	31	30	30	29	28	30	29	29	28	28	27
11	2	1	1	31	30	1	31	30	30	29	29	28
12	3	2	2	1	31	2	1	1	31	30	30	29
13	4	3	3	2	1	3	2	2	1	1	31	30
14	5	4	4	3	2	4	3	3	2	2	1	31
15	6	5	5	4	3	5	4	4	3	3	2	1
16	7	6	6	5	4	6	5	5	4	4	3	2
17	8	7	7	6	5	7	6	6	5	5	4	3
18	9	8	8	7	6	8	7	7	6	6	5	4
19	10	9	9	8	7	9	8	8	7	7	6	5
20	11	10	10	9	8	10	9	9	8	8	7	6
21	12	11	11	10	9	11	10	10	9	9	8	7
22	13	12	12	11	10	12	11	11	10	10	9	8
23	14	13	13	12	11	13	12	12	11	11	10	9
24	15	14	14	13	12	14	13	13	12	12	11	10
25	16	15	15	14	13	15	14	14	13	13	12	11
26	17	16	16	15	14	16	15	15	14	14	13	12
27	18	17	17	16	15	17	16	16	15	15	14	13
28	19	18	18	17	16	18	17	17	16	16	15	14
29	20	19	19	18	17	19	18	18	17	17	16	15
30	21	20	20	19	18	20	19	19	18	18	17	16
1 Complémentaire												17
2												18
3												19
4												20
5												21

AN II DE L'ÈRE RÉPUBLICAINE.

JOURS DU MOIS	VENDÉM. (Dim.)	BRUMAIRE (Mard.)	FRIMAIRE (Jeud.)	NIVÔSE (Sam.)	PLUVIÔSE (Lund.)	VENTÔSE (Merc.)	GERMINAL (Vend.)	FLORÉAL (Dim.)	PRAIRIAL (Mard.)	MESSIDOR (Jeud.)	THERMID. (Sam.)	FRUCTIDOR (Lund.)
1	22 Septembre 1793	22 Octobre 1793	21 Novembre 1793	21 Décembre 1793	20 Janvier 1794	19 Février 1794	21 Mars 1794	20 Avril 1794	20 Mai 1794	19 Juin 1794	19 Juillet 1794	18 Août 1794
2	23	23	22	22	21	20	22	21	21	20	20	19
3	24	24	23	23	22	21	23	22	22	21	21	20
4	25	25	24	24	23	22	24	23	23	22	22	21
5	26	26	25	25	24	23	25	24	24	23	23	22
6	27	27	26	26	25	24	26	25	25	24	24	23
7	28	28	27	27	26	25	27	26	26	25	25	24
8	29	29	28	28	27	26	28	27	27	26	26	25
9	30	30	29	29	28	27	29	28	28	27	27	26
10	1 Octobre 1793	31	30	30	29	28	30	29	29	28	28	27
11	2	1 Novembre 1793	1 Décembre 1793	31	30	1 Mars 1794	31	30	30	29	29	28
12	3	2	2	1 Janvier 1794	31	2	1 Avril 1794	1 Mai 1794	31	30	30	29
13	4	3	3	2	1 Février 1794	3	2	2	1 Juin 1794	1 Juillet 1794	31	30
14	5	4	4	3	2	4	3	3	2	2	1 Août 1794	31
15	6	5	5	4	3	5	4	4	3	3	2	1 Septembre 1794
16	7	6	6	5	4	6	5	5	4	4	3	2
17	8	7	7	6	5	7	6	6	5	5	4	3
18	9	8	8	7	6	8	7	7	6	6	5	4
19	10	9	9	8	7	9	8	8	7	7	6	5
20	11	10	10	9	8	10	9	9	8	8	7	6
21	12	11	11	10	9	11	10	10	9	9	8	7
22	13	12	12	11	10	12	11	11	10	10	9	8
23	14	13	13	12	11	13	12	12	11	11	10	9
24	15	14	14	13	12	14	13	13	12	12	11	10
25	16	15	15	14	13	15	14	14	13	13	12	11
26	17	16	16	15	14	16	15	15	14	14	13	12
27	18	17	17	16	15	17	16	16	15	15	14	13
28	19	18	18	17	16	18	17	17	16	16	15	14
29	20	19	19	18	17	19	18	18	17	17	16	15
30	21	20	20	19	18	20	19	19	18	18	17	16
1 Complémentaire	·	·	·	·	·	·	·	·	·	·	·	17
2	·	·	·	·	·	·	·	·	·	·	·	18
3	·	·	·	·	·	·	·	·	·	·	·	19
4	·	·	·	·	·	·	·	·	·	·	·	20
5	·	·	·	·	·	·	·	·	·	·	·	21

AN III DE L'ÈRE RÉPUBLICAINE.

JOURS DU MOIS.	VENDÉM.	BRUMAIRE.	FRIMAIRE.	NIVÔSE.	PLUVIÔSE.	VENTÔSE.	GERMINAL.	FLORÉAL.	PRAIRIAL.	MESSIDOR.	THERMIDOR.	FRUCTIDOR.
	Lund.	Merc.	Vend.	Dim.	Mard.	Jeudi.	Sam.	Lund.	Merc.	Vend.	Dim.	Mard.
1	22	22	21	21	20	19	21	20	20	19	19	18
2	23	23	22	22	21	20	22	21	21	20	20	19
3	24	24	23	23	22	21	23	22	22	21	21	20
4	25	25	24	24	23	22	24	23	23	22	22	21
5	26	26	25	25	24	23	25	24	24	23	23	22
6	27	27	26	26	25	24	26	25	25	24	24	23
7	28	28	27	27	26	25	27	26	26	25	25	24
8	29	29	28	28	27	26	28	27	27	26	26	25
9	30	30	29	29	28	27	29	28	28	27	27	26
10	1	31	30	30	29	28	30	29	29	28	28	27
11	2	1	1	31	30	29	31	30	30	29	29	28
12	3	2	2	1	31	30	1	1	31	30	30	29
13	4	3	3	2	1	31	2	2	1	31	31	30
14	5	4	4	3	2	1	3	3	2	1	1	31
15	6	5	5	4	3	2	4	4	3	2	2	1
16	7	6	6	5	4	3	5	5	4	3	3	2
17	8	7	7	6	5	4	6	6	5	4	4	3
18	9	8	8	7	6	5	7	7	6	5	5	4
19	10	9	9	8	7	6	8	8	7	6	6	5
20	11	10	10	9	8	7	9	9	8	7	7	6
21	12	11	11	10	9	8	10	10	9	8	8	7
22	13	12	12	11	10	9	11	11	10	9	9	8
23	14	13	13	12	11	10	12	12	11	10	10	9
24	15	14	14	13	12	11	13	13	12	11	11	10
25	16	15	15	14	13	12	14	14	13	12	12	11
26	17	16	16	15	14	13	15	15	14	13	13	12
27	18	17	17	16	15	14	16	16	15	14	14	13
28	19	18	18	17	16	15	17	17	16	15	15	14
29	20	19	19	18	17	16	18	18	17	16	16	15
30	21	20	20	19	18	17	19	19	18	17	17	16
1 Complémentaire	.	.	.	.	.	.	.	.	.	.	.	17
2	.	.	.	.	.	.	.	.	.	.	.	18
3	.	.	.	.	.	.	.	.	.	.	.	19
4	.	.	.	.	.	.	.	.	.	.	.	20
5	.	.	.	.	.	.	.	.	.	.	.	21
6	.	.	.	.	.	.	.	.	.	.	.	22

Correspondance des mois grégoriens : VENDÉM. — Septembre 1794 / Octobre 1794 ; BRUMAIRE — Octobre 1794 / Novembre 1794 ; FRIMAIRE — Novembre 1794 / Décembre 1794 ; NIVÔSE — Décembre 1794 / Janvier 1795 ; PLUVIÔSE — Janvier 1795 / Février 1795 ; VENTÔSE — Février 1795 / Mars 1795 ; GERMINAL — Mars 1795 / Avril 1795 ; FLORÉAL — Avril 1795 / Mai 1795 ; PRAIRIAL — Mai 1795 / Juin 1795 ; MESSIDOR — Juin 1795 / Juillet 1795 ; THERMIDOR — Juillet 1795 / Août 1795 ; FRUCTIDOR — Août 1795 / Septembre 1795.

AN IV DE L'ÈRE RÉPUBLICAINE.

JOURS DU MOIS	VENDÉM. Mér. Septembre 1795.	BRUMAIRE. Vend. Octobre 1795.	FRIMAIRE. Dim. Novembre 1795.	NIVÔSE. Mard. Décembre 1795.	PLUVIÔSE. Jeud. Janvier 1796.	VENTÔSE. Sam. Février 1796.	GERMINAL. Lund. Mars 1796.	FLORÉAL. Merc. Avril 1796.	PRAIRIAL. Vend. Mai 1796.	MESSIDOR. Dim. Juin 1796.	THERMID. Mard. Juillet 1796.	FRUCTIDOR. Jeu. Août 1796.
1	23	23	22	22	21	20	21	20	20	19	19	18
2	24	24	23	23	22	21	22	21	21	20	20	19
3	25	25	24	24	23	22	23	22	22	21	21	20
4	26	26	25	25	24	23	24	23	23	22	22	21
5	27	27	26	26	25	24	25	24	24	23	23	22
6	28	28	27	27	26	25	26	25	25	24	24	23
7	29	29	28	28	27	26	27	26	26	25	25	24
8	30	30	29	29	28	27	28	27	27	26	26	25
9	Octobre 1795. 1	31	30	30	29	28	29	28	28	27	27	26
10	2	Novembre 1795. 1	Décembre 1795. 1	31	30	29	30	29	29	28	28	27
11	3	2	2	Janvier 1796. 1	31	Mars 1796. 1	31	30	30	29	29	28
12	4	3	3	2	Février 1796. 1	2	Avril 1796. 1	Mai 1796. 1	31	30	30	29
13	5	4	4	3	2	3	2	2	Juin 1796. 1	Juillet 1796. 1	31	30
14	6	5	5	4	3	4	3	3	2	2	Août 1796. 1	31
15	7	6	6	5	4	5	4	4	3	3	2	Septembre 1796. 1
16	8	7	7	6	5	6	5	5	4	4	3	2
17	9	8	8	7	6	7	6	6	5	5	4	3
18	10	9	9	8	7	8	7	7	6	6	5	4
19	11	10	10	9	8	9	8	8	7	7	6	5
20	12	11	11	10	9	10	9	9	8	8	7	6
21	13	12	12	11	10	11	10	10	9	9	8	7
22	14	13	13	12	11	12	11	11	10	10	9	8
23	15	14	14	13	12	13	12	12	11	11	10	9
24	16	15	15	14	13	14	13	13	12	12	11	10
25	17	16	16	15	14	15	14	14	13	13	12	11
26	18	17	17	16	15	16	15	15	14	14	13	12
27	19	18	18	17	16	17	16	16	15	15	14	13
28	20	19	19	18	17	18	17	17	16	16	15	14
29	21	20	20	19	18	19	18	18	17	17	16	15
30	22	21	21	20	19	20	19	19	18	18	17	16
1 Complémentaire												17
2												18
3												19
4												20
5												21

AN V DE L'ÈRE RÉPUBLICAINE.

JOURS DU MOIS	VENDÉMIAIRE Jeud. Septembre 1796. / Octobre 1796.	BRUMAIRE Sam. Octobre 1796. / Novembre 1796.	FRIMAIRE Lund. Novembre 1796. / Décembre 1796.	NIVÔSE Merc. Décembre 1796. / Janvier 1797.	PLUVIÔSE Vend. Janvier 1797. / Février 1797.	VENTÔSE Dim. Février 1797. / Mars 1797.	GERMINAL Mard. Mars 1797. / Avril 1797.	FLORÉAL Jeud. Avril 1797. / Mai 1797.	PRAIRIAL Sam. Mai 1797. / Juin 1797.	MESSIDOR Lund. Juin 1797. / Juillet 1797.	THERMIDOR Merc. Juillet 1797. / Août 1797.	FRUCTIDOR Vend. Août 1797. / Septembre 1797.
1	22	22	21	21	20	19	21	20	20	19	19	18
2	23	23	22	22	21	20	22	21	21	20	20	19
3	24	24	23	23	22	21	23	22	22	21	21	20
4	25	25	24	24	23	22	24	23	23	22	22	21
5	26	26	25	25	24	23	25	24	24	23	23	22
6	27	27	26	26	25	24	26	25	25	24	24	23
7	28	28	27	27	26	25	27	26	26	25	25	24
8	29	29	28	28	27	26	28	27	27	26	26	25
9	30	30	29	29	28	27	29	28	28	27	27	26
10	1	31	30	30	29	28	30	29	29	28	28	27
11	2	1	1	31	30	1	31	30	30	29	29	28
12	3	2	2	1	31	2	1	1	31	30	30	29
13	4	3	3	2	1	3	2	2	1	1	31	30
14	5	4	4	3	2	4	3	3	2	2	1	31
15	6	5	5	4	3	5	4	4	3	3	2	1
16	7	6	6	5	4	6	5	5	4	4	3	2
17	8	7	7	6	5	7	6	6	5	5	4	3
18	9	8	8	7	6	8	7	7	6	6	5	4
19	10	9	9	8	7	9	8	8	7	7	6	5
20	11	10	10	9	8	10	9	9	8	8	7	6
21	12	11	11	10	9	11	10	10	9	9	8	7
22	13	12	12	11	10	12	11	11	10	10	9	8
23	14	13	13	12	11	13	12	12	11	11	10	9
24	15	14	14	13	12	14	13	13	12	12	11	10
25	16	15	15	14	13	15	14	14	13	13	12	11
26	17	16	16	15	14	16	15	15	14	14	13	12
27	18	17	17	16	15	17	16	16	15	15	14	13
28	19	18	18	17	16	18	17	17	16	16	15	14
29	20	19	19	18	17	19	18	18	17	17	16	15
30	21	20	20	19	18	20	19	19	18	18	17	16
1 Complémentaire												17
2												18
3												19
4												20
5												21

AN VI DE L'ÈRE RÉPUBLICAINE.

JOURS DU MOIS.	VENDÉMIAIRE.	BRUMAIRE.	FRIMAIRE.	NIVÔSE.	PLUVIÔSE.	VENTÔSE.	GERMINAL.	FLORÉAL.	PRAIRIAL.	MESSIDOR.	THERMIDOR.	FRUCTIDOR.
	Vend.	*Dim.*	*Mard.*	*Jeud.*	*Sam.*	*Lund.*	*Merc.*	*Vend.*	*Dim.*	*Mard.*	*Jeud.*	*Sam.*
1	22 Septembre 1797.	22 Octobre 1797.	21 Novembre 1797.	21 Décembre 1797.	20 Janvier 1798.	19 Février 1798.	21 Mars 1798.	20 Avril 1798.	20 Mai 1798.	19 Juin 1798.	19 Juillet 1798.	18 Août 1798.
2	23	23	22	22	21	20	22	21	21	20	20	19
3	24	24	23	23	22	21	23	22	22	21	21	20
4	25	25	24	24	23	22	24	23	23	22	22	21
5	26	26	25	25	24	23	25	24	24	23	23	22
6	27	27	26	26	25	24	26	25	25	24	24	23
7	28	28	27	27	26	25	27	26	26	25	25	24
8	29	29	28	28	27	26	28	27	27	26	26	25
9	30	30	29	29	28	27	29	28	28	27	27	26
10	1 Octobre 1797.	31	30	30	29	28	30	29	29	28	28	27
11	2	1 Novembre 1797.	1 Décembre 1797.	31	30	1 Mars 1798.	31	30	30	29	29	28
12	3	2	2	1 Janvier 1798.	31	2	1 Avril 1798.	1 Mai 1798.	31	30	30	29
13	4	3	3	2	1 Février 1798.	3	2	2	1 Juin 1798.	1 Juillet 1798.	31	30
14	5	4	4	3	2	4	3	3	2	2	1 Août 1798.	31
15	6	5	5	4	3	5	4	4	3	3	2	1 Septembre 1798.
16	7	6	6	5	4	6	5	5	4	4	3	2
17	8	7	7	6	5	7	6	6	5	5	4	3
18	9	8	8	7	6	8	7	7	6	6	5	4
19	10	9	9	8	7	9	8	8	7	7	6	5
20	11	10	10	9	8	10	9	9	8	8	7	6
21	12	11	11	10	9	11	10	10	9	9	8	7
22	13	12	12	11	10	12	11	11	10	10	9	8
23	14	13	13	12	11	13	12	12	11	11	10	9
24	15	14	14	13	12	14	13	13	12	12	11	10
25	16	15	15	14	13	15	14	14	13	13	12	11
26	17	16	16	15	14	16	15	15	14	14	13	12
27	18	17	17	16	15	17	16	16	15	15	14	13
28	19	18	18	17	16	18	17	17	16	16	15	14
29	20	19	19	18	17	19	18	18	17	17	16	15
30	21	20	20	19	18	20	19	19	18	18	17	16
1 Complémentaire												17
2												18
3												19
4												20
5												21

AN VII DE L'ÈRE RÉPUBLICAINE.

JOURS DU MOIS	VENDÉMIAIRE Sam. Septembre / Octobre 1798	BRUMAIRE Lund. Octobre / Novembre 1798	FRIMAIRE Merc. Novembre / Décembre 1798	NIVÔSE Vent. Décembre 1798 / Janvier 1799	PLUVIÔSE Dim. Janvier / Février 1799	VENTÔSE Mard. Février / Mars 1799	GERMINAL Jeud. Mars / Avril 1799	FLORÉAL Sam. Avril / Mai 1799	PRAIRIAL Lund. Mai / Juin 1799	MESSIDOR Merc. Juin / Juillet 1799	THERMIDOR Vend. Juillet / Août 1799	FRUCTIDOR Dim. Août / Septembre 1799
1	22	22	21	21	20	19	21	20	20	19	19	18
2	23	23	22	22	21	20	22	21	21	20	20	19
3	24	24	23	23	22	21	23	22	22	21	21	20
4	25	25	24	24	23	22	24	23	23	22	22	21
5	26	26	25	25	24	23	25	24	24	23	23	22
6	27	27	26	26	25	24	26	25	25	24	24	23
7	28	28	27	27	26	25	27	26	26	25	25	24
8	29	29	28	28	27	26	28	27	27	26	26	25
9	30	30	29	29	28	27	29	28	28	27	27	26
10	1	31	30	30	29	28	30	29	29	28	28	27
11	2	1	1	31	30	1	31	30	30	29	29	28
12	3	2	2	1	31	2	1	1	31	30	30	29
13	4	3	3	2	1	3	2	2	1	1	31	30
14	5	4	4	3	2	4	3	3	2	2	1	31
15	6	5	5	4	3	5	4	4	3	3	2	1
16	7	6	6	5	4	6	5	5	4	4	3	2
17	8	7	7	6	5	7	6	6	5	5	4	3
18	9	8	8	7	6	8	7	7	6	6	5	4
19	10	9	9	8	7	9	8	8	7	7	6	5
20	11	10	10	9	8	10	9	9	8	8	7	6
21	12	11	11	10	9	11	10	10	9	9	8	7
22	13	12	12	11	10	12	11	11	10	10	9	8
23	14	13	13	12	11	13	12	12	11	11	10	9
24	15	14	14	13	12	14	13	13	12	12	11	10
25	16	15	15	14	13	15	14	14	13	13	12	11
26	17	16	16	15	14	16	15	15	14	14	13	12
27	18	17	17	16	15	17	16	16	15	15	14	13
28	19	18	18	17	16	18	17	17	16	16	15	14
29	20	19	19	18	17	19	18	18	17	17	16	15
30	21	20	20	19	18	20	19	19	18	18	17	16
1 Complémentaire												17
2												18
3												19
4												20
5												21
6												22

AN VIII DE L'ÈRE RÉPUBLICAINE.

JOURS DU MOIS	VENDÉMIAIRE (Lund.) Septembre–Octobre 1799	BRUMAIRE (Merc.) Octobre–Novembre 1799	FRIMAIRE (Vend.) Novembre–Décembre 1799	NIVÔSE (Dim.) Décembre 1799–Janvier 1800	PLUVIÔSE (Mard.) Janvier–Février 1800	VENTÔSE (Jeud.) Février–Mars 1800	GERMINAL (Sam.) Mars–Avril 1800	FLORÉAL (Lund.) Avril–Mai 1800	PRAIRIAL (Merc.) Mai–Juin 1800	MESSIDOR (Vend.) Juin–Juillet 1800	THERMIDOR (Dim.) Juillet–Août 1800	FRUCTIDOR (Mard.) Août–Septembre 1800
1	23	23	22	22	21	20	22	21	21	20	20	19
2	24	24	23	23	22	21	23	22	22	21	21	20
3	25	25	24	24	23	22	24	23	23	22	22	21
4	26	26	25	25	24	23	25	24	24	23	23	22
5	27	27	26	26	25	24	26	25	25	24	24	23
6	28	28	27	27	26	25	27	26	26	25	25	24
7	29	29	28	28	27	26	28	27	27	26	26	25
8	30	30	29	29	28	27	29	28	28	27	27	26
9	1	31	30	30	29	28	30	29	29	28	28	27
10	2	1	1	31	30	1	31	30	30	29	29	28
11	3	2	2	1	31	2	1	1	31	30	30	29
12	4	3	3	2	1	3	2	2	1	1	31	30
13	5	4	4	3	2	4	3	3	2	2	1	31
14	6	5	5	4	3	5	4	4	3	3	2	1
15	7	6	6	5	4	6	5	5	4	4	3	2
16	8	7	7	6	5	7	6	6	5	5	4	3
17	9	8	8	7	6	8	7	7	6	6	5	4
18	10	9	9	8	7	9	8	8	7	7	6	5
19	11	10	10	9	8	10	9	9	8	8	7	6
20	12	11	11	10	9	11	10	10	9	9	8	7
21	13	12	12	11	10	12	11	11	10	10	9	8
22	14	13	13	12	11	13	12	12	11	11	10	9
23	15	14	14	13	12	14	13	13	12	12	11	10
24	16	15	15	14	13	15	14	14	13	13	12	11
25	17	16	16	15	14	16	15	15	14	14	13	12
26	18	17	17	16	15	17	16	16	15	15	14	13
27	19	18	18	17	16	18	17	17	16	16	15	14
28	20	19	19	18	17	19	18	18	17	17	16	15
29	21	20	20	19	18	20	19	19	18	18	17	16
30	22	21	21	20	19	21	20	20	19	19	18	17
1 Complémentaire												18
2												19
3												20
4												21
5												22

AN IX DE L'ÈRE RÉPUBLICAINE.

Correspondance des mois républicains avec le calendrier grégorien : Vendémiaire (Septembre–Octobre 1800), Brumaire (Octobre–Novembre 1800), Frimaire (Novembre–Décembre 1800), Nivôse (Décembre 1800–Janvier 1801), Pluviôse (Janvier–Février 1801), Ventôse (Février–Mars 1801), Germinal (Mars–Avril 1801), Floréal (Avril–Mai 1801), Prairial (Mai–Juin 1801), Messidor (Juin–Juillet 1801), Thermidor (Juillet–Août 1801), Fructidor (Août 1801).

JOURS DU MOIS	VENDÉM. Mard.	BRUM. Jeudi	FRIM. Sam.	NIVÔSE Lund.	PLUV. Merc.	VENT. Vend.	GERM. Dim.	FLOR. Mard.	PRAIR. Jeudi	MESSID. Sam.	THERM. Lund.	FRUCT. Merc.
1	23	23	22	22	21	20	22	21	21	20	20	19
2	24	24	23	23	22	21	23	22	22	21	21	20
3	25	25	24	24	23	22	24	23	23	22	22	21
4	26	26	25	25	24	23	25	24	24	23	23	22
5	27	27	26	26	25	24	26	25	25	24	24	23
6	28	28	27	27	26	25	27	26	26	25	25	24
7	29	29	28	28	27	26	28	27	27	26	26	25
8	30	30	29	29	28	27	29	28	28	27	27	26
9	1	31	30	30	29	28	30	29	29	28	28	27
10	2	1	1	31	30	1	31	30	30	29	29	28
11	3	2	2	1	31	2	1	1	31	30	30	29
12	4	3	3	2	1	3	2	2	1	1	31	30
13	5	4	4	3	2	4	3	3	2	2	1	31
14	6	5	5	4	3	5	4	4	3	3	2	1
15	7	6	6	5	4	6	5	5	4	4	3	2
16	8	7	7	6	5	7	6	6	5	5	4	3
17	9	8	8	7	6	8	7	7	6	6	5	4
18	10	9	9	8	7	9	8	8	7	7	6	5
19	11	10	10	9	8	10	9	9	8	8	7	6
20	12	11	11	10	9	11	10	10	9	9	8	7
21	13	12	12	11	10	12	11	11	10	10	9	8
22	14	13	13	12	11	13	12	12	11	11	10	9
23	15	14	14	13	12	14	13	13	12	12	11	10
24	16	15	15	14	13	15	14	14	13	13	12	11
25	17	16	16	15	14	16	15	15	14	14	13	12
26	18	17	17	16	15	17	16	16	15	15	14	13
27	19	18	18	17	16	18	17	17	16	16	15	14
28	20	19	19	18	17	19	18	18	17	17	16	15
29	21	20	20	19	18	20	19	19	18	18	17	16
30	22	21	21	20	19	21	20	20	19	19	18	17
1 Complémentaire												18
2												19
3												20
4												21
5												22

AN X DE L'ÈRE RÉPUBLICAINE.

JOURS DU MOIS	VENDÉMIAIRE	BRUMAIRE	FRIMAIRE	NIVÔSE	PLUVIÔSE	VENTÔSE	GERMINAL	FLORÉAL	PRAIRIAL	MESSIDOR	THERMIDOR	FRUCTIDOR
	Mer.	Vend.	Dim.	Mard.	Jeud.	Sam.	Lund.	Mer.	Vend.	Dim.	Mard.	Jeud.
	Sept./Oct. 1801	Oct./Nov. 1801	Nov./Déc. 1801	Déc. 1801 / Janv. 1802	Janv./Févr. 1802	Févr./Mars 1802	Mars/Avril 1802	Avril/Mai 1802	Mai/Juin 1802	Juin/Juill. 1802	Juill./Août 1802	Août/Sept. 1802
1	23	23	22	22	21	20	22	21	21	20	20	19
2	24	24	23	23	22	21	23	22	22	21	21	20
3	25	25	24	24	23	22	24	23	23	22	22	21
4	26	26	25	25	24	23	25	24	24	23	23	22
5	27	27	26	26	25	24	26	25	25	24	24	23
6	28	28	27	27	26	25	27	26	26	25	25	24
7	29	29	28	28	27	26	28	27	27	26	26	25
8	30	30	29	29	28	27	29	28	28	27	27	26
9	1	31	30	30	29	28	30	29	29	28	28	27
10	2	1	1	31	30	1	31	30	30	29	29	28
11	3	2	2	1	31	2	1	1	31	30	30	29
12	4	3	3	2	1	3	2	2	1	1	31	30
13	5	4	4	3	2	4	3	3	2	2	1	31
14	6	5	5	4	3	5	4	4	3	3	2	1
15	7	6	6	5	4	6	5	5	4	4	3	2
16	8	7	7	6	5	7	6	6	5	5	4	3
17	9	8	8	7	6	8	7	7	6	6	5	4
18	10	9	9	8	7	9	8	8	7	7	6	5
19	11	10	10	9	8	10	9	9	8	8	7	6
20	12	11	11	10	9	11	10	10	9	9	8	7
21	13	12	12	11	10	12	11	11	10	10	9	8
22	14	13	13	12	11	13	12	12	11	11	10	9
23	15	14	14	13	12	14	13	13	12	12	11	10
24	16	15	15	14	13	15	14	14	13	13	12	11
25	17	16	16	15	14	16	15	15	14	14	13	12
26	18	17	17	16	15	17	16	16	15	15	14	13
27	19	18	18	17	16	18	17	17	16	16	15	14
28	20	19	19	18	17	19	18	18	17	17	16	15
29	21	20	20	19	18	20	19	19	18	18	17	16
30	22	21	21	20	19	21	20	20	19	19	18	17
1 Complémentaire												18
2												19
3												20
4												21
5												22
6												

AN XI DE L'ÈRE RÉPUBLICAINE.

JOURS DU MOIS	VENDÉMIAIRE (Jeud.) Sept.–Oct. 1802	BRUMAIRE (Sam.) Oct.–Nov. 1802	FRIMAIRE (Lund.) Nov.–Déc. 1802	NIVÔSE (Mercr.) Déc. 1802–Janv. 1803	PLUVIÔSE (Vend.) Janv.–Févr. 1803	VENTÔSE (Dim.) Févr.–Mars 1803	GERMINAL (Mard.) Mars–Avril 1803	FLORÉAL (Jeud.) Avril–Mai 1803	PRAIRIAL (Sam.) Mai–Juin 1803	MESSIDOR (Lund.) Juin–Juillet 1803	THERMIDOR (Mercr.) Juillet–Août 1803	FRUCTIDOR (Vend.) Août–Sept. 1803
1	23	23	22	22	21	20	22	21	21	20	20	19
2	24	24	23	23	22	21	23	22	22	21	21	20
3	25	25	24	24	23	22	24	23	23	22	22	21
4	26	26	25	25	24	23	25	24	24	23	23	22
5	27	27	26	26	25	24	26	25	25	24	24	23
6	28	28	27	27	26	25	27	26	26	25	25	24
7	29	29	28	28	27	26	28	27	27	26	26	25
8	30	30	29	29	28	27	29	28	28	27	27	26
9	1	31	30	30	29	28	30	29	29	28	28	27
10	2	1	1	31	30	1	31	30	30	29	29	28
11	3	2	2	1	31	2	1	1	31	30	30	29
12	4	3	3	2	1	3	2	2	1	1	31	30
13	5	4	4	3	2	4	3	3	2	2	1	31
14	6	5	5	4	3	5	4	4	3	3	2	1
15	7	6	6	5	4	6	5	5	4	4	3	2
16	8	7	7	6	5	7	6	6	5	5	4	3
17	9	8	8	7	6	8	7	7	6	6	5	4
18	10	9	9	8	7	9	8	8	7	7	6	5
19	11	10	10	9	8	10	9	9	8	8	7	6
20	12	11	11	10	9	11	10	10	9	9	8	7
21	13	12	12	11	10	12	11	11	10	10	9	8
22	14	13	13	12	11	13	12	12	11	11	10	9
23	15	14	14	13	12	14	13	13	12	12	11	10
24	16	15	15	14	13	15	14	14	13	13	12	11
25	17	16	16	15	14	16	15	15	14	14	13	12
26	18	17	17	16	15	17	16	16	15	15	14	13
27	19	18	18	17	16	18	17	17	16	16	15	14
28	20	19	19	18	17	19	18	18	17	17	16	15
29	21	20	20	19	18	20	19	19	18	18	17	16
30	22	21	21	20	19	21	20	20	19	19	18	17
1 Complémentaire												18
2												19
3												20
4												21
5												22
6												

AN XII DE L'ÈRE RÉPUBLICAINE.

JOURS DU MOIS	VENDÉM.	BRUMAIRE	FRIMAIRE	NIVÔSE	PLUVIÔSE	VENTÔSE	GERMINAL	FLORÉAL	PRAIRIAL	MESSIDOR	THERMIDOR	FRUCTIDOR
	Sam.	Lund.	Merc.	Vend.	Dim.	Mard.	Jeud.	Sam.	Lund.	Merc.	Vend.	Dim.
1	24	24	23	23	22	21	22	21	21	20	20	19
2	25	25	24	24	23	22	23	22	22	21	21	20
3	26	26	25	25	24	23	24	23	23	22	22	21
4	27	27	26	26	25	24	25	24	24	23	23	22
5	28	28	27	27	26	25	26	25	25	24	24	23
6	29	29	28	28	27	26	27	26	26	25	25	24
7	30	30	29	29	28	27	28	27	27	26	26	25
8	1	31	30	30	29	28	29	28	28	27	27	26
9	2	1	1	31	30	29	30	29	29	28	28	27
10	3	2	2	1	31	1	31	30	30	29	29	28
11	4	3	3	2	1	2	1	1	31	30	30	29
12	5	4	4	3	2	3	2	2	1	1	31	30
13	6	5	5	4	3	4	3	3	2	2	1	31
14	7	6	6	5	4	5	4	4	3	3	2	1
15	8	7	7	6	5	6	5	5	4	4	3	2
16	9	8	8	7	6	7	6	6	5	5	4	3
17	10	9	9	8	7	8	7	7	6	6	5	4
18	11	10	10	9	8	9	8	8	7	7	6	5
19	12	11	11	10	9	10	9	9	8	8	7	6
20	13	12	12	11	10	11	10	10	9	9	8	7
21	14	13	13	12	11	12	11	11	10	10	9	8
22	15	14	14	13	12	13	12	12	11	11	10	9
23	16	15	15	14	13	14	13	13	12	12	11	10
24	17	16	16	15	14	15	14	14	13	13	12	11
25	18	17	17	16	15	16	15	15	14	14	13	12
26	19	18	18	17	16	17	16	16	15	15	14	13
27	20	19	19	18	17	18	17	17	16	16	15	14
28	21	20	20	19	18	19	18	18	17	17	16	15
29	22	21	21	20	19	20	19	19	18	18	17	16
30	23	22	22	21	20	21	20	20	19	19	18	17
1 Complémentaire	.	.	.	.	.	.	.	.	.	.	.	18
2	.	.	.	.	.	.	.	.	.	.	.	19
3	.	.	.	.	.	.	.	.	.	.	.	20
4	.	.	.	.	.	.	.	.	.	.	.	21
5	.	.	.	.	.	.	.	.	.	.	.	22

Mois grégoriens correspondants : VENDÉMIAIRE — Septembre 1803, Octobre 1803 ; BRUMAIRE — Octobre 1803, Novembre 1803 ; FRIMAIRE — Novembre 1803, Décembre 1803 ; NIVÔSE — Décembre 1803, Janvier 1804 ; PLUVIÔSE — Janvier 1804, Février 1804 ; VENTÔSE — Février 1804, Mars 1804 ; GERMINAL — Mars 1804, Avril 1804 ; FLORÉAL — Avril 1804, Mai 1804 ; PRAIRIAL — Mai 1804, Juin 1804 ; MESSIDOR — Juin 1804, Juillet 1804 ; THERMIDOR — Juillet 1804, Août 1804 ; FRUCTIDOR — Août 1804, Septembre 1804.

AN XIII DE L'ÈRE RÉPUBLICAINE.

JOURS DU MOIS.	VENDÉMIAIRE.	BRUMAIRE.	FRIMAIRE.	NIVÔSE.	PLUVIÔSE.	VENTÔSE.	GERMINAL.	FLORÉAL.	PRAIRIAL.	MESSIDOR.	THERMIDOR.	
	Dim.	*Mard.*	*Jeud.*	*Sam.*	*Lund.*	*Merc.*	*Vend.*	*Dim.*	*Mard.*	*Jeud.*	*Sam.*	
1	23 Septembre 1804.	23 Octobre 1804.	22 Novembre 1804.	22 Décembre 1804.	21 Janvier 1805.	20 Février 1805.	22 Mars 1805.	21 Avril 1805.	21 Mai 1805.	20 Juin 1805.	20 Juillet 1805.	
2	24	24	23	23	22	21	23	22	22	21	21	
3	25	25	24	24	23	22	24	23	23	22	22	21
4	26	26	25	25	24	23	25	24	24	23	23	22
5	27	27	26	26	25	24	26	25	25	24	24	23
6	28	28	27	27	26	25	27	26	26	25	25	24
7	29	29	28	28	27	26	28	27	27	26	26	25
8	30	30	29	29	28	27	29	28	28	27	27	26
9	1 Octobre 1804.	31	30	30	29	28	30	29	29	28	28	27
10	2	1 Novembre 1804.	1 Décembre 1804.	31	30	1 Mars 1805.	31	30	30	29	29	28
11	3	2	2	1 Janvier 1805.	31	2	1 Avril 1805.	1 Mai 1805.	31	30	30	29
12	4	3	3	2	1 Février 1805.	3	2	2	1 Juin 1805.	1 Juillet 1805.	31	30
13	5	4	4	3	2	4	3	3	2	2	1 Août 1805.	31
14	6	5	5	4	3	5	4	4	3	3	2	1 Septembre 1805.
15	7	6	6	5	4	6	5	5	4	4	3	2
16	8	7	7	6	5	7	6	6	5	5	4	3
17	9	8	8	7	6	8	7	7	6	6	5	4
18	10	9	9	8	7	9	8	8	7	7	6	5
19	11	10	10	9	8	10	9	9	8	8	7	6
20	12	11	11	10	9	11	10	10	9	9	8	7
21	13	12	12	11	10	12	11	11	10	10	9	8
22	14	13	13	12	11	13	12	12	11	11	10	9
23	15	14	14	13	12	14	13	13	12	12	11	10
24	16	15	15	14	13	15	14	14	13	13	12	11
25	17	16	16	15	14	16	15	15	14	14	13	12
26	18	17	17	16	15	17	16	16	15	15	14	13
27	19	18	18	17	16	18	17	17	16	16	15	14
28	20	19	19	18	17	19	18	18	17	17	16	15
29	21	20	20	19	18	20	19	19	18	18	17	16
30	22	21	21	20	19	21	20	20	19	19	18	17
1	Complémentaire											18
2												19
3												20
4												21
5												22

AN XIV DE L'ÈRE RÉPUBLICAINE.

JOURS DU MOIS	VENDÉMIAIRE Lund. Septembre / Octobre 1805	BRUMAIRE Merc. Octobre / Novembre 1805	FRIMAIRE Vend. Novembre / Décembre 1805	NIVÔSE Dim. Décembre 1805 / Janvier 1806	PLUVIÔSE Mard. Janvier / Février 1806	VENTÔSE Jeud. Février / Mars 1806	GERMINAL Sam. Mars / Avril 1806	FLORÉAL Lund. Avril / Mai 1806	PRAIRIAL Merc. Mai / Juin 1806	MESSIDOR Vend. Juin / Juillet 1806	THERMIDOR Dim. Juillet / Août 1806	FRUCTIDOR Mard. Août / Septembre 1806
1	23	23	22	22	21	20	22	21	21	20	20	19
2	24	24	23	23	22	21	23	22	22	21	21	20
3	25	25	24	24	23	22	24	23	23	22	22	21
4	26	26	25	25	24	23	25	24	24	23	23	22
5	27	27	26	26	25	24	26	25	25	24	24	23
6	28	28	27	27	26	25	27	26	26	25	25	24
7	29	29	28	28	27	26	28	27	27	26	26	25
8	30	30	29	29	28	27	29	28	28	27	27	26
9	1	31	30	30	29	28	30	29	29	28	28	27
10	2	1	1	31	30	1	31	30	30	29	29	28
11	3	2	2	1	31	2	1	1	31	30	30	29
12	4	3	3	2	1	3	2	2	1	1	31	30
13	5	4	4	3	2	4	3	3	2	2	1	31
14	6	5	5	4	3	5	4	4	3	3	2	1
15	7	6	6	5	4	6	5	5	4	4	3	2
16	8	7	7	6	5	7	6	6	5	5	4	3
17	9	8	8	7	6	8	7	7	6	6	5	4
18	10	9	9	8	7	9	8	8	7	7	6	5
19	11	10	10	9	8	10	9	9	8	8	7	6
20	12	11	11	10	9	11	10	10	9	9	8	7
21	13	12	12	11	10	12	11	11	10	10	9	8
22	14	13	13	12	11	13	12	12	11	11	10	9
23	15	14	14	13	12	14	13	13	12	12	11	10
24	16	15	15	14	13	15	14	14	13	13	12	11
25	17	16	16	15	14	16	15	15	14	14	13	12
26	18	17	17	16	15	17	16	16	15	15	14	13
27	19	18	18	17	16	18	17	17	16	16	15	14
28	20	19	19	18	17	19	18	18	17	17	16	15
29	21	20	20	19	18	20	19	19	18	18	17	16
30	22	21	21	20	19	21	20	20	19	19	18	17
1 Complémentaire												18
2												19
3												20
4												21
5												22

C'est du 1er janvier 1806 que l'ère républicaine a été supprimée.

MONNAIE ACTUELLE.

Les monnaies décimales, devenues parmi nous les monnaies usuelles, se composent aujourd'hui, savoir :

EN OR, des pièces de 100, 40, 20 et 10 fr. [1].

EN ARGENT, des pièces de 5, 2 et 1 fr., du demi-franc ou 50 cent., du quart de franc ou 25 cent., et de la pièce de 20 cent.

EN CUIVRE, des pièces de 10 cent. massives ou gros deux-sols, de 5 cent. ou 1 sou et de 1 cent.

La monnaie de cuivre ne peut entrer dans les paiements faits soit aux particuliers, si ce n'est de gré à gré, soit aux caisses publiques que pour l'appoint de la pièce de 5 fr. (Décret du 18 août 1810, art. 2; décision minist. du 11 décembre 1820).

Sont passibles d'amende de 6 à 10 fr. ceux qui auraient refusé de recevoir les espèces et monnaies nationales, non fausses ni altérées, selon la valeur pour laquelle elles ont cours (Code pénal, art. 475).

FAUSSE MONNAIE.
(Code pénal.)

Art. 132. Quiconque aura contrefait ou altéré les monnaies d'or ou d'argent ayant cours légal en France, ou participé à l'émission ou exposition desdites monnaies contrefaites ou altérées, ou à leur introduction sur le territoire français, sera puni des travaux forcés à perpétuité. (Loi du 28 avril 1832).

133. Celui qui aura contrefait ou altéré des monnaies de billon ou de cuivre ayant cours légal en France, ou participé à l'émission ou exposition desdites monnaies contrefaites ou altérées,

---

[1] Ordonnance du 8 novembre 1830.

ou à leur introduction sur le territoire français, sera puni des travaux forcés à temps (même loi).

134. Tout individu qui aura, en France, contrefait ou altéré des monnaies étrangères, ou participé à l'émission, exposition ou introduction en France de monnaies étrangères contrefaites ou altérées, sera puni des travaux forcés à temps.

135. La participation énoncée aux précédents articles ne s'applique point à ceux qui, ayant reçu pour bonnes des pièces de monnaie contrefaites ou altérées, les ont remises en circulation.

Toutefois celui qui aura fait usage desdites pièces, après en avoir vérifié ou fait vérifier les vices, sera puni d'une amende triple au moins, et sextuple au plus de la somme représentée par les pièces qu'il aura rendues à la circulation, sans que cette amende puisse en aucun cas être inférieure à 16 fr.

136 et 137. *Abrogés par la loi du 28 avril 1832.*

138. Les personnes coupables des crimes mentionnés aux art. 132 et 133 seront exemptes de peine, si, avant la consommation de ces crimes et avant toutes poursuites, elles en ont donné connaissance et révélé les auteurs aux autorités constituées, ou si, même après les poursuites commencées, elles ont procuré l'arrestation des autres coupables.

Elles pourront néanmoins être mises, pour la vie ou à temps, sous la surveillance spéciale de la haute police.

163. L'application des peines portées contre ceux qui ont fait usage de monnaies, billets, sceaux, timbres, marteaux, poinçons, marques et écrits faux, contrefaits, fabriqués ou falsifiés, cessera toutes les fois que le faux n'aura pas été connu de la personne qui aura fait usage de la chose fausse.

T BLEAU de la conversion des [illegible] ou [illegible]

LIV.	S.	FR.	C.	LIV.	FR.	C.	LIV.	FR.	C.
»	1	»	05	34	33	58	86	84	
»	2	»	10	35	34	57	87	85	
»	3	»	15	36	35	56	88	86	
»	4	»	20	37	36	54	89	87	
»	5	»	25	38	37	53	90	88	89
»	6	»	30	39	38	52	91	89	88
»	7	»	35	40	39	51	92	90	86
»	8	»	40	41	40	49	93	91	85
»	9	»	44	42	41	48	94	92	84
»	10	»	49	43	42	47	95	93	83
»	11	»	54	44	43	46	96	94	81
»	12	»	59	45	44	44	97	95	80
»	13	»	64	46	45	43	98	96	79
»	14	»	69	47	46	42	99	97	78
»	15	»	74	48	47	41	100	98	77
»	16	»	79	49	48	40	200	197	53
»	17	»	84	50	49	38	300	296	30
»	18	»	89	51	50	37	400	395	06
»	19	»	94	52	51	36	500	493	83
1	»	»	99	53	52	35	600	592	59
2	»	1	98	54	53	33	700	691	36
3	»	2	96	55	54	32	800	790	12
4	»	3	95	56	55	31	900	888	89
5	»	4	94	57	56	30	1,000	987	65
6	»	5	93	58	57	28	2,000	1,975	31
7	»	6	91	59	58	27	3,000	2,962	96
8	»	7	90	60	59	26	4,000	3,950	62
9	»	8	89	61	60	25	5,000	4,938	27
10	»	9	88	62	61	23	6,000	5,925	93
11	»	10	86	63	62	22	7,000	6,913	58
12	»	11	85	64	63	21	8,000	7,901	23
13	»	12	84	65	64	20	9,000	8,888	89
14	»	13	83	66	65	19	10,000	9,876	54
15	»	14	81	67	66	17	20,000	19,753	09
16	»	15	80	68	67	16	30,000	29,629	63
17	»	16	79	69	68	15	40,000	39,506	17
18	»	17	78	70	69	14	50,000	49,382	72
19	»	18	77	71	70	12	60,000	59,259	26
20	»	19	75	72	71	11	70,000	69,135	80
21	»	20	74	73	72	10	80,000	79,012	35
22	»	21	73	74	73	09	90,000	88,888	89
23	»	22	72	75	74	07	100,000	98,765	43
24	»	23	70	76	75	06	200,000	197,530	86
25	»	24	69	77	76	05	300,000	296,296	30
26	»	25	68	78	77	04	400,000	395,061	73
27	»	26	67	79	78	02	500,000	493,827	16
28	»	27	65	80	79	01	600,000	592,592	59
29	»	28	64	81	80	00	700,000	691,358	02
30	»	29	63	82	80	99	800,000	790,123	46
31	»	30	62	83	81	98	900,000	888,888	89
32	»	31	60	84	82	96	1,000,000	987,654	32
33	»	32	59	85	83	95			

1 Arrêté du gouvernement du 26 vendém. an VIII.

TABLEAU de la conversion des francs en livres tournois.

FR.	LIV.	s.	D.	FR.	LIV.	s.	D.	FR.	LIV.	s.	D.
1	1	»	3	80	81	»	»	6,000	6,075	»	»
2	2	»	6	90	91	2	6	7,000	7,087	10	»
3	3	»	9	100	101	5	»	8,000	8,100	»	»
4	4	1	»	200	202	10	»	9,000	9,112	10	»
5	5	1	3	300	303	15	»	10,000	10,125	»	»
6	6	1	6	400	405	»	»	20,000	20,250	»	»
7	7	1	9	500	506	5	»	30,000	30,375	»	»
8	8	2	»	600	607	10	»	40,000	40,500	»	»
9	9	2	3	700	708	15	»	50,000	50,625	»	»
10	10	2	6	800	810	»	»	60,000	60,750	»	»
20	20	5	»	900	911	5	»	70,000	70,875	»	»
30	30	7	6	1,000	1,012	10	»	80,000	81,000	»	»
40	40	10	»	2,000	2,025	»	»	90,000	91,125	»	»
50	50	12	6	3,000	3,037	10	»	100,000	101,250	»	»
60	60	15	»	4,000	4,050	»	»				
70	70	17	6	5,000	5,062	10	»				

TARIF des anciennes pièces de monnaies au cours réduit[1].

NOMBRE DE PIÈCES.	PIÈCES DE 48 LIVRES.		PIÈCES DE 24 LIVRES.		PIÈCES DE 6 LIVRES.		PIÈCES DE 3 LIVRES.	
	fr.	c.	fr.	c.	fr.	c.	fr.	c.
1	47	20	23	55	5	80	2	75
2	94	40	47	10	11	60	5	50
3	141	60	70	65	17	40	8	25
4	188	80	94	20	23	20	11	00
5	236	00	117	75	29	00	13	75
6	283	20	141	30	34	80	16	50
7	330	60	164	85	40	60	19	25
8	377	60	188	40	46	40	22	00
9	424	80	211	05	52	20	24	75

Pour trouver avec ce tarif la valeur des nombres au-dessus de neuf pièces, il suffit de décupler, de centupler, et ainsi de suite, en ajoutant un, deux ou plusieurs zéros aux sommes de chaque colonne : une simple addition avec la valeur des unités donne ensuite le total cherché.

---

[1] Toutes les anciennes pièces ont été démonétisées par les lois des 14 juin 1829 et 30 mars 1834.

TABLEAU DES MESURES LÉGALES.

(Lois du 18 germinal an III et du 4 juillet 1837.)

NOMS SYSTÉMATIQUES [1].	VALEUR.
Mesures de longueur.	
Myriamètre	Dix mille mètres. | Mesures itiné-
Kilomètre...........	Mille mètres, | raires.
Hectomètre	Cent mètres.
Décamètre	Dix mètres. — Chaîne d'arpenteur.
MÈTRE.............	*Unité fondamentale des poids et mesures.* Dix-millionième partie du quart du méridien terrestre [2].
Décimètre	Dixième du mètre.
Centimètre..........	Centième du mètre.
Millimètre	Millième du mètre.
Mesures agraires.	
Hectare	Cent ares ou 10,000 mètres carrés.
ARE	Cent mètres carrés, carré de dix mètres de côté.
Centiare	Centième de l'are ou mètre carré.
Mesures de capacité pour les liquides et les matières sèches.	
Kilolitre...........	Mille litres ou un mètre cube.
Hectolitre..........	Cent litres.

1 Les mesures 10 fois, 100 fois, 1,000 fois, 10,000 fois plus grandes que celles qui ont reçu le nom primitif, sont désignées par l'addition des noms numériques *déca, hecto, kilo, myria*; ces mots sont empruntés du grec et signifient *dix, cent, mille, dix-mille.*

Les mesures 10 fois, 100 fois, 1,000 fois plus petites que le mètre, le litre, le gramme, etc., sont désignées par l'addition des noms numériques *déci, centi, milli*, dérivés du latin et synonymes de ceux de *dixième, centième, millième.*

2 La longueur du mètre a été définitivement fixée à 3 pieds 11 lignes 296 millièmes par la loi du 19 frimaire an VIII, art. 1er.

NOMS SYSTÉMATIQUES.	VALEUR.
Décalitre	Dix litres.
LITRE	Décimètre cube.
Décilitre	Dixième du litre.
Centilitre	Centième du litre.
Millilitre	Millième du litre.

Mesures de solidité.

Décastère	Dix stères.
STÈRE	Mètre cube.
Décistère	Dixième du stère.

Poids.

Millier	Mille kilogrammes, poids d'un mètre cube d'eau distillée et du tonneau de mer.
Quintal	Cent kilog., quintal métrique.
Myriagramme	Dix kilogrammes.
KILOGRAMME	Mille grammes. Poids d'un litre ou d'un décimètre cube d'eau distillée à la température de 4° centigrades.
Hectogramme	Cent grammes.
Décagramme	Dix grammes.
GRAMME	Poids d'un centimètre cube d'eau distillée à 4° centigrades.
Décigramme	Dixième du gramme.
Centigramme	Centième du gramme.
Milligramme	Millième du gramme.

Monnaie.

FRANC	Cinq grammes d'argent, au titre de 9 dixièmes de fin.
Décime	Dixième du franc.
Centime	Centième du franc.

Conversion des anciens poids en poids métriques.

ONCES.	GRAMMES.	CENTIGR.	GROS.	GRAMMES.	CENTIGR.
1	31	25	1	3	01
2	62	50	2	7	81
3	93	75	3	11	71
4	125		4	15	63
5	156	25	5	19	53
6	187	50	6	23	43
7	218	75	7	27	44
8	250				
9	281	25	Grains.	Grammes.	Centigram.
10	312	50	1	»	5
11	343	75	2	»	11
12	375		3	»	16
13	406	25	12	»	65
14	437	50	24	1	30
15	468	75	36	1	95

Deux livres valent 1000 grammes ou 1 kilogramme.

Une livre vaut . . . . 500 grammes.

Une demi-livre . . 250 »

Un quarteron . . . . 125 »

Un demi-quarteron 62-5 »

MATRICULE

DES

NOTAIRES DE L'ARRONDISSEMENT,

SUIVANT LEUR RANG D'ANCIENNETÉ,

AU NOMBRE DE 44, AU 1ᵉʳ MAI 1851.

Strasbourg.

		Entrée en fonctions.
MM. RENCKER		1817
GRIMMER		1819
RITLENG		1826
ZIMMER	?	1827
NŒTINGER		1827
LACOMBE		1835
KELLER		1837
BECKER		1838
ZEYSSOLFF		1839
BURTZ		1841
LAUTH		1842
RŒSSEL (Auguste) aîné		1843
FLACH		1848
RŒSSEL (Eugène) le jeune		1850
N., successeur de Mᵉ Reiss		

Canton de Bischwiller.

MM. KLEIN	à Drusenheim	1835
PETITVILLE	à Bischwiller	1841
WUNSCHENDORFF	à Reschwoog	1847
WEIGEL	à Bischwiller	1850

Canton de Brumath.

MM. TRAUTMANN	à Brumath	1822
GANTER	à Weyersheim	1828
SCHEFFER	à la Wantzenau	1850
WASMER	à Brumath	1851

Canton de Geispolsheim.

		Entrée en fonctions.
MM. CORHUMMEL	à Geispolsheim	1833
STROMEYER	à Fegersheim	1840
LOBSTEIN	à Lingolsheim	1840

Canton de Haguenau.

MM. ISENRING	à Haguenau	1843
HALLEZ	Id.	1845
HEILMANN	Id.	1850

Canton de Molsheim.

MM. FUCHS	à Molsheim	1827
BESSARD-GROGNIARD	à Mutzig	1838
KOETSCHET	Id.	1838
MENNET	à Molsheim	1846
PIFFARD	Id.	1847

Canton de Schiltigheim.

MM. CHÁVEHEID	à Bischheim-au-Saum	1813
ROUDOLPHI	à Schiltigheim	1824
MÜHL	à Oberschæffolsheim	1843

Canton de Truchtersheim.

MM. STUMPFF	à Willgottheim	1820
DE HAUSEN	à Wiwersheim	1837
LOBSTEIN	à Truchtersheim	1851

Canton de Wasselonne.

MM. IHLÉ	à Westhoffen	1837
NORTH	à Wasselonne	1841
HUMANN	à Marlenheim	1844
TROTTRET	à Wasselonne	1851

NOTAIRES HONORAIRES.

MM. TRIPONÉ, à Strasbourg.	MM. KRATZ, à Strasbourg.
HICKEL, Idem.	NŒTINGER, à Molsheim.
L'ANGE ✳, Idem.	WOHLGEMUTH, à Marlen-
BREMSINGER, Idem.	heim.

COMPOSITION

DES

ÉTUDES DE LA VILLE DE STRASBOURG[1].

(QUINZE ÉTUDES.)

Avant la loi du 25 ventôse an XI, et même jusqu'à celle de 1816, les notaires de Strasbourg ne se succédaient pas régulièrement, et la première de ces lois en a réduit le nombre qui avait varié à différentes époques. Au décès d'un titulaire, ou après sa démission, ses minutes étaient remises de gré à gré ou par suite de vente par licitation à l'un de ses collègues; chaque nomination nouvelle était en quelque sorte une création, et de là vient que des études actuelles toutes n'ont pas des dépôts d'anciennes minutes.

Dans la notice que nous en présentons ici, nous les avons classées par ordre d'ancienneté des minutes ou exercices de chacune; celles qui ont d'anciens dépôts ont été divisées en deux séries, l'une pour les *anciens exercices* et l'autre pour ceux que nous appelons *exercices nouveaux;* entre les deux séries, ou avant la seconde, s'il n'y a pas d'anciennes minutes, figurent séparément les noms des titulaires en fonctions à l'époque de la promulgation de la loi organique du notariat qui leur avait prescrit (art. 64) de se pourvoir auprès du gouvernement à l'effet d'obtenir une commission confirmative, et des notes expliquent les singularités qu'offrent quelques études.

---

[1] Les recherches de M⁰ Becker, rapporteur de la chambre, nous ont beaucoup aidé dans la rédaction de cette notice.

Pour les études des cantons on peut consulter le travail publié en 1844 par M. Lobstein, avocat, sous le titre de *Manuel du notariat en Alsace.*

ÉTUDE I.

Anciens dépôts.

CHANCELLERIE DE LA VILLE. Le premier des protocoles qui en existent encore est de l'année 1401.

CHAMBRE DES CONTRATS, de 1625 au 16 nivôse an III ou 5 janvier 1795.

Anciens exercices.

WEBER, Christophe-Philippe, de	1700 à 1708
GOLDBACH, Sébastien, de	1704 » 1715
DAUTEL, François-Henri, père, de	1726 » 1781
LICHTENBERGER, Jean-Frédéric, de	1733 » 1787
DINCKEL, Jean-Rodolphe, de	1736 » 1781
MEYER, Jean-Érard-Sébastien, de	1783 » 1809
DAUTEL, François-Henri, fils, de	1784 » 1786
REIFFSTECK, Jean-Baptiste, de	1789 » 1792

KNOBLOCH, Jean-Louis, du 31 décembre 1784 au 22 juin 1819.

Exercices nouveaux.

	Nomination.	Prestation de serment.
WEIGEL, Jean-Jacques	9 juin 1819	22 juin 1819
TINCHANT, Joseph-Alph.-Fortuné	27 sept. 1836	12 oct. 1836
RŒSSEL, Chrétien-Charles-Aug.	17 avril 1843	2 mai 1843

ÉTUDE II.

Anciens exercices.

Didier du Til, de	1682 à 1722
Contz, de.	1685 » 1707
Robert, Jean, de	1717 » 1724
De Humbourg, Jean, de	1725 » 1749
De Humbourg, François-Bruno, de	1749 » 1770
Lacombe[1], François-Antoine, de	1770 » 1818

Lung[2], Jean-Jacques, du 21 février 1776 au 10 janvier 1803.

Exercices nouveaux.

	Nomination.	Prestation de serment.
Lacombe, François-Antoine-Thomas, fils de François-Antoine .	9 mars 1804	21 avril 1804
Lacombe, François-Charles, fils du précédent	2 févr. 1835	12 févr. 1835

---

1 Ce notaire a été remplacé par Me Rencker, *étude XI*.
2 Les minutes de Me Lung se trouvent *en l'étude IX*.

ÉTUDE III.

Anciens exercices

Courtz, Wolfgang, de.	1704 à 1737
Koch, Mathias, de	1728 » 1760
Euth, Jean, do	1730 » 1783
René, Pierre-François, de	1748 » 1764
Goll, Jean-Frédéric, de	1751 » 1759
Schweighæuser, Jean-Daniel, de	1751 » 1799
Greis, Philippe-Jacques, de	1753 » 1783
Saltzmann, Jean-Daniel, de.	1756 » 1800
Grauel, Jean-Michel, de.	1757 » 1787
Ensfelder, Jean-Daniel, de.	1765 » 1796
Lauth, Jean-Daniel, de	1773 » 1799
Rith, Jean-Philippe, de	1797 » 1798

Ubersaal, Philippe-Louis, du 20 décembre 1776 au 29 août 1818.

Exercices nouveaux.

	Nomination.	Prestation de serment.
Schreider, Frédéric.	19 août 1818	29 août 1818
Kratz, Jean-Louis-Édouard . . .	3 déc. 1831	19 déc. 1831
Burtz, Marie-Napoléon-Théodore-Sébastien.	4 juill. 1841	19 juill. 1841

ÉTUDE IV.

Anciens exercices.

MADER, Philippe-Jacques, de	1705 à 1739
SCHMIDT, André, de	1729 » 1740
STŒBER, Jean-Daniel, de	1735 » 1776
RIVOIRE, Joseph, père, de	1739 » 1750
LANGHEINRICH, Jean-Daniel, de.	1743 » 1779
THENN, Jean-Henri, de	1748 » 1776
FICKÉ, Jean-Charles, de	1750 » 1780
LOBSTEIN, Jean-Frédéric, fils, de	1750 » 1788
RIVOIRE, Joseph, fils, de.	1753 » 1780
ALBERT, Jean-George, de.	1755 » 1793
HŒTTEL, Jean-Charles, de	1762 » 1784
SCHÆFF, Jean-Frédéric, de	1764 » 1798
GREISS, Jean-Frédéric, de	1774 » 1796
LEDERLIN, Jean, de	1776 » 1791
STŒBER[1], Jean-Daniel, fils, de.	1776 » 1811
RŒDERER, Frédéric-Jacques, de	1780 » 1783
SCHAAFF, Jean-Daniel, de	1783 » 1793

RŒSSEL[2], Jean-George, du 1er septembre 1774 au 22 mars 1803.

Exercices nouveaux.

	Nomination.	Prestation de serment.
STŒBER, Daniel-Ehrenfried . . .	12 juill. 1804	7 août 1804
HATT, Jean-George.	3 oct. 1821	24 oct. 1821

---

[1] Ce notaire a été remplacé par Me Chrétien-Théophile Stœber, son second fils, *étude XII*.

[2] Me Rœssel étant décédé peu de temps avant la loi de ventôse, son étude fut maintenue et c'est Me Stœber, Daniel-Ehrenfried, qui lui a succédé. Mais ses minutes se trouvent déposées en *l'étude VIII*.

	Nominations.	Prestation de serment.
LAUTH, Frédéric-Auguste	8 févr. 1842	29 mars 1842

ÉTUDE V.

Anciens exercices.

LANG, Jean-Daniel, l'aîné, de	1717 à 1725
ZIMMER, Jean-Frédéric, de	1760 + 1790
HEUSS, Philippe-Frédéric, de	1760 + 1800
KIECHEL, Jean-Frédéric, de	1770 + 1792

ZIMMER, George-Frédéric, fils de Jean-Frédéric, du 26 mai 1787 au 26 février 1827.

Exercices nouveaux.

	Nomination	Prestation de serment.
ZIMMER, Louis-Frédéric, fils du précédent.	9 févr. 1827	26 févr. 1827

16

ÉTUDE VI.

Anciens exercices.

LHANNEUR CHANTELON, Jean-Baptiste, de . . . 1722 à 1737
LAQUIANTE, Jean, de . . . . 1737 » 1754
LAQUIANTE, Jean-Thomas-d'Aquin, de . . . 1755 » 1792

LAQUIANTE, François – Marie – Louis – Nicolas – Jean – Thomas-
d'Aquin-Bruno, du 22 septembre 1780 au 22 décembre 1807.

Exercices nouveaux.

	Nomination.	Prestation de serment.
MEYER, Paul-Louis-Jean-Joseph.	3 août 1808	30 août 1808
CUNIER, David-Charles-Henri . .	6 févr. 1818	10 mars 1818
TRIPONÉ, Émile	23 juin 1819	8 juillet 1819
STRIFFLER, Joseph-Charles-Théo-dore	16 sept. 1838	27 sept. 1838
RŒSSEL, Henri-Eugène	14 sept. 1850	2 oct. 1850

ÉTUDE VII.

Anciens exercices.

RITH, George-Philippe, de . . . . 1724 à 1755
NENTER, George-Frédéric, de . . . . 1747 à 1785
CARLIER, François-Xavier-Thibaud, de . . . 1781 à 1788
FALLER, François-Mathias, de . . . . 1785 à 1799

GRIMMER, Jean-Frédéric, du 1er février 1785 au 27 décembre 1819.

Exercices nouveaux.

	Nomination.	Prestation du serment.
GRIMMER, George-Louis-Frédéric, fils du précédent.	17 nov. 1819	27 déc. 1819

ÉTUDE VIII.

Anciens exercices.

Hess, Jean-Jacques, de	1740 à 1774
Anrich [1], Jean, de	1760 » 1807
Fettig, George-Frédéric, de	1767 » 1795
Schatz, Jean-Frédéric, de	1770 » 1781
Rœssel [2] père, Jean-George, de	1774 » 1803

Exercices nouveaux.

	Nomination.	Prestation de serment.
Rœssel, Jean-George, fils du précédent [3].	5 nov. 1810	19 nov. 1810
Grimmer, Louis-Léopold-Guillaume	24 mars 1824	9 avril 1824
Zeyssolff, Louis-Charles	16 mai 1839	28 mai 1839

---

[1] [2] Ces deux notaires ont eu pour successeurs l'un M⁰ Thurmann, *étude X*, et l'autre M⁰ Daniel-Ehrenfried Stœber, *étude IV*.

[3] M⁰ Rœssel fils n'a pas été nommé en remplacement d'un prédécesseur. C'est donc une création qu'il a obtenue postérieurement à la loi de ventôse.

ÉTUDE IX.

Anciens exercices.

GRIESBACH, Jean-Jacques, de . . . . 1747 à 1774
ELLES, Jean-George, de . . . . 1750 » 1772
HÆRING, Jean-Richard, de . . . . 1753 » 1774
SCHUMACHER, Tobie, de . . . . 1784 » 1798
LUNG[1], Jean-Jacques, de . . . . 1776 » 1803
DINCKEL fils, Jean-Rodolphe, de . . . . . 1795 » 1800
GRIMM, Henri, de . . . . 1798 » 1799

BOSSÉNIUS, Chrétien-Geoffroi, du 11 juillet 1789 au 22 avril 1818.

Exercices nouveaux.

	Nomination.	Prestation de serment.
HICKEL, Philippe-Frédéric-Gustave	10 avril 1818	22 avril 1818
BECKER, Geoffroi	13 août 1838	28 août 1838

---

[1] Ce notaire a été remplacé par M⁰ Antoine-François-Thomas Lacombe, *étude II.*

ÉTUDE X.

Anrich[1], Jean, du 12 janvier 1760 au 25 janvier 1807.

Exercices nouveaux.

	Nomination.	Prestation de serment.
Thurmann, Dagobert.	16 nov. 1807	24 déc. 1807
L'Ange, Jean-Phil.-Pierre-Charl.	18 sept. 1824	15 oct. 1824
Keller, Charles.	8 mai 1837	22 mai 1837

ÉTUDE XI.

Lacombe[2], François-Antoine, du 20 septembre 1770 au 12 mai 1816, jour de son décès.

Exercices nouveaux.

	Nomination.	Prestation de serment.
Rencker, Marie-Guill.-François.	6 nov. 1817	20 nov. 1817

1 2 Les minutes de MM^{es} Anrich et Lacombe sont déposées les unes en l'*étude VIII* et les autres en l'*étude II.*

ÉTUDE XII.

STŒBER[1], Jean-Daniel, du 15 février 1776 au 15 novembre 1811, jour de son décès.

Exercices nouveaux.

	Nomination.	Prestation de serment.
STŒBER, Chrétien-Théophile . .	18 févr. 1813	4 mars 1813
BŒRSCH, Gustave-Adolphe. . . .	16 nov. 1837	23 nov. 1837
REISS, George	10 juill. 1845	16 juill. 1845

ÉTUDE XIII.

WENGLER, Henri-Joseph, du 28 août 1784 au 14 mars 1827.

Exercices nouveaux.

	Nomination.	Prestation de serment.
NŒTINGER, François - Antoine - Charles.	0 févr. 1827	14 mars 1827

[1] Ses minutes sont en l'*étude IV*.

ÉTUDE XIV.

Lex, Félix-Caspar, du 5 avril 1791 au 12 août 1818.

———

Exercices nouveaux.

	Nomination	Prestation de serment
Lex, Félix-Joseph, fils du précédent	5 août 1818	12 août 1818
Ritleng, Antoine, en remplacement de M. Victor Rossée[1], non acceptant	12 nov. 1826	27 nov. 1826

———

[1] C'est M. Rossée, aujourd'hui premier président de la cour d'appel de Colmar, qui avait d'abord été nommé comme successeur de M. Lex.

ÉTUDE XV.

Bremsinger, André, du 2 septembre 1794 au 12 septembre 1797, et du 2 août 1800 au 12 janvier 1811.

Et Vix, Jean-George, pendant les fonctions administratives du précédent, du 25 octobre 1797 au 30 juillet 1800.

Exercices nouveaux.

	Nomination.	Prestation de serment.
Bremsinger, François-Louis-Félix, fils du même.	18 avril 1816	2 mai 1816
Arbogast, Joseph-Théophile . .	19 mai 1840	1er juin 1840
Flach, Jean-George	0 oct. 1848	18 oct. 1848

BAS-RHIN.

Composé de 4 arrondissements : STRASBOURG , chef-lieu ; SAVERNE , SCHLÉSTADT , WISSEMBOURG ; 33 cantons, 543 communes ; population, 505,275 [1].

ARRONDISSEMENT DE STRASBOURG :
12 CANTONS, 161 COMMUNES ; POPULATION , 226,010.

NOMS DES CHEFS-LIEUX DE CANTON ET DES COMMUNES :	DISTANCE de chaque commune au chef-lieu			
	du canton.		de l'arrond.	
	Myr.	Kil.	Myr.	Kil.
1er C. **Bischwiller**, *Hanhoffen* [2]	»	»	2	4
Auenheim	1	8	3	8
Dalhunden	1	8	3	9
Drusenheim	1	»	2	8
Forstfeld	2	2	4	2
Fort-Louis (le)	2	»	4	»
Herrlisheim	»	6	2	2
Kauffenheim	1	6	4	»
Leutenheim	1	8	3	0
Neuhæusel	2	1	4	1
Oberhoffen	»	1	2	8
Offendorf	»	8	1	8
Reschwoog, *Gresenheim*	1	8	3	0
Rohrwiller	»	4	2	0
Roppenheim	2	»	4	»
Runtzenheim	1	6	3	7
Schirhoffen	»	6	3	»
Schirrhein	»	8	2	0
Sessenheim, *Dengelsheim, Binyolsheim*	1	3	2	6
Soufflenheim	1	3	3	8
Stattmatten	1	3	3	3
2e C. **Brumath**	»	»	1	7
Bernolsheim	»	3	1	0
Biettenheim	»	0	1	8
Bilwisheim	»	8	1	8
Donnenheim	»	8	1	7
Eckwersheim	»	6	1	6
Gambsheim, *Bettenhoffen*	1	0	1	6

[1] D'après le recensement fait en 1840.
[2] Les désignations en lettres italiques sont des annexes.

NOMS DES CHEFS-LIEUX DE CANTON ET DES COMMUNES.	DISTANCE de chaque commune au chef-lieu			
	du canton.		de l'arrond.	
	Myr.	Kil.	Myr.	Kil.
Geudertheim	»	3	2	4
Gries	1	8	2	1
Hœrdt	»	7	1	4
Kilstett	1	2	1	3
Krautwiller	»	3	1	8
Kriegsheim	1	»	1	0
Kurtzenhausen	»	6	1	8
Mittelschæffolsheim	»	7	2	4
Mommenheim	»	0	1	2
Olwisheim	»	3	1	3
Rottelsheim	»	8	1	0
Vendenheim	1	6	1	»
Wantzenau (la)	»	8	1	2
Weyersheim	»	»	1	0
3e *C.* **Geispolsheim**, *Hattisheimer Capelle*	»	»	»	3
Blæsheim	»	3	»	8
Düppigheim	»	8	»	2
Düttlenheim	»	6	1	4
Entzheim	»	2	1	2
Eschau, *Wibolsheim*	»	8	»	9
Fegersheim	»	4	»	4
Holtzheim	»	5	»	6
Ichtratzheim	»	6	1	0
Illkirch, *Graffenstaden*	»	7	»	3
Lingolsheim	»	0	»	8
Lipsheim	»	3	1	3
Ostwald, *Illwickersheim, Murhof*	»	6	1	»
Plobsheim, *Thumenau*	1	»	1	3
4e *C.* **Haguenau**, *Marienthal, Birckenwald, Harthausen*	»	»	»	»
Batzendorf	»	8	2	8
Bersthein	1	1	2	4
Dauendorf, *Neuenbourg*	1	0	3	4
Hochstett	»	2	2	2
Hüttendorf	1	4	2	7
Kaltenhausen	1	3	2	0
Morschwiller	1	0	3	»
Niederschæffolsheim	»	7	2	2
Ohlungen	1	4	2	8
Schweighausen, *Clausenhof, Geisselbronn*	»	0	2	8
Uhlwiller, *Niederaltorf*	1	»	3	»
Wahlenheim	1	»	2	1
Weitbruch	»	0	2	2

NOMS DES CHEFS-LIEUX DE CANTON ET DES COMMUNES.	DISTANCE de chaque commune au chef-lieu			
	du canton.		de l'arrond.	
	Myr.	Kil.	Myr.	Kil.
Wintershausen	»	8	2	5
Wittersheim, *Gebolsheim*	1	2	2	4
5ᵉ C. **Molsheim**	»	»	2	1
Altorf	»	3	1	8
Avolsheim	»	3	1	»
Dachste'n	»	5	1	7
Dinsheim	»	6	1	7
Dorlisheim	»	2	1	4
Ergersheim	»	8	2	6
Ernolsheim	»	8	2	8
Gresswiller	»	8	2	9
Heiligenberg	»	7	3	»
Lützelhausen, *Netzenbach*	1	4	3	4
Mutzig, *Hermolsheim*	1	4	3	6
Niederhaslach	1	5	3	7
Oberhaslach	1	4	3	2
Soultz-les-Bains	»	4	2	9
Still	»	8	2	0
Urmatt	1	4	3	0
Wolxheim	»	4	1	3
6ᵉ C. **Schiltigheim**	1	»	1	»
Achenheim	1	3	1	4
Bischheim	1	4	1	4
Breuschwickersheim	1	7	1	4
Eckbolsheim, *Rœthig*	1	9	1	2
Hangenbieten	1	5	1	4
Hœnheim	1	7	1	9
Ittenheim	1	5	1	0
Kolbsheim	1	7	1	8
Lampertheim	1	7	»	6
Mittelhausbergen	»	0	»	8
Mundolsheim	»	0	»	6
Niederhausbergen	»	6	»	8
Oberhausbergen	1	7	»	7
Oberschæffolsheim	1	4	»	0
Reichstett	»	3	»	0
Souffelweyersheim	»	0	»	»
Wolfisheim	»	0	»	»
7ᵉ, 8ᵉ, 9ᵉ et 10ᵉ C. **Strasbourg**, *Robertsau, Neuhof, Neudorf, Kœnigshoffen*	»	»	»	»
11ᵉ C. **Truchtersheim**	»	»	1	8
Avenheim	»	5	2	»
Behlenheim	»	3	2	5

NOMS DES CHEFS-LIEUX DE CANTON ET DES COMMUNES.	DISTANCE de chaque commune au chef-lieu			
	du canton.		de l'arrond.	
	Myr.	Kil.	Myr.	Kil.
Berstett	»	0	1	4
Dingsheim	»	8	»	8
Dossenheim	»	6	1	6
Dürningen	»	8	1	9
Fessenheim	»	8	2	»
Fürdenheim	»	0	1	9
Gimbrett	»	0	2	»
Gougenheim	»	0	2	4
Griesheim	1	7	»	0
Handschuhheim	»	»	1	8
Hürtigheim	»	7	1	»
Ittenheim	»	6	2	»
Kienheim	»	3	1	7
Kleinfranckenheim	»	0	2	2
Küttolsheim	»	8	1	»
Neugartheim	»	6	2	1
Offenheim	»	3	1	4
Osthoffen	»	4	1	9
Pfettisheim	»	7	1	8
Pfulgriesheim	»	7	»	8
Quatzenheim	»	3	1	»
Reitwiller	»	9	»	8
Rohr	1	6	1	8
Rumersheim	»	6	2	»
Schnersheim	»	7	1	3
Stützheim	»	»	1	3
Willgottheim	»	»	1	4
Wintzenheim	»	5	2	8
Wiwersheim	»	1	2	5
Wœllenheim	»	»	2	8
12e C. **Wasselonne**, *Brechlingen*	»	»	2	5
Ballbronn	»	7	2	7
Bergbieten	»	8	2	7
Cosswiller	»	4	2	3
Dahlenheim	»	0	2	3
Dangolsheim	»	0	2	3
Engenthal, *Obersteigen, Schneethal, Schnee-matt, Windsbourg*	1	4	3	0
Flexbourg	»	0	2	6
Irmstett	»	7	2	2
Kirchheim	»	0	2	2
Marlenheim	»	6	2	2
Nordheim	»	6	2	2

NOMS DES CHEFS-LIEUX DE CANTON ET DES COMMUNES.	DISTANCE de chaque commune au chef-lieu			
	du canton.		de l'arrond.	
	Myr.	Kil.	Myr.	Kil.
Odratzheim	»	7	2	1
Romanswiller	»	3	2	7
Scharrachbergheim	»	8	2	1
Trænheim	»	7	2	3
Wangen	»	5	2	3
Wangenbourg	1	3	3	7
Westhoffen	»	6	2	5

DEUXIÈME APPENDICE[1].

LOI DU 22 JANVIER 1851
SUR L'ASSISTANCE JUDICIAIRE.

(*Bulletin des lois*, n° 346 ; 10° Série, n° 2680.)

L'Assemblée nationale a adopté LA LOI dont la teneur suit :

ART. 1er. L'assistance judiciaire est accordée aux indigents dans les cas prévus par la présente loi.

TITRE PREMIER.

DE L'ASSISTANCE JUDICIAIRE EN MATIÈRE CIVILE.

CHAPITRE PREMIER.

DES FORMES DANS LESQUELLES L'ASSISTANCE JUDICIAIRE EST ACCORDÉE.

2. L'admission à l'assistance judiciaire devant les tribunaux civils, les tribunaux de commerce et les juges de paix, est prononcée par un bureau spécial établi au chef-lieu judiciaire de chaque arrondissement, et composé :

1° Du directeur de l'enregistrement et des domaines, ou d'un agent de cette administration délégué par lui ;

2° D'un délégué du préfet ;

3° De trois membres pris parmi les anciens magistrats, les

---

[1] Les deux lois que nous ajoutons ici n'ont paru que quand l'impression de ce recueil était presque terminée, c'est ce qui nous a empêché de leur donner une autre place, et nous transcrivons à la suite un autre article sur les déclarations de successions, qui nous avait échappé, et que nous trouvons trop utile pour ne pas le remettre sous les yeux de nos confrères.

avocats ou anciens avocats, les avoués ou anciens avoués, les notaires ou anciens notaires. Ces trois membres seront nommés par le tribunal civil[1].

Néanmoins, dans les arrondissements où il y aura au moins quinze avocats inscrits au tableau, un des trois membres mentionnés dans le paragraphe précédent sera nommé par le conseil de discipline de l'ordre des avocats, et un autre par la chambre des avoués près le tribunal civil; le troisième sera choisi par le tribunal, conformément au paragraphe précédent.

3. Le bureau d'assistance établi près d'une cour d'appel se compose de sept membres, savoir:

De deux délégués, nommés comme il est dit dans les numéros 1 et 2 de l'article précédent;

Et de cinq autres membres choisis de la manière suivante :

Deux par la cour, en assemblée générale, parmi les citoyens des qualités énoncées dans le quatrième paragraphe de l'article précédent ;

Deux par le conseil de discipline de l'ordre des avocats ,

Et un par la chambre de discipline des avoués à la cour.

4. Lorsque le nombre des affaires l'exige, le bureau peut, en vertu d'une décision du ministre de la justice, prise sur l'avis du tribunal ou de la cour, être divisé en plusieurs sections.

Dans ce cas, les règles prescrites par les deux articles précédents, relativement au nombre des membres du bureau et à leur nomination, s'appliquent à chaque section.

5. Près de la cour de cassation et près du conseil d'État, le bureau est composé de sept membres, parmi lesquels deux délégués du ministre des finances.

Trois autres membres sont choisis, savoir :

Pour le bureau établi près de la cour de cassation, par cette cour, en assemblée générale, parmi les anciens membres de la cour, les avocats et les anciens avocats au conseil d'État et à la

---

[1] Par une décision du tribunal civil de Strasbourg, du 28 février 1851, M. Ilickel, notaire honoraire, a été nommé membre de ce bureau pour l'arrondissement de Strasbourg.

cour de cassation, les professeurs et les anciens professeurs en droit;

Et, pour le bureau établi près du conseil d'État, par ce conseil, en assemblée générale, parmi les anciens conseillers d'État, les anciens maîtres des requêtes, les anciens préfets, les avocats et les anciens avocats au conseil d'État et à la cour de cassation.

Près de l'une et de l'autre de ces juridictions, les deux derniers membres sont nommés par le conseil de discipline de l'ordre des avocats au conseil d'État et à la cour de cassation.

6. Chaque bureau d'assistance ou chaque section nomme son président.

Les fonctions de secrétaire sont remplies par le greffier de la cour ou du tribunal près duquel le bureau est établi, ou par un de ses commis assermentés; et, pour le bureau établi près du conseil d'État, par le secrétaire général de ce conseil, ou par un secrétaire de comité ou de section délégué par lui.

Le bureau ne peut délibérer qu'autant que la moitié plus un de ses membres sont présents, non compris le secrétaire, qui n'a pas voix délibérative.

Les décisions sont prises à la majorité; en cas de partage, la voix du président est prépondérante.

7. Les membres du bureau, autres que les délégués de l'administration, sont soumis au renouvellement, au commencement de chaque année judiciaire et dans le mois qui suit la rentrée; les membres sortants peuvent être réélus.

8. Toute personne qui réclame l'assistance judiciaire adresse sa demande sur papier libre au procureur de la République du tribunal de son domicile. Ce magistrat en fait la remise au bureau établi près de ce tribunal. Si le tribunal n'est pas compétent pour statuer sur le litige, le bureau se borne à recueillir des renseignements, tant sur l'indigence que sur le fond de l'affaire. Il peut entendre les parties. Si elles ne sont pas accordées, il transmet, par l'intermédiaire du procureur de la République, la demande, le résultat de ses informations et les pièces, au bureau établi près de la juridiction compétente.

9. Si la juridiction devant laquelle l'assistance judiciaire a été admise se déclare incompétente, et que, par suite de cette décision, l'affaire soit portée devant une autre juridiction de même nature et de même ordre, le bénéfice de l'assistance subsiste devant cette dernière juridiction.

Celui qui a été admis à l'assistance judiciaire devant une première juridiction continue à en jouir sur l'appel interjeté contre lui dans le cas même où il se rendrait incidemment appelant. Il continue pareillement à en jouir sur le pourvoi en cassation formé contre lui.

Lorsque c'est l'assisté qui émet un appel principal ou qui forme un pourvoi en cassation, il ne peut, sur cet appel ou sur ce pourvoi, jouir de l'assistance, qu'autant qu'il y est admis par une décision nouvelle. Pour y parvenir, il doit adresser sa demande, savoir :

S'il s'agit d'un appel à porter devant le tribunal civil, au procureur de la République près ce tribunal;

S'il s'agit d'un appel à porter devant la cour d'appel, au procureur général près cette cour;

S'il s'agit d'un pourvoi en cassation, au procureur général près la cour de cassation.

Le magistrat auquel la demande est adressée en fait la remise au bureau compétent.

10. Quiconque demande à être admis à l'assistance judiciaire doit fournir:

1° Un extrait du rôle de ses contributions, ou un certificat du percepteur de son domicile, constatant qu'il n'est pas imposé;

2° Une déclaration attestant qu'il est, à raison de son indigence, dans l'impossibilité d'exercer ses droits en justice, et contenant l'énumération détaillée de ses moyens d'existence, quels qu'ils soient.

Le réclamant affirme la sincérité de sa déclaration devant le maire de la commune de son domicile; le maire lui en donne acte au bas de la déclaration.

11. Le bureau prend toutes les informations nécessaires pour s'éclairer sur l'indigence du demandeur, si l'instruction déjà

faite par le bureau du domicile du demandeur, dans le cas prévu par l'art. 8, ne lui fournit pas, à cet égard, des documents suffisants.

Il donne avis à la partie adverse qu'elle peut se présenter devant lui, soit pour contester l'indigence, soit pour fournir des explications sur le fond.

Si elle comparaît, le bureau emploie ses bons offices pour opérer un arrangement amiable.

12. Les décisions du bureau ne contiennent que l'exposé sommaire des faits et des moyens, et la déclaration que l'assistance est accordée ou qu'elle est refusée, sans expression de motifs dans l'un ni dans l'autre cas.

Les décisions du bureau ne sont susceptibles d'aucun recours.

Néanmoins le procureur général, après avoir pris communication de la décision d'un bureau établi près d'un tribunal civil et des pièces à l'appui, peut, sans retard de l'instruction ni du jugement, déférer cette décision au bureau établi près la cour d'appel, pour être réformée s'il y a lieu.

Le procureur général près la cour de cassation, et le procureur général près la cour d'appel, peuvent aussi se faire envoyer les décisions des bureaux d'assistance, qui ont été rendues dans une affaire sur laquelle le bureau d'assistance établi près de l'une ou de l'autre de ces cours est appelé à statuer, si ce dernier bureau en fait la demande.

Hors les cas prévus par les deux paragraphes précédents, les décisions du bureau ne peuvent être communiquées qu'au procureur de la République, à la personne qui a demandé l'assistance, et à ses conseils; le tout sans déplacement.

Elles ne peuvent être produites ni discutées en justice, si ce n'est devant la police correctionnelle, dans le cas prévu par l'art. 26 de la présente loi.

CHAPITRE II.

DES EFFETS DE L'ASSISTANCE JUDICIAIRE.

13. Dans les trois jours de l'admission à l'assistance judiciaire, le président du bureau envoie, par l'intermédiaire du

procureur de la République, au président de la cour ou du tribunal, ou au juge de paix, un extrait de la décision, portant seulement que l'assistance est accordée; il y joint les pièces de l'affaire.

Si la cause est portée devant une cour ou un tribunal civil, le président invite le bâtonnier de l'ordre des avocats, le président de la chambre des avoués et le syndic des huissiers, à désigner l'avocat, l'avoué et l'huissier qui prêteront leur ministère à l'assisté.

S'il n'existe pas de bâtonnier, ou s'il n'y a pas de chambre de discipline des avoués, la désignation est faite par le président du tribunal.

Si la cause est portée devant un tribunal de commerce ou devant un juge de paix, le président du tribunal ou le juge de paix se borne à inviter le syndic des huissiers à désigner un huissier.

Dans le même délai de trois jours, le secrétaire du bureau envoie un extrait de la décision au receveur de l'enregistrement.

14. L'assisté est dispensé provisoirement du paiement des sommes dues au trésor pour droits de timbre, d'enregistrement et de greffe, ainsi que de toute consignation d'amende.

Il est aussi dispensé provisoirement du paiement des sommes dues aux greffiers, aux officiers ministériels et aux avocats, pour droits, émoluments et honoraires.

Les actes de la procédure faite à la requête de l'assisté sont visés pour timbre et enregistrés en débet.

Le visa pour timbre est donné sur l'original au moment de son enregistrement.

Les actes et titres produits par l'assisté, pour justifier de ses droits et qualités, sont pareillement visés pour timbre et enregistrés en débet.

Si ces actes et titres sont du nombre de ceux dont les lois ordonnent l'enregistrement dans un délai déterminé, les droits d'enregistrement deviennent exigibles immédiatement après le jugement définitif; il en est de même des sommes dues pour contravention aux lois sur le timbre.

Si ces actes et titres ne sont pas du nombre de ceux dont les lois ordonnent l'enregistrement dans un délai déterminé, les droits d'enregistrement de ces actes et titres sont assimilés à ceux des actes de la procédure.

Le visa pour timbre et l'enregistrement en débet doivent mentionner la date de la décision qui admet au bénéfice de l'assistance; ils n'ont d'effet, quant aux actes et titres produits par l'assisté, que pour le procès dans lequel la production a eu lieu.

Les frais de transport des juges, des officiers ministériels et des experts, les honoraires de ces derniers et les taxes des témoins dont l'audition a été autorisée par le tribunal ou le juge-commissaire, sont avancés par le trésor, conformément à l'art. 118 du décret du 18 juin 1811. Le paragraphe 5 du présent article s'applique au recouvrement de ces avances.

15. Le ministère public est entendu dans toutes les affaires dans lesquelles l'une des parties a été admise au bénéfice de l'assistance.

16. Les notaires, greffiers et tous autres dépositaires publics ne sont tenus à la délivrance gratuite des actes et expéditions réclamés par l'assisté que sur une ordonnance du juge de paix ou du président.

17. En cas de condamnation aux dépens prononcée contre l'adversaire de l'assisté, la taxe comprend tous les droits, frais de toute nature, honoraires et émoluments auxquels l'assisté aurait été tenu, s'il n'y avait pas eu assistance judiciaire.

18. Dans le cas prévu par l'article précédent, la condamnation est prononcée et l'exécutoire est délivré au nom de l'administration de l'enregistrement et des domaines, qui en poursuit le recouvrement comme en matière d'enregistrement.

Il est délivré un exécutoire séparé au nom de l'administration de l'enregistrement et des domaines pour les droits qui, n'étant pas compris dans l'exécutoire délivré contre la partie adverse, restent dus par l'assisté au trésor, conformément au cinquième paragraphe de l'art. 14.

L'administration de l'enregistrement et des domaines fait

immédiatement aux divers ayants-droit la distribution des sommes recouvrées.

La créance du trésor, pour les avances qu'il a faites, ainsi que pour tous droits de greffe, d'enregistrement et de timbre, a la préférence sur celle des autres ayants-droit.

19. En cas de condamnation aux dépens prononcée contre l'assisté, il est procédé, conformément aux règles tracées par l'article précédent, au recouvrement des sommes dues au trésor, en vertu des paragraphes 5 et 8 de l'art. 11.

20. Les greffiers sont tenus de transmettre, dans le mois, au receveur de l'enregistrement, l'extrait du jugement de condamnation ou l'exécutoire, sous peine de dix francs d'amende pour chaque extrait de jugement ou chaque exécutoire non transmis dans ledit délai.

CHAPITRE III.

DU RETRAIT DE L'ASSISTANCE JUDICIAIRE.

21. Devant toutes les juridictions, le bénéfice de l'assistance peut être retiré en tout état de cause, soit avant, soit même après le jugement:

1° S'il survient à l'assisté des ressources reconnues suffisantes;

2° S'il a surpris la décision du bureau par une déclaration frauduleuse.

22. Le retrait de l'assistance peut être demandé, soit par le ministère public, soit par la partie adverse.

Il peut aussi être prononcé d'office par le bureau.

Dans tous les cas il est motivé.

23. L'assistance judiciaire ne peut être retirée qu'après que l'assisté a été entendu ou mis en demeure de s'expliquer.

24. Le retrait de l'assistance judiciaire a pour effet de rendre immédiatement exigibles les droits, honoraires, émoluments et avances de toute nature dont l'assisté avait été dispensé.

Dans tous les cas où l'assistance judiciaire est retirée, le secrétaire du bureau est tenu d'en informer immédiatement le receveur de l'enregistrement, qui procèdera au recouvrement et à la répartition, suivant les règles tracées en l'art. 18 ci-dessus.

25. L'action tendant au recouvrement de l'exécutoire délivré à la régie de l'enregistrement et des domaines, soit contre l'assisté, soit contre la partie adverse, se prescrit par dix ans.

La prescription de l'action de l'adversaire de l'assisté contre celui-ci, pour les dépens auxquels il a été condamné envers lui, reste soumise au droit commun.

26. Si le retrait de l'assistance a pour cause une déclaration frauduleuse de l'assisté, relativement à son indigence, celui-ci peut, sur l'avis du bureau, être traduit devant le tribunal de police correctionnelle et condamné, indépendamment du paiement des droits et frais de toute nature, dont il avait été dispensé, à une amende égale au montant total de ses droits et frais, sans que cette amende puisse être au-dessous de cent francs, et à un emprisonnement de huit jours au moins et de six mois au plus.

L'art. 463 du Code pénal est applicable.

27. Les dispositions de la loi du 7 août 1850[1] sont applicables :

1° A toutes les causes qui sont de la compétence des conseils de prud'hommes, et dont les juges de paix sont saisis dans les lieux où ces conseils ne sont pas établis ;

2° A toutes les contestations énoncées dans les numéros 3 et 4 de l'art. 5 de la loi du 25 mai 1838[2].

TITRE II.

DE L'ASSISTANCE JUDICIAIRE EN MATIÈRE CRIMINELLE ET CORRECTIONNELLE.

28. Il sera pourvu à la défense des accusés devant les cours

---

[1] Loi sur le timbre et l'enregistrement des actes concernant les conseils de prud'hommes (X⁰ série, *Bull.* 303, n° 2358. *J. N.*, art. 14143).

[2] Loi sur les justices de paix (IX⁰ série, *Bull.* 574, n° 7413. *J. N.*, art. 10175).

d'assises, conformément aux dispositions de l'art. 294 du Code d'instruction criminelle.

29. Les présidents des tribunaux correctionnels désigneront un défenseur d'office aux prévenus poursuivis à la requête du ministère public, ou détenus préventivement, lorsqu'ils en feront la demande, et que leur indigence sera constatée, soit par les pièces désignées dans l'art. 10, soit par tous autres documents.

30. Les présidents des cours d'assises et les présidents des tribunaux correctionnels pourront, même avant le jour fixé pour l'audience, ordonner l'assignation des témoins qui leur seront indiqués par l'accusé ou le prévenu indigent, dans le cas où la déclaration de ces témoins serait jugée utile pour la découverte de la vérité.

Pourront être également ordonnées d'office toutes productions et vérifications de pièces.

Les mesures ainsi prescrites seront exécutées à la requête du ministère public.

31. La présente loi pourra, par des règlements d'administration publique, être appliquée aux colonies et à l'Algérie.

Délibéré en séance publique, à Paris, les 29 novembre, 7 décembre 1850, et 22 janvier 1851.

Le président et les secrétaires,

DARU, vice-président; ARNAUD (de l'Ariége), LACAZE, CHAPOT, BÉRARD, DE HECKEREN, PEUPIN.

La présente loi sera promulguée et scellée du sceau de l'État.

Le président de la République,

LOUIS-NAPOLÉON BONAPARTE.

Le garde des sceaux, ministre de la justice,

E. DE ROYER.

LOI DU 22 FÉVRIER 1851,
RELATIVE AUX CONTRATS D'APPRENTISSAGE.

(Bulletin des lois, n° 359; 10e Série, n° 2765.)*

L'Assemblée nationale a adopté LA LOI dont la teneur suit :

TITRE PREMIER.

DU CONTRAT D'APPRENTISSAGE.

SECTION PREMIÈRE.

DE LA NATURE ET DE LA FORME DU CONTRAT.

ART. 1er. Le contrat d'apprentissage est celui par lequel un fabricant, un chef d'atelier ou un ouvrier s'oblige à enseigner la pratique de sa profession à une autre personne, qui s'oblige, en retour, à travailler pour lui; le tout à des conditions et pendant un temps convenus.

2. Le contrat d'apprentissage est fait par acte public ou par acte sous seing-privé.

Il peut aussi être fait verbalement; mais la preuve testimoniale n'en est reçue que conformément au titre du Code civil *Des contrats ou des obligations conventionnelles en général.*

Les notaires, les secrétaires des conseils de prud'hommes et les greffiers de justice de paix peuvent recevoir l'acte d'apprentissage.

Cet acte est soumis pour l'enregistrement au droit fixe d'un franc, lors même qu'il contiendrait des obligations de sommes ou valeurs mobilières, ou des quittances.

Les honoraires dus aux officiers publics sont fixés à deux francs.

3. L'acte d'apprentissage contiendra :

1° Les nom, prénoms, âge, profession et domicile du maître;

2° Les nom, prénoms, âge et domicile de l'apprenti;

3° Les noms, prénoms, professions et domicile de ses père et mère, de son tuteur, ou de la personne autorisée par les parents, et, à leur défaut, par le juge de paix;

4° La date et la durée du contrat;

5° Les conditions de logement, de nourriture, de prix et toutes autres arrêtées entre les parties.

Il devra être signé par le maître et par les représentants de l'apprenti.

SECTION II.

DES CONDITIONS DU CONTRAT.

4. Nul ne peut recevoir des apprentis mineurs, s'il n'est âgé de vingt et un ans au moins.

5. Aucun maître, s'il est célibataire ou en état de veuvage, ne peut loger, comme apprenties, des jeunes filles mineures.

6. Sont incapables de recevoir des apprentis :

Les individus qui ont subi une condamnation pour crime;

Ceux qui ont été condamnés pour attentat aux mœurs;

Ceux qui ont été condamnés à plus de trois mois d'emprisonnement pour les délits prévus par les art. 388, 401, 405, 406, 407, 408, 423 du Code pénal.

7. L'incapacité résultant de l'art. 6 pourra être levée par le préfet, sur l'avis du maire, quand le condamné, après l'expiration de sa peine, aura résidé pendant trois ans dans la même commune.

A Paris, les incapacités seront levées par le préfet de police.

SECTION III.

DEVOIRS DES MAITRES ET DES APPRENTIS.

8. Le maître doit se conduire envers l'apprenti en bon père de famille, surveiller sa conduite et ses mœurs, soit dans la maison, soit au dehors, et avertir ses parents ou leurs représentants des fautes graves qu'il pourrait commettre ou des penchants vicieux qu'il pourrait manifester.

Il doit aussi les prévenir, sans retard, en cas de maladie,

d'absence, ou de tout fait de nature à motiver leur intervention.

Il n'emploiera l'apprenti, sauf conventions contraires, qu'aux travaux et services qui se rattachent à l'exercice de sa profession. Il ne l'emploiera jamais à ceux qui seraient insalubres ou au-dessus de ses forces.

9. La durée du travail effectif des apprentis âgés de moins de quatorze ans ne pourra dépasser dix heures par jour.

Pour les apprentis âgés de quatorze à seize ans, elle ne pourra dépasser douze heures.

Aucun travail de nuit ne peut être imposé aux apprentis âgés de moins de seize ans.

Est considéré comme travail de nuit tout travail fait entre neuf heures du soir et cinq heures du matin.

Les dimanches et jours de fêtes reconnues ou légales, les apprentis, dans aucun cas, ne peuvent être tenus, vis-à-vis de leur maître, à aucun travail de leur profession.

Dans le cas ou l'apprenti serait obligé, par suite des conventions ou conformément à l'usage, de ranger l'atelier aux jours ci-dessus marqués, ce travail ne pourra se prolonger au delà de dix heures du matin.

Il ne pourra être dérogé aux dispositions contenues dans les trois premiers paragraphes du présent article que par un arrêté rendu par le préfet, sur l'avis du maire.

10. Si l'apprenti âgé de moins de seize ans ne sait pas lire, écrire et compter, ou s'il n'a pas encore terminé sa première éducation religieuse, le maître est tenu de lui laisser prendre, sur la journée de travail, le temps et la liberté nécessaires pour son instruction.

Néanmoins, ce temps ne pourra pas excéder deux heures par jour.

11. L'apprenti doit à son maître fidélité, obéissance et respect ; il doit l'aider, par son travail, dans la mesure de son aptitude et de ses forces.

Il est tenu de remplacer, à la fin de l'apprentissage, le temps qu'il n'a pu employer par suite de maladie ou d'absence ayant duré plus de quinze jours.

12. Le maître doit enseigner à l'apprenti, progressivement et complétement, l'art, le métier ou la profession spéciale qui fait l'objet du contrat.

Il lui délivrera, à la fin de l'apprentissage, un congé d'acquit, ou certificat constatant l'exécution du contrat.

13. Tout fabricant, chef d'atelier ou ouvrier, convaincu d'avoir détourné un apprenti de chez son maître, pour l'employer en qualité d'apprenti ou d'ouvrier, pourra être passible de tout ou partie de l'indemnité à prononcer au profit du maître abandonné.

SECTION IV.

DE LA RÉSOLUTION DU CONTRAT.

14. Les deux premiers mois de l'apprentissage sont considérés comme un temps d'essai pendant lequel le contrat peut être annulé par la seule volonté de l'une des parties. Dans ce cas, aucune indemnité ne sera allouée à l'une ou à l'autre partie, à moins de conventions expresses.

15. Le contrat d'apprentissage sera résolu de plein droit :

1° Par la mort du maître ou de l'apprenti ;

2° Si l'apprenti ou le maître est appelé au service militaire ;

3° Si le maître ou l'apprenti vient à être frappé d'une des condamnations prévues en l'art. 6 de la présente loi ;

4° Pour les filles mineures, dans le cas de décès de l'épouse du maître, ou de toute autre femme de la famille qui dirigeait la maison à l'époque du contrat.

16. Le contrat peut être résolu sur la demande des parties ou de l'une d'elles.

1° Dans le cas où l'une des parties manquerait aux stipulations du contrat ;

2° Pour cause d'infraction grave ou habituelle aux prescriptions de la présente loi ;

3° Dans le cas d'inconduite habituelle de la part de l'apprenti ;

4° Si le maître transporte sa résidence dans une autre commune que celle qu'il habitait lors de la convention.

Néanmoins, la demande en résolution de contrat fondée sur

ce motif ne sera recevable que pendant trois mois, à compter du jour où le maître aura changé de résidence.

5° Si le maître où l'apprenti encourait une condamnation emportant un emprisonnement de plus d'un mois;

6° Dans le cas où l'apprenti viendrait à contracter mariage.

17. Si le temps convenu pour la durée de l'apprentissage dépasse le maximum de la durée consacré par les usages locaux, ce temps peut être réduit ou le contrat résolu.

TITRE II.

DE LA COMPÉTENCE.

18. Toute demande à fin d'exécution ou de résolution de contrat sera jugée par le conseil des prud'hommes dont le maître est justiciable, et, à défaut, par le juge de paix du canton.

Les réclamations qui pourraient être dirigées contre les tiers, en vertu de l'art. 13 de la présente loi, seront portées devant le conseil des prud'hommes ou devant le juge de paix du lieu de leur domicile.

19. Dans les divers cas de résolution prévus en la section IV du titre Ier, les indemnités ou les restitutions qui pourraient être dues à l'une ou à l'autre des parties seront, à défaut de stipulations expresses, réglées par le conseil des prud'hommes, ou par le juge de paix dans les cantons qui ne ressortissent point à la juridiction d'un conseil de prud'hommes.

20. Toute contravention aux art. 4, 5, 6, 9 et 10 de la présente loi sera poursuivie devant le tribunal de police et punie d'une amende de cinq à quinze francs.

Pour les contraventions aux art. 4, 5, 9 et 10, le tribunal de police pourra, dans le cas de récidive, prononcer, outre l'amende, un emprisonnement d'un à cinq jours.

En cas de récidive, la contravention à l'art. 6 sera poursuivie devant les tribunaux correctionnels, et punie d'un emprisonnement de quinze jours à trois mois, sans préjudice d'une amende, qui pourra s'élever de cinquante francs à trois cents francs.

21. Les dispositions de l'art. 463 du Code pénal sont applicables aux faits prévus par la présente loi.

22. Sont abrogés les art. 9, 10 et 11 de la loi du 22 germinal an XI.

Délibéré en séance publique, à Paris, les 22 janvier, 3 et 22 février 1851.

Le président et les secrétaires,

DUPIN; ARNAUD (de l'Ariége), LACAZE, CHAPOT, PEUPIN, DÉRARD, DE HECKEREN.

La présente loi sera promulguée et scellée du sceau de l'État.

Le président de la République,

LOUIS-NAPOLÉON BONAPARTE.

Le garde des sceaux, ministre de la justice,

E. DE ROYER.

OBSERVATIONS
SUR LES DÉCLARATIONS DE SUCCESSIONS[1].

*La déclaration que les héritiers et légataires sont tenus de
faire au bureau de l'enregistrement des biens transmis par
décès, doit-elle contenir la désignation et l'évaluation,
article par article, des immeubles ?*

MM. les notaires nous ont souvent entretenus des difficultés
que leurs clients éprouvent de la part des receveurs de l'enregistrement, relativement aux déclarations de successions, spécialement en ce qui concerne la désignation et l'évaluation des
immeubles. Ils ont désiré que nous leur traçions à cet égard
des règles certaines; mais les difficultés dont on se plaint proviennent précisément de ce que ces règles n'existent ni dans la
loi ni dans la jurisprudence, ni même dans les instructions de
la régie; nous ne pouvons donc donner que des indications et
des conseils.

L'art. 27 de la loi du 22 frim. an VII, porte :

Les mutations de propriété ou d'usufruit par décès seront enregistrées au bureau de la situation des biens. — Les héritiers, donataires ou légataires, leurs tuteurs ou curateurs seront tenus *d'en
passer déclaration détaillée* et de la signer sur le registre. — S'il
s'agit d'une mutation au même titre, de biens meubles, la déclaration
en sera faite au bureau dans l'arrondissement duquel ils se seront
trouvés au décès de l'auteur de la succession. — Les rentes et les
autres biens meubles sans assiette déterminée lors du décès, seront
déclarés au bureau du domicile du décédé. — Les héritiers légataires
ou donataires rapporteront, *à l'appui de leur déclaration de biens*

---

[1] Ces observations sont extraites du *Journal des notaires*, art.
11542.

meubles, un *inventaire* ou *état estimatif, article par article,*
par eux certifié, s'il n'a pas été fait par un officier public : cet inventaire sera déposé et annexé à la déclaration, qui sera reçue et
signée sur le registre du receveur de l'enregistrement.

La loi, comme on le voit, a déterminé avec précision comment doit être faite la déclaration des biens meubles : un inventaire ou état estimatif, article par article, certifié par les
parties; le dépôt de cet état au bureau de l'enregistrement, et
l'annexe au registre : quant aux immeubles, elle s'est bornée à
exiger une *déclaration détaillée.* Cette différence s'explique
facilement : à défaut d'inventaire authentique, la régie n'a aucun moyen de connaître la consistance et la valeur des objets
mobiliers dépendant des successions; la loi prescrit, en conséquence, aux héritiers d'en fournir *un état estimatif, article
par article.* Pour les immeubles, au contraire, la régie possède
dans les registres de l'enregistrement, dans les dépôts publics
ouverts à ses préposés, dans les documents de la contribution
foncière tous les éléments de contrôle et de vérification; il suffit
donc que la déclaration des héritiers ou légataires contienne les
énonciations nécessaires pour en vérifier l'exactitude et asseoir
la perception des droits de mutation.

C'est en ce sens que les dispositions de l'art. 27 de la loi du
22 frim. an VII ont été interprétées par un arrêt de la cour de
cassation du 14 mars 1814 :

Considérant, porte cet arrêt, que la loi n'ayant pas prescrit (comme
elle l'a fait pour les meubles), comment serait détaillée la déclaration des immeubles, il suffit qu'elle soit faite de telle manière que
l'administration ait les éléments nécessaires pour la vérifier; *que
ces éléments existent quand la déclaration indique, par articles
séparés, chacun des immeubles, avec l'énonciation du nom particulier sous lequel cet immeuble peut être connu, et les communes dans lesquelles il est situé, et enfin son évaluation (Dict.
du Notariat,* v° *Succession,* n° 448, 3e édit.).

Dans l'espèce de cet arrêt, la déclaration offerte par les héritiers énonçait que la succession se composait de *trois fermes*, *avec l'évaluation en capital de chaque ferme*. Il résulte de l'arrêt que cette désignation était suffisante quant à l'évaluation, mais que la déclaration était incomplète en ce qu'elle n'indiquait qu'une seule des trois communes dans lesquelles les biens étaient situés. Cette déclaration, faite par acte extra-judiciaire, n'avait point d'ailleurs été inscrite sur le registre du receveur.

Suivant un autre arrêt du 16 mars 1814, l'insuffisance de la contenance donnée aux immeubles déclarés, ne constitue point une contravention à la loi : « Attendu que les héritiers pouvant, « sans qu'il y ait de leur faute, ignorer la véritable contenance « des biens, il leur suffit de les désigner tous, et d'énoncer les « lieux de leur situation, pour que l'administration puisse véri- « fier et estimer l'évaluation qu'ils lui ont donnée. » (*Dict. du Not.*, loc. cit.)

Enfin, un arrêt du 27 janvier 1823 décide que le défaut d'in-dication dans la désignation d'un domaine qui s'étend sur plu-sieurs communes, du nom de l'une de ces communes, ne peut être considérée comme une omission de la partie des biens située sur cette commune : « puisque cette partie de biens se trouvait « implicitement comprise dans la déclaration générale du do- « maine, déclaration qui énonçait, suivant le vœu de la loi, *le* « *revenu annuel de la totalité des biens, évalué par le déclarant* « *à 3,000 fr.* » (Art. 4570 *J. N.* — *Dict. du Not.*, v° *Succession*, n° 449, 3ᵉ édit.)

Tels sont les seuls enseignements que donne la jurisprudence sur les éléments nécessaires de la déclaration d'immeubles trans-mis par décès. La règle générale est donc que cette déclaration doit indiquer, *par articles séparés, chacun des immeubles, le nom particulier sous lequel il est connu, la commune de la si- tuation, enfin l'évaluation.* Mais que doit-on entendre par la désignation *de chacun des immeubles, par articles séparés?* — C'est ici que commencent réellement les difficultés d'applica-tion.

D'abord, il faut faire une distinction : S'agit-il de pièces de terre éparses, ne formant point un corps de ferme ou de domaine? — Dans ce cas, chaque pièce de terre doit être désignée et évaluée séparément. Sur ce point tout le monde paraît d'accord.

Mais comment la déclaration doit-elle être faite, lorsqu'elle porte sur des bâtiments et des terres de différents produits formant un domaine, un corps de ferme ou d'exploitation? — Les opinions et la pratique ne sont point, à cet égard, uniformes.

Dans quelques localités, les receveurs de l'enregistrement sont allés jusqu'à prétendre que la déclaration devait contenir la désignation des bâtiments et de toutes les pièces de terre dont se compose le domaine, avec une évaluation spéciale pour chaque article; de manière que la déclaration fût la reproduction fidèle de la matrice cadastrale. Ce système se condamne par sa propre exagération : il est évident qu'une désignation aussi détaillée est inutile pour l'assiette des droits et pour les vérifications des préposés de la régie.

D'autres receveurs se bornent à exiger une évaluation distincte pour les bâtiments du domaine et pour chaque nature de terres, et refusent une évaluation en bloc pour tous les immeubles dépendant du même domaine. Voici l'exemple d'une déclaration qui n'a point été admise par un de ces préposés :

Un domaine, situé à....., composé 1° de deux maisons et granges de colon; 2° de trois bergeries; 3° d'un hectare de prairie; 4° de vingt ares de jardin; 5° de dix hectares de terre labourable; 6° de quatre hectares de landes et terres incultes. Le tout évalué d'un revenu de 800 fr.

Cette désignation nous paraît plus que suffisante; l'indication de la contenance par nature de terre est superflue : il suffisait d'énoncer la contenance totale, et même, comme l'a décidé la cour de cassation par l'arrêt du 16 mars 1814, une erreur dans la contenance ne constituerait point une contravention. Nous présenterions la déclaration en ces termes :

Un domaine, appelé....., situé dans la commune de ....., composé de maisons et bâtiments d'exploitation, de terres labourables, jardin, prairie, landes et terres incultes, d'une contenance totale de ..., le tout évalué d'un revenu de 500 fr.

Quant à la prétention du receveur de faire évaluer séparément les bâtiments et chaque nature de terres ou de produits, elle est, à notre avis, dénuée de fondement. Il est évident que les bâtiments servant à l'exploitation d'un domaine ne sont susceptibles d'aucun revenu s'ils sont considérés isolément; ils n'ont de valeur que par leur incorporation aux terres qui en dépendent. D'un autre côté, le revenu des terres comprises dans une même exploitation ne peut lui-même être apprécié que par l'ensemble : car l'unité d'exploitation a pour résultat économique d'accroître le produit net ou la rente du propriétaire, en diminuant les frais et le capital d'exploitation. D'après l'art. 15, n° 7, de la loi du 22 frim. an VII, le droit proportionnel d'enregistrement, pour les transmissions de propriété qui s'effectuent par décès, se liquide sur une évaluation portée à vingt fois *le produit des biens ou le prix des baux courants;* si le domaine était affermé, la régie n'exigerait certainement pas la ventilation du prix du bail par chaque espèce de terres; il n'y a pas de motif pour qu'on procède autrement lorsqu'il n'existe point de bail. La loi met sur la même ligne l'évaluation du produit des biens et le prix des baux courants : c'est donc une évaluation semblable au prix d'un bail que les héritiers sont tenus de faire; or, comme il n'y aurait qu'un bail unique pour un domaine formant un corps d'exploitation, de même il ne peut être fait qu'une seule évaluation en revenu.

La division d'évaluation aurait d'ailleurs l'inconvénient d'accroître sans utilité les difficultés de la déclaration : il est facile de connaître le produit total d'un domaine, mais s'il faut répartir ce produit entre les différentes cultures, les erreurs sont presque inévitables. Il arrivera que l'évaluation totale sera exacte et que l'évaluation partielle ne le sera pas; que le revenu de telle espèce de terres sera porté trop bas, tandis que celui de telle autre sera trop élevé; la régie pourrait-elle demander l'expertise des premières, sans permettre aux parties de revenir

sur l'évaluation des secondes? — Si elle le peut, il y a évidemment injustice, puisque ces inexactitudes d'évaluation partielle
se compensent dans l'ensemble; si elle ne le peut pas, c'est donc
que l'évaluation totale est la seule à laquelle la règle doive s'attacher, la seule par conséquent que les parties soient obligées
de lui fournir.

Cette évaluation suffit enfin aux vérifications des préposés :
quels sont, en effet, les éléments de ces vérifications? — Des
baux anciens et expirés? — Comme le bail courant, s'il y en
avait un, ils n'indiqueraient que le revenu total. Des actes d'acquisition? ils comprennent encore ordinairement la totalité du
domaine. Enfin, il est facile de reconnaître dans les documents
de la contribution foncière, autres éléments de la vérification,
le revenu imposable et la cote d'impôt, applicables à chaque
corps de domaine.

En résumé, l'évaluation partielle est sans utilité et peut avoir
de graves inconvénients. L'évaluation par corps de domaine ou
d'exploitation satisfait parfaitement au vœu et aux prescriptions
de la loi.

TABLE DES MATIÈRES.

DÉCISIONS ET SOLUTIONS DIVERSES.

APPENDICE.

RÈGLEMENTS DE LA COMPAGNIE.

FIN.